AS MENINAS DA ESQUINA

Eliane Trindade
AS MENINAS DA ESQUINA
DIÁRIOS DOS SONHOS, DORES E AVENTURAS DE SEIS ADOLESCENTES DO BRASIL

3ª EDIÇÃO

EDITORA RECORD
RIO DE JANEIRO • SÃO PAULO
2010

CIP-Brasil. Catalogação-na-fonte
Sindicato Nacional dos Editores de Livros, RJ.

T753m Trindade, Eliane
3ª ed.   As meninas da esquina: Diários dos sonhos, dores e aventuras de seis adolescentes do Brasil / Eliane Trindade. – 3ª ed. – Rio de Janeiro: Record, 2010.

    Apêndice
    ISBN: 978-85-01-07312-9

    1. Prostituição de crianças – Narrativas pessoais. 2. Prostituição juvenil – Narrativas pessoais. 3. Crime contra as crianças. 4. Crianças – Maus-tratos. I. Título.

05-1752
    CDD – 363.44
    CDU – 316.344.7-053.2

Copyright © Eliane Trindade, 2005

Capa
Thiago Lacaz, a partir da foto de Pedro Carrilho/Folha Imagem

Projeto gráfico de miolo
Diana Cordeiro

Todos os direitos reservados. Proibida a reprodução, armazenamento ou transmissão de partes deste livro, através de quaisquer meios, sem prévia autorização por escrito.

Este livro foi revisado segundo o novo Acordo Ortográfico da Língua Portuguesa.

Direitos exclusivos desta edição reservados pela
EDITORA RECORD LTDA.
Rua Argentina 171 – Rio de Janeiro, RJ – 20921-380 – Tel.: 2585-2000

Impresso no Brasil

ISBN 978-85-01-07312-9

EDITORA AFILIADA

Seja um leitor preferencial Record.
Cadastre-se e receba informações sobre nossos lançamentos e nossas promoções.

Atendimento e venda direta ao leitor
mdireto@record.com.br ou (21) 2585-2002

Para Elide,
Fonte de afeto e força

Para Elenita e Paulo Ovídio (*In memoriam*),
Que me deixaram o desejo de olhar para o outro

"Uma das coisas que aprendi é que se deve viver apesar de. Apesar de, se deve comer. Apesar de, se deve amar. Apesar de, se deve morrer. Inclusive muitas vezes é o próprio apesar de que nos empurra para a frente. Foi o apesar de que me deu uma angústia que insatisfeita foi a criadora da minha própria vida."
Clarice Lispector em
Uma aprendizagem ou O livro dos prazeres

SUMÁRIO

Apresentação	9
Agradecimentos	13
Capítulo 1 Diário de Natasha "Sexo, crochê e bicicleta"	15
Capítulo 2 Diário de Britney "Baladas de uma pichadora"	63
Capítulo 3 Diário de Milena "A poesia virou pó"	119
Capítulo 4 Diário de Yasmin "Uma vendedora brilhante"	173
Capítulo 5 Diário de Vitória "Aos pés de Jesus"	235
Capítulo 6 Diário de Diana "Meus 15 anos"	273
Capítulo 7 Anotações: 100 reflexões sobre *As meninas da esquina*	327
Posfácio	401
Texto Institucional do WCF	411
Anexo — Lista de entidades e serviços	413

APRESENTAÇÃO

Os olhares são de meninas. As palavras, não. Muito do que elas escrevem e contam seria "proibido para menores". A classificação do que a sociedade convencionou ser próprio ou impróprio para crianças e adolescentes não cabe na realidade das personagens deste livro. Elas tinham entre 14 e 20 anos quando começaram a relatar suas histórias de vida que, sem qualquer julgamento de ordem moral, fogem ao roteiro do que pais e mães costumam sonhar para suas filhas. Em algum momento de suas curtas existências, elas foram à luta. Ganham ou perdem a vida nas esquinas, estradas e calçadões dos cartões-postais do nosso paraíso tropical, em motéis e hotéis de luxo de um Brasil que convive com a exploração de meninas que mal ou nem entraram na puberdade e já se tornam mercadoria do comércio e do tráfico sexual.

Natasha, Britney, Milena, Yasmin, Vitória e Diana são nomes fictícios. Foram adotados pelas autoras dos diários por uma questão de segurança. Não revelar a própria identidade é uma forma de proteção. Elas não só perderam a inocência ainda crianças como também o direito à privacidade e até mesmo à própria história. Revelar o nome verdadeiro poderia representar risco de morte para quem é o elo mais frágil de uma rede de exploração criminosa. É também propositadamente omitida a localização geográfica. Mas estas são as únicas concessões.

Convidadas a fazer diários, escritos ou gravados, elas relatam suas rotinas, falam de sonhos e de dores. Revelam uma face desconhecida de meninas que cedo se viram convertidas em mercadoria de um florescente mercado sexual que se espalha de Norte a Sul do Brasil. Os diários transformaram-se em parte da rotina de meninas que como todas as de sua idade querem usar o tênis da moda, exibir seu celular e impressionar o gatinho mais bonito da rua. O cartão de crédito que banca a entrada na Disneylândia do consumo infantojuvenil é o próprio corpo.

Ora envergonhados, ora explícitos, os relatos parecem *flashes* de um filme de ação, sexo e violência, ainda mais impactantes por serem reais. Mas, na crônica de vida contida neste *As meninas da esquina*, há espaço para pequenas alegrias, esperança e afeto. Em comum, as protagonistas deste livro são garotas que de alguma forma pedem apoio, querem transformar suas biografias. Estão vinculadas a Organizações Não Governamentais (ONGs) que dão assistência a crianças e adolescentes vítimas de exploração sexual no Brasil. Este livro se propõe a dar voz a meninas que não costumam ser ouvidas. Elas estão logo ali na esquina, ao mesmo tempo tão perto e tão longe. Aqui, não cabem julgamentos. Elas não serão apresentadas nem como anjos nem como demônios. Também não vão levar o carimbo de "prostitutas" com o qual desfilam pela vida. Ao longo das páginas deste livro, elas vão se apresentar como seres humanos completos. Não se trata, no entanto, de uma leitura para *voyeurs*.

Cada uma das seis protagonistas deixou neste livro a sua marca. A partir de uma longa entrevista inicial, quando começaram a mergulhar na possibilidade de fazer um diário que se transformaria em livro, elas foram aprendendo a contar a própria história e ensinando como a vida cotidiana é rica de significados, tantos e tão profundos que, no corre-corre diário, nem nos damos conta. Para dar sentido a cada uma das histórias, era preciso esmiuçar os relatos e contextualizá-los, situando personagens e atitudes. Ao final do processo, cada um dos capítulos foi revisado pelas donas das histórias, de forma que a organização do relato tivesse o caráter revelador que um diário embute, mas também respeitasse os limites de privacidade definido por cada uma delas.

Natasha, Britney, Milena, Yasmin, Vitória e Diana foram extremamente generosas ao se mostrarem sem máscaras. Mesmo protegidas pelo anonimato, não foi tarefa simples fazê-las abrir o coração e mexer em feridas mal cicatrizadas. Participar desta viagem ao lado delas foi uma experiência reveladora e, por vezes, sofrida. Não dá para dormir um sono tranquilo no conforto de sua casa, depois de ouvir os soluços de uma adolescente que passou o dia inteiro sem comer e é impelida a se prostituir pela família. É impossível não se emocionar com o relato de letras tortas e ortografia capenga em uma folha de papel amassada, mas que revela toda a solidão e desespero de uma garota ao se ver sem um teto e sem o apoio da pessoa que mais ama na vida.

Quando os primeiros diários começaram a ser feitos, a palavra dos especialistas era de que garotas em situação de risco ou vítimas de exploração sexual têm enormes dificuldades de criar vínculos com pessoas, instituições ou projetos, seja para participar de um livro ou para fazer um curso de informática. O prognóstico mostrou-se errado. Elas não só se vincularam à ideia de serem protagonistas do livro, como o fizeram com todo o empenho. Sinalizam que, diante do desejo de serem ouvidas, não fogem. É um recado para todos — família, sociedade, governo, ONGs. Que ao final desta leitura não restem apenas julgamentos fáceis. Os diários vão além, e talvez incomodem muito mais justamente por evidenciar quão próximas elas estão de nós mesmos e quão gêmeos são nossos devaneios e sonhos de felicidade. Elas só querem ser amadas, respeitadas, ter uma família digna deste nome, usufruir as coisas boas da vida, fazer um sexo gostoso e dançar, de vez em quando.

Para ajudar a entendê-las ou para esclarecer fatos relevantes, foram feitas intervenções pontuais. São narrativas que complementam, esclarecem situações ou ajudam a compor o perfil psicológico das personagens. Ao final, no capítulo intitulado "Anotações", dados e avaliações de especialistas vão ajudar o leitor a entender o vergonhoso fenômeno da exploração sexual infantojuvenil no país. A seguir, as protagonistas vão abrir os seus diários numa viagem que teve início em setembro de 2003 e terminou em outubro de 2004. A batalha delas continua.

Eliane Trindade

AGRADECIMENTOS

Este livro é fruto do empenho e do entusiasmo de várias pessoas. Nasceu de uma conversa com a jornalista Patrícia Andrade, amiga que generosamente contribuiu com sua sensibilidade e conhecimento sobre a área da infância nas várias etapas deste projeto. O que no início seria uma reportagem a ser publicada em uma revista feminina foi ganhando fôlego quando os diários de meninas vítimas de exploração sexual mostraram-se viáveis.

A possibilidade de o material ser mais bem aproveitado no formato de livro foi acolhida com entusiasmo por Viviane Senna, madrinha desta obra. Viviane me apresentou a Ana Drummond, pessoa-chave para fazer deslanchar os diários em vários pontos do país. A logística contou com guardiãs fiéis na figura de educadores de ONGs que estiveram ao lado das jovens durante todo o período e foram um importante elo entre nós. A todos eles, que fizeram um trabalho anônimo e relevante, agradeço pelo empenho com que ajudaram a dar voz e ao mesmo tempo preservar meninas tão especiais.

Às seis protagonistas deste livro, um agradecimento especial pela confiança e pela coragem. O que guardo de mais precioso destas relações é o respeito com que chegamos até aqui, fruto de vários sentimentos que foram surgindo ao longo do percurso, misto de afeto, empatia, cumplicidade e amizade.

Contei ainda com a cuidadosa leitura da jornalista Beth Veloso, amiga que emprestou um olhar humano e técnico ao revisar o conteúdo final do texto. Vale ressaltar ainda o empurrão inicial do consultor e jornalista Mário Rosa, que com faro sempre apurado viu numa "pauta" a possibilidade de um livro. É importante registrar o trabalho da psicóloga Carla Falcão, que com rapidez e competência mergulhou na tarefa de transcrever as fitas dos diários gravados.

Tive a inestimável ajuda de caros amigos que leram a íntegra deste texto e fizeram comentários valiosos, como Rachel Mello, Fábio Altman, Luís Costa Pinto, Mônica Bergamo, Letícia Borges, Silvana Dal Bosco e Daniela Mendes. Luciano Suassuna e Gisele Vitória, meus chefes na *IstoÉ Gente*, me deram apoio e compreenderam a natureza peculiar deste trabalho. Agradeço também a Veet Vivarta, pelo olhar com que me ajudou a ajustar o foco na finalização da obra, e ao apoio de Márcio Sanchez. Dentre os especialistas que me ajudaram a compreender o tema, destaco a assistente-social Neide Castanha, então coordenadora do Comitê Nacional de Enfrentamento à Exploração Sexual de Crianças e Adolescentes, que morreu em janeiro de 2010. Uma mulher admirável que com lucidez e comprometimento fez dessa luta muito mais que uma bandeira.

Um especial agradecimento a Guilherme Evelin, que esteve ao meu lado durante todo o processo de produção do livro. Muito obrigada também a Elide, Marilourdes, Lílian, Álvaro e Sofia pelo suporte emocional para que esta história fosse contada. A eles, agradeço a compreensão pela minha ausência nos momentos de produção mais intensa. Cada um a sua maneira me deu força enquanto eu me dedicava a este projeto profissional.

Eliane Trindade

CAPÍTULO 1

DIÁRIO DE NATASHA
"Sexo, crochê e bicicleta"

"Querido Diário,

Sou muito extrovertida, tenho olhos verdes e orelha curtinha. Não tenho nariz arrebitado, mas minha boca é carnuda e meus cílios são compridos. Estou com o cabelo castanho e curtinho, mas logo vai crescer cacheadinho. Gosto do meu corpo. Só queria emagrecer a barriga. Não que tenha muita. Meu corpo de hoje aos 18 anos é o mesmo de antes de ter a minha filha, a Linda, aos 15. Nem mais nem menos peito. Nem menos ou mais barriga. Moro com meu avô, apesar de minha irmã mais velha, Nádia, que tem 25 anos, morar na mesma cidade. Não somos muito chegadas. Minha outra irmã, Natália, foi tomada da minha mãe pelo juiz quando estava com 7 anos para ser adotada por uma família americana. Faz 12 anos que a gente não se vê. Meus dois irmãos do meio já morreram. A menina se chamava Linda, como minha filha. Minha mãe também morreu cedo, aos 39 anos, três meses depois do nascimento da minha menina. Mamãe tinha aids e conviveu com a doença durante uns 15 anos. Usava drogas e se prostituía. Meu pai se chama Josélio e só vem me ver quando quer. Faz biscates. Tem 41 anos. Minha filha está vivendo na casa do pai, desde que fui presa em março de 2001. Caí no 157, assalto à mão armada. Fiquei na Febem dois anos e quatro dias e estou em liberdade assistida. Sou estudante do primeiro ano do ensino médio, mas não quero me formar em nada. Sonho em abrir uma lojinha para vender roupas de crochê, uma coisa que meu avô ensinou para minha mãe e ela, a mim. Tenho muitos amigos. Gosto da sinceridade nas pessoas. Gosto de gente que mostra o que realmente é. Tudo o que eu conto neste diário, já falei para outras pessoas. Preferi gravar, porque não escrevo muito bem. Não vou ficar lembrando o tempo todo do que fiz no passado. Não que sinta vergonha, até porque minhas loucuras, minhas lutas, minhas cabeçadas são uma lição. A vida é louca, e eu sou mais louca ainda."

Quinta-feira, 4 de setembro de 2003

Saí pra dar uma volta. Andei por aí e fiquei pensando na minha vida, que parece não ter sentido nenhum. O que mais quero é curtir minha filhota, trabalhar, só sair aos sábados e domingos, ter uma vida normal. Queria terminar meus estudos, mas tudo o que faço é fumar maconha e me prostituir. Comecei a fazer programa quando tinha uns 9 anos, porque a prima de uma colega minha roubou os meus patins. Ela era mais velha e bem maior do que eu, mas fui atrás dela. Chegando lá, ela e as amigas estavam indo para o mercado municipal encontrar um cara. Fui junto. Pegamos uma carona, fiquei no banco de trás, não sabia direito o que ia acontecer. Elas combinaram o preço, foram para a praia e chuparam o negócio do cara. Fiquei olhando assustada e no final vi ele dando dinheiro pra elas. O que mais me chamou a atenção foi a grana. Não me lembro quanto foi, era outro dinheiro na época, mas era muito. Fiquei interessada. Passei um tempo andando com elas, mas não fazia programa. Sabia que minha mãe fazia e ficava incomodada. Todo mundo conhecia ela na avenida. Nesse tempo, eu tinha fugido e estava morando na casa de uma amiga. Ficava preocupada de estar lá e não ajudar em nada. Arrumei um jeito de ajudar. Uma das minhas colegas, a Sardentinha, me falou que um cara ia me dar um dinheiro legal. Uns R$ 200 hoje, sei lá. Fui ver como era. Ele se chamava Raul e tinha um carrão branco, desses importados. Fomos em três meninas para um hotel com o cara e um outro rapaz que armou o programa. Chegando lá, o cara que pagou ficou mexendo em mim, passou a mão no meu corpo todinho. Abriu minhas pernas, viu que eu era virgem e não fez tudo, mas me deu o dinheiro. Fiquei com muito medo de ele querer enfiar aquele negócio todo em mim. Ele não chegou a penetrar. Ganhei a grana, fiquei toda empolgada. Disse para minha mãe que tinha achado o dinheiro numa carteira que um homem bêbado deixou cair. Levei um pouco do dinheiro para ela e fiquei com o resto. Comprei roupa, sapato e os patins. Ainda dei dinheiro para ajudar na casa da minha amiga. Aí, bateu a ambição, né?

Sexta-feira, 5 de setembro de 2003

Peguei minha filha para passar o final de semana comigo, coisa que não é sempre que me deixam fazer, pois Linda mora com o pai, o Anderson, e os avós. Quando estou junto com minha fofinha, curtimos muito. Ela está com 3 anos e é tudo para mim. Hoje à tarde, levei minha filha pra uma festinha na favela. Ela estourou uma bexiga e ficou toda suja de farinha. Foi muito legal. Tudo que ela quer fazer eu faço. Só que ela não quer comer nada saudável. Na casa da avó, está acostumada a comer porcaria, adora bolacha e iogurte. Eu cuido muito da alimentação da Linda, faço ela comer mistura — criança tem que comer carne, arroz, feijão. Meu avô faz uma comidinha gostosa, mas Linda só gosta dessas porcarias de saquinho. Não é sempre que posso ficar do ladinho dela. Saí da Febem há nove meses, mas ainda não consegui trazer minha filha de volta. Foi uma loucura ficar grávida. Sempre falava que nunca, nunca mesmo, iria ser mãe. Via o sofrimento da minha mãe, tudo que ela fez e passou. Não queria saber de homem nenhum. Queria zoar, ficar com um monte de cara. Nenhum deles presta. Até hoje penso assim. Apesar da surpresa de ficar grávida, nem passou pela minha cabeça fazer um aborto. A primeira vez que senti meu bebê mexer, estava indo para a escola. Senti uma dor e vi minha barriga indo toda para um lado. Parei perto de uma árvore e fiquei pensando: "Meus Deus! Tem um bicho dentro de mim!". Fiquei abaixada um tempo e com medo de morrer. Foi minha irmã quem descobriu que eu estava grávida. Desconfiou porque começou a sobrar absorvente todo mês. Quando comecei a sentir o bebê sempre, eu me apaixonei por ele. Mas não fiz nenhum exame, nada. Mesmo grávida, ia para baile e para praia todos os dias. Não tava nem aí, só queria saber de dançar, de curtir. Tomei nojo do pai da minha filha, por quem fui muito apaixonada. Anderson queria me ver, mas eu não suportava nem ouvir falar dele. Numa das poucas vezes em que a gente conversou, ele dizia que eu estava grávida dele e eu negava, dizendo que tinha dado pra todo mundo e podia ser de qualquer um, de um mendigo ou de um traficante. Ele respondia que era mentira, que nem com ele eu tinha transado sem camisinha. E é verdade. Naquele período, a única vez que estourou a camisinha foi com ele. Por isso, tanta certeza.

Sábado, 6 de setembro de 2003

Ontem à noite, deixei a Linda em casa com meu avô e fui pra rua me divertir. Fiquei muito louca, cheirei lança-perfume, fumei maconha e bebi muito. Fiquei totalmente chapada. Fiz a maior loucura. Estou apaixonada por um cara, o André, de quem vocês vão ouvir falar muito neste diário, mas arrastei o melhor amigo dele para dentro do banheiro do bar e falei o seguinte:

— Olha, Jardel, tenho a maior vontade de beijar a tua boca. Se tem condições, tudo bem, se não, tudo bem também. Mas vai ficar chato para mim se você não me beijar.

Não é qualquer mulher que tem coragem de chegar assim. Ele não quis, disse que considerava muito o André. Respondi que só queria um beijo, não um relacionamento. Mas não rolou.

Fico pensando em tanta coisa que não sinto vontade de dormir. Estou com vontade de ir atrás do André. Esse cara está me atrasando a vida e todo mundo pensa que eu atraso a vida dele. Os amigos dele são todos da pesada. Ele precisa muito de ajuda. Sofro por estar apaixonada por uma pessoa que não vale nada. Também não valho nada. Dou muita mancada com ele. Mas o André não presta porque não quer prestar. Ficamos pela primeira vez no dia do aniversário dele, 29 de janeiro. Estávamos juntos, pelo menos até eu quase estuprar o melhor amigo dele ontem. Estou com raiva do André. Ele fica lá com umas cachorras e não quer mais saber de mim. Agora, fico sofrendo de um lado e ele, do outro. Tentei tomar um monte de remédio para me matar, mas pensei duas vezes por causa da minha filha.

Domingo, 7 de setembro de 2003

Levei minha filha para a pracinha. Ela ficou brincando de bola e depois quis ir para o parquinho. Acabei levando ela também para a festinha que André deu para um amigo. Ele comprou umas caixas de cerveja e preferiu ficar na boca de fumo da favela do que comigo. Mas eu não podia ficar ali com uma criança. Deixei a Linda com uma vizinha e fui para a rua fazer o que queria. Cantei minha música para todo mundo ouvir. Foi muito legal. É um *rap* que fiz para minha sogra quando estava presa:

> *Esse rap é pra minha filhona, pra minha sogra e o meu amorzão/ Peço a vocês muita atenção/ Estou aqui dentro, mas com todos no coração/Quando paro num canto/Fico lembrando dos bons momentos que passamos juntos/e da minha sogra falando para mim sobre o futuro e eu nem aí/Mas aqui dentro, eu parei para pensar/e meu passado foi para lá/Com minha sogrona quero conversar.*

Depois de cantar na rua, fui a quatro bailes diferentes. Gosto muito de curtir e de me divertir. Foi um dia lindo, aproveitei, apesar de ter me ralado todinha numa queda de moto. Tá valendo.

Terça-feira, 9 de setembro de 2003

São 9:00, acabo de acordar, fumei um cigarro e não deu tempo de ir para a aula de informática. Saí da escola meia-noite e meia, acordei tarde. De manhã, costumo não fazer nada, porque chego tarde da escola. Sou uma aluna mais ou menos. Acho que vou passar de ano, minhas notas estão boas. Melhores do que no primeiro bimestre. Durante o dia, fico andando pra cima e pra baixo com as meninas na favela. Tem dia que vou pra ONG [*instituição de referência que frequenta desde os 14 anos*]. Mas, para falar a verdade, meu dia a dia mesmo é ficar na favela zoando. Fico procurando o André, fumando maconha, conversando com as meninas e um monte de moleque.

A gente passa a maior parte do tempo *panguando* [*ficar de bobeira, sem fazer nada*].

Quarta-feira, 10 de setembro de 2003

Estou aqui no meu quarto de boa [*com voz empastada*], tive uma noite legal, com os amigos e as amigas. Tudo ótimo, na moral, na paz, no amor, no carinho e só.

Natasha vive em um barraco de madeira, com uma enorme mangueira na entrada, que faz sombra para um amontoado de ferro-velho e material de demolição recolhidos na rua pelo avô. A carroça e o cavalo magro e doente estacionados em frente são uma segunda fonte de renda do seu Zé, que é aposentado. Um pequeno corredor leva ao primeiro dos quatro cômodos da casa, uma cozinha bastante aparelhada, só que com móveis e eletrodomésticos gastos. O cômodo seguinte é ocupado quase totalmente por uma cama de casal. É o quarto do avô, vizinho ao pequeno banheiro. O chão de terra batida e uma pequena passagem de nível improvisada com tábuas levam ao quarto de Natasha, típico esconderijo de uma adolescente. A penteadeira estilo anos 60 e que nunca foi restaurada abriga dois grandes porta-joias feitos de papel reciclado. O guarda-roupa de cinco portas manca para a direita, com um dos pés quebrados. No alto, duas dezenas de bichinhos de pelúcia de todos os tamanhos e cores. A cama de solteiro está coberta por uma delicada colcha de crochê, que mostra as habilidades da dona, espalhadas ainda em outros três tapetes, um deles caprichosamente trabalhado com o nome de Natasha, da filha e de Anderson. O cesto de roupa suja pedindo para ser esvaziado apoia-se ao lado da cama, bem próximo às duas poltronas — uma de escritório com o forro rasgado que o avô catou do lixo e outra confortável, daquelas antigas que faziam jogo com um sofá. Em frente, o único item novo de toda a decoração — um televisor de 14 polegadas. Um aparelho portátil de som é uma pista de que a dona do pedaço é fã de funk e adora o Mickey Mouse. Cinco pôsteres do ratinho de Walt Disney enfeitam as paredes de tábuas. Uma porta leva a uma surpreendente varanda que foi construída avançando sobre o canal. A imagem das palafitas chega a ser agradável, não fosse o cheiro de esgoto e o lixo escorrendo pela margem do rio. Foi sobre um aterro que Natasha construiu os seus domínios.

Quinta-feira, 11 de setembro de 2003

Depois que saí da ONG, no início da tarde, fiquei andando por aí com a Jaqueline e a Fernanda [*duas amigas de Natasha que, assim como ela, há uns quatro anos, também foram abordadas nas ruas da cidade por um projeto que presta assistência a jovens prostituídas*]. No final da tarde, peguei uma carona de moto, passei em casa e fui pra escola. Quando voltei, fiquei na frente de casa na fogueira conversando com uma amiga, até que parei um motorista de táxi e pedi para ele me levar até a boca, onde o André fica. Ainda estava com a roupa da escola. Desci no clube onde rolam os bailes *funks* que eu curto. De cara, encontrei o André. Desabafei. Ele tinha que ouvir a realidade, tá ligado? Comecei a chorar, falei o que estava dentro de mim. Queria escutar a voz dele, mas ele só me deu desprezo. Disse que tenho que mudar o meu jeito. Mas, se ele quiser gostar de mim, tem que gostar do jeito que sou. Começamos a discutir. Saímos de lá e fomos para o motel. Pegamos um quarto por quatro horas e foi daquele jeito maravilhoso. Só voltei pra casa de manhãzinha, mas ainda passei na casa da avó da minha filha. Não consegui dar um beijo nela, porque já tinha ido pra escola.

Sexta-feira, 12 de setembro de 2003

Hoje à meia-noite, vou para Aparecida do Norte numa excursão, junto com a minha sogra e a minha filha. Amanhã vou ter muito para contar.

Sábado, 13 de setembro de 2003

Passei o dia inteiro com minha filhota, foi tudo muito bom. Maravilhoso. Dez. Estávamos eu, ela, minha sogra e minha cunhada na excursão. Mas chegando em Aparecida do Norte, me perdi delas. Estava com as minhas entradas e fui conhecer a catedral. Lá dentro tem um monte de coisa no teto: revólver, boneca, avião, carrinho, cabelo. A igreja começou a encher e eu saí para tentar achar o ônibus. Eram mais de mil. Acabei entrando num *shopping* de comida. Minha filha estava com fome, fomos lá e comemos. Peguei a passarela para ir pra igreja velha e compramos um monte de coisas. Dei uma espoleta de plástico para Linda, que ela não quis mais largar. Para mim, só comprei uma blusinha do pentacampeonato por R$ 10. Os outros R$ 30 gastei com minha filha. Até a véspera da viagem, não tinha dinheiro nenhum, tanto que meu avô preparou umas coisas para a gente comer. Mas meu pai apareceu bem no dia e me deu R$ 20. Meu avô não sabia que eu já tinha esse dinheiro e me deu mais R$ 20. Só assim eu pude brincar no parquinho e comprar uns brinquedinhos pra Linda. Mesmo assim, ela entrou numa loja e roubou uma boneca de plástico. Já roubei pra caralho, então sei como é a *fita*. Na hora, pensei em voltar na loja e devolver, mas desisti. Só que não deixei ela ficar com a boneca, dei para outra criança. Depois disso, fumei um baseado numa pracinha, perto da igreja, onde encontrei uns maluquinhos. Linda dormiu e eu fiquei com ela para cima e para baixo, até achar o nosso ônibus. Já estava naquele desespero. Cheguei em cima da hora. Mais um pouco eles tinham me deixado lá.

Voltei pra casa e fui direito pra onde? Atrás do André. Ele tinha deixado um recado que não ia me encontrar porque estava cansado. Então, fui pra noite. Não zoei muito como faço sempre, não bebi e nem fumei maconha. Mas fiquei louca do mesmo jeito. De cara limpa, fui de novo atrás do André, nos encontramos e fomos pro motel. Gozamos muito. Ele começou a falar um monte de coisa pra mim. Disse que sou uma prostituta. Rebati dizendo que ele era um psico [*drogado*]. Nós transamos de novo, mas logo depois recomeçamos a discussão. Ele pediu um tempo. Disse que me ama, mas que faço tudo errado. Se ele aparecer com outra, mato os dois. Isso se ele não me matar primeiro. Boa-noite, gente. Um beijo. Fiquem com Deus.

Segunda-feira, 15 de setembro de 2003

Hoje faz três anos que minha mãe morreu. Ela era uma pessoa muito linda, humilde e se chamava Damiana. O único mal dela era que pensava muito em droga, achava que a vida já tinha acabado. Por isso, acabou mesmo. Ela entregou os pontos. A gente brigava muito quando ela estava para morrer por causa de um cara que lhe dava droga. Mas éramos amigonas e passamos por muita coisa juntas, até mesmo ir para a avenida catar cliente. Só que não tivemos muito contato quando eu era pequena, porque quando eu tinha 3 meses ela me largou na casa de uns conhecidos dela. Saiu dizendo que ia comprar leite e só apareceu quando eu já tinha 1 ano e 8 meses. Ela me levou para uma festa e ficou uns dias comigo. Logo, me deixou novamente com aquele pessoal. Minha mãe só me deixava porque não conseguia emprego com um bebê no colo. Ela deu minha irmã mais velha para o pai criar. Cada um dos cinco filhos da minha mãe foi de um pai diferente. O meu, nem quis saber de nada.

Minha mãe apareceu de novo na minha vida quando eu tinha 7 anos dizendo que tinha arrumado vaga para mim na escola. Fui morar com ela. Nessa época, ela já usava muita droga e eu comecei a fumar maconha também. Depois de um tempo, ela disse que não estava mais me aguentando, ameaçou me internar. Ela não me dava droga, eu conseguia na rua mesmo. Então, minha avó e meu pai foram lá em casa e me levaram para aquela família de novo. Fiquei um ano sem estudar. Depois de quase dois anos, minha mãe reapareceu. Eu dizia que nunca mais ia querer ver ela, mas bastava aparecer que esquecia tudo. Como eu vivia repetindo que queria morar com a minha mãe de verdade, a mulher que me criou ficava nervosa com aquela situação. Até que fui de vez para a casa da minha mãe e perdi o contato com aquela família. Mas no barraco onde minha mãe ficava só tinha *psico*. Não tinha nada na casa. Vaziona. Ela me largou lá, sem ninguém conhecido. Eu tinha 9 anos e fui sozinha procurar uns parentes que moravam em outra favela. Acabei encontrando a casa da minha tia Neusinha, mas ela não estava lá. Fui parar na casa de minha outra avó. Passamos duas semanas atrás da minha mãe. Fiquei nesse empurra-empurra durante dois anos. Nesse tempo, minha mãe ganhou nenê, a Linda, que morreu com 4 meses. Tinha aids também. Ela já tinha tido também outro bebê, que morreu de insuficiência no coração. Natália, aquela minha irmã que foi dada para adoção, não tinha aids, apesar de ter mamado bastante no peito da mamãe.

Quando minha mãe estava para ganhar a Linda, até alugou uma casa. Mas, como sempre, perdeu tudo por causa de homem. Bem antes, tinha perdido o salão — ela era cabeleireira. Perdeu casa, abandonou os filhos. Mas, quando precisou de mim, fiquei com ela até a morte. Minha mãe morreu no meu quarto. Ficou uma semana gritando pela morte. Ao mesmo tempo, ela falava que não queria ir, que era para eu não sair de perto dela. Tínhamos uma relação muito forte, mesmo com tantas idas e vindas. Mas Deus sabe o que faz. Antes de tirar ela de mim, me deu uma filha. Caso contrário, teria ido junto com ela. Minha mãe era tudo para mim, mesmo usando drogas, mesmo sem querer ligar para mim. No fundo, ela nunca quis que eu vivesse aquela vida louca dela. Queria tudo de bom para mim. A gente dizia sempre uma para a outra que ia vencer muito na vida. Minha mãe queria que eu fosse modelo. Ela sonhava em ser enfermeira, só que não tinha coragem de ver sangue. Chegou a fazer curso de enfermagem. Também trabalhou em navio. Mas pegou o vírus HIV, teve que sair. Foi embora com raiva do mundo. Ela dizia que pegou aids quando foi estuprada por um negro. Quando se separou do meu pai, em vez de mandar ele embora de casa, preferiu sair e começou a se prostituir para sustentar a mim e a minha irmã mais velha. Ela já tinha aids nessa época e morava com um homem que obrigava ela a fazer programa. E ela ganhava dinheiro para ajudar a gente, mas também para comprar drogas. Eu era pequena, mas percebia as coisas. Vou dormir.

Tão logo enterrou a mãe, Natasha saiu para buscar o tipo de proteção que estava mais à mão: comprou um revólver. Uma lógica de quem tem que pilotar a vida sem amortecedores. "Fiquei muito sozinha. De alguma forma, minha mãe era minha defesa. Sem ela, decidi me armar", relata a adolescente, que pagou R$ 250 pela encomenda feita a um tio traficante de armas. Longe de trazer a segurança e a sensação de proteção materna que buscava, a arma foi o passaporte de Natasha para a cadeia, assunto que espontaneamente nunca apareceu no diário. Ela emprestou o revólver para "resolver uma parada" de uma amiga, que queria ameaçar uma garota de uma gangue de uma favela rival, mas todas acabaram presas ao participar de um assalto à mão armada. Ela descreve os acontecimentos daquele 5 de junho de 2001 como se fosse um filme *de ação protagonizado por outra pessoa:* "Estava em casa com o pai da minha filha. Tinha uma prova para entregar na escola e ia deixar a neném com a mãe do Anderson. Quando estava saindo de casa, chegaram duas amigas pedindo minha arma emprestada. De cara, disse não: 'Se vocês não têm uma arma é porque não são dignas de ter.' Elas falaram que precisavam de uma arma porque as meninas da favela vizinha estavam apavorando uma das nossas colegas. Aí, eu disse que a gente ia resolver o assunto na hora. Fomos andando e fumando um baseado. Chegando lá, ficamos falando para a tal menina: 'Agora você vai morrer.' Mas ninguém teve coragem de matar. Então, eu falei pras minhas colegas: 'Vocês vão ter que fazer alguma coisa para pagar a saída da minha arma de casa.' O risco era de a gente morrer na mão das outras meninas. Ficou combinado que elas iam fazer uma fita [gíria que também designa um assalto ou qualquer outro ato ilegal] e o dinheiro ia ficar pra mim."

Nada deu certo para o grupo naquele dia. Natasha e as três amigas logo encontraram o alvo do assalto: uma jovem que falava ao telefone em um orelhão. Pegaram a bolsa da garota e saíram correndo. Estavam tão drogadas que não conseguiram fugir. Nem viram a cor do dinheiro. Na bolsa, havia apenas uma nota de R$ 10, que nem tiveram tempo de gastar porque minutos depois foram rendidas pela polícia na praia e levadas para a delegacia. Como era dona da arma, Natasha pegou a maior pena: dois anos de internação. E uma sentença, segundo ela, ainda mais pesada: a perda da guarda da filha.

Domingo, 21 de setembro de 2003

Ontem fui pra festa do Maninho, um amigo meu aqui da favela. Fui sozinha e no grau [*bêbada*], porque andar sozinha é a melhor coisa que tem. Sempre estou com Deus. Logo que entrei já fumei um baseado. Fiquei muito louca com lança-perfume. Saí do baile e fui zoar com as meninas. Peguei carona com um cara de moto. Dei uns beijos nele. Ele queria porque queria transar. Eu só queria curtir. Não transo com qualquer um. Vim pra casa e cheguei às 6:00 da manhã, quando acabou o baile. Já tomei um café esperto, deitei e dormi um pouco. Acordei cedo pra ficar com minha filhota, pois o pai trouxe ela hoje. Linda adora ficar na rua e já machucou a mão. Lavei a mão dela, passei remédio e ela foi brincar de novo. De noite, estava com febre. Antes de ir pra festa, levei ela ao médico, que queria que eu também tomasse remédio porque estou com a maior tosse. Minha filha virou pra mim:

— Mãe, eu não quer tomar jeção.

Eu já tinha conversado com ela em casa que precisa tomar injeção para não ficar mais dodói ainda. Fiquei falando pra ela que não ia doer e cantava: "Um, dois, não dói, não dói. Três, quatro, não dói, não dói. Cinco, seis, não dói, não dói." Ela tomou a injeção e nem chorou. Só virou a carinha de lado. E ainda disse:

— Nem doeu, mãe.

É muito legal quando a gente vive essas coisas juntas, quero muito ter minha filha perto de mim sempre. Fui eu quem pariu. Só procurei o pai da minha filha uns três meses depois que ela nasceu. Fiz tudo sozinha, até decidi a hora que ela ia nascer. Quando estava com uns nove meses, fui pra um baile funk e pulei do palco embaixo, porque ela estava demorando muito para nascer. Naquela noite, fui parar no hospital por causa das dores na barriga e eles falaram que tinha que fazer um ultrassom. Mas eu não quis ter minha filha naquele lugar. Então, de manhã decidi ir para a casa do meu pai, porque queria ter o bebê em um hospital só para mulher. Para isso, tinha que estar morando perto de lá. Na noite em que a Linda nasceu, lembro que assistimos à novela, meu pai comprou uma broa e um sonho, comemos e fui dormir. Quando eram umas 4:00 da manhã, senti a maior dor. Meu pai mandou eu deitar em cima dele. Deitei, mas não passou. Fui ao banheiro, fiz um monte de necessidade. Nada de melhorar. Aí ele me levou de bicicleta até o hospital. No caminho, encontramos um moleque fumando um baseado, pedi para dar um tapa. O menino ficou olhando assustado para o meu pai, mas me deu o bagulho e eu fumei o baseado todinho. A estrada até o hospital era toda de paralelepípedo e a bicicleta ficava tremendo, eu morrendo de dor e doidona. Cheguei no hospital, não tinha ninguém. Só um segurança, que me levou para uma sala onde estavam outras duas meninas. Uma fez cesárea. A outra menina era crente e ficava falando:

— Meu Deus, por favor, não faz isso comigo!

Eu chorava, gritava de dor, mas começava a dar risada dessa menina. Meu pai ficou comigo o tempo todo, só quando fui pra sala ganhar o bebê, ele saiu pra buscar minha mãe e pegar as roupinhas de recém-nascido. Tive um parto normal, tranquilo. Só senti as dores da contração. Meu bebê saiu sozinho mesmo. O médico me mandava fazer força e eu dizia:

— Não! Tô com medo de sair as hemorroidas pra fora.

Ele insistia para eu fazer força como se fosse fazer cocô. Na hora que botei toda minha força, o bebê foi que foi. Quase caiu no chão. O médico colocou minha filha em cima de mim e eu pedi para tirar, pois ela estava toda suja. O médico me disse que eu ia lavar ela. Lavei e logo depois coloquei minha filha para mamar. Eles queriam tirar o bebê de mim para poder pesar e os caramba a quatro, mas eu não deixei até que minha mãe chegasse. Não larguei minha filha por nada, mesmo morrendo de sono por causa do baseado. Minha mãe chegou, pegou ela e eu dormi na mesma hora. Dei a ela o nome da minha irmãzinha que tinha morrido: Linda. Ela nasceu linda, toda cabeludinha, parecia uma japonesinha. Foi minha melhor alegria.

ELIANE TRINDADE

Segunda-feira, 22 de setembro de 2003

Fui com Soraia, uma colega minha da favela, para a avenida arrumar um dinheiro. Saímos com um cara. Só cheguei em casa de manhãzinha. Soraia ainda passou mal, vomitou pra caramba. Eu tinha de pagar uma dívida de R$ 35. O período em que eu mais fiz programa foi 1996 até 1999. Três anos direto. Mas hoje eu não quero mais essa vida. Tem muita menina com HIV. Graças a Deus tirei meu exame e não tenho nada. Sempre lembro que minha mãe morreu disso e uso camisinha nos programas. Hoje em dia, só quero sair com quem eu sinto tesão. Não saio só porque tem alguém querendo ficar comigo. É bem diferente. Não consigo sentir prazer num programa. É muito horrível sair com uma pessoa assim. Não é a minha onda. Os clientes pagam, mas sempre reclamam que sou muito fria. Não suporto a transa, só penso no dinheiro mesmo.

Deixei de ir para a escola para poder fazer esse programa. Estou preocupada, pois é a semana do Provão. Fico falando que vou estudar, mas não estudei nada. Fico com um aqui, com outro lá. Acabo não estudando para a prova. Mas sou muito inteligente, vou fazer tudo *no grau*.

Terça-feira, 23 de setembro de 2003

Fiz prova de matemática e inglês. Na verdade, a de inglês que não sei nada, nada, nada, o Daniel fez pra mim. Depois, fui para o conjunto habitacional e fiquei com André a noite inteira. De tarde, fui para o curso de informática, que o pessoal da ONG arrumou para mim. Estou até achando interessante essa coisa de Windows e Word, mas, na verdade, não gosto de computador. Não me interesso por nada desse negócio: telefone, televisão, rádio, carro, moto. Meu negócio é bicicleta, crochê e sexo. E assim está tudo de bom. Saí do curso meio-dia e passei na casa de uma amiga que anda falando mal de mim. Conversei com jeito, porque, quando se está falando com família, a gente tenta amenizar. Estava de mal dessa amiga, mas, como ficamos sozinhas, acabamos falando dos nossos problemas. Ontem foi aniversário da minha sobrinha e afilhada. Estou com muita raiva da minha irmã. É a semana do Provão e ela nem me avisou que ia fazer uma festinha. Quando cheguei lá, estava tudo arrumado. Só que eu tinha que chegar na escola até as 20:00 por causa das provas. Pedi para ela esperar para cantar os parabéns depois das 22:00, quando daria para eu sair da escola. Nem tive como pegar minha filha, liguei pra minha sogra levar a Linda. Minha irmã não quis me esperar e cantou os parabéns antes. Fiquei no maior veneno. Ainda mais porque minha bicicleta quebrou a corrente. Estava tão revoltada que joguei ela dentro do canal e corri pra escola porque já estava atrasada. Se fosse tentar consertar a corrente, ela ia cair de novo e eu ia perder a prova. Quando cheguei na escola, o portão já estava fechado. Quando voltei pra casa, contei pro meu avô que tinha jogado minha bicicleta no canal. Ele ficou todo nervoso e foi atrás da bicicleta, dizendo que no ferro-velho dá para pegar uns R$ 20. Não sei quando vou ter dinheiro para comprar outra bicicleta. Essa semana, troquei meu tênis velho por um novinho e de marca com a minha irmã. O meu antigo estava bem velhinho.

Terça-feira, 23 de setembro de 2003 (segunda parte)

Tinha esquecido de contar uma coisa. Depois da aula, passei também na casa do meu coroa, o Gerson, que me deu R$ 10, duas meias e uma blusa número 44, grandona. Faz uns dez anos que a gente se relaciona. Ele gosta muito de mim e não é só pelo programa. Também gosto muito dele e não é pelo dinheiro. O que tenho com Gerson é uma relação que não tive com meu pai, com quem só fui ter contato quando estava grávida. Quando conheci o Gerson, eu devia ter uns 8 anos e ainda era virgem. Ficava com ele, roçava e tal, mas no começo a gente não fazia tudo. Ele tem 61 anos, a mesma idade do meu avô, mas quer ser um molecão. Vai a baile *funk*, usa roupa de moleque, dança e se sente o gostosão. Ele tem grana, me ajuda, mas o nosso problema é que ele quer mandar em mim. Saio com outros caras e ele fica sempre me cobrando tudo. Digo que ninguém vai mandar em mim. Se ele paga minhas contas, não faz mais que a obrigação. Ele me comeu mesmo. Tudo que acontece na minha vida, ele sabe. No período que eu mais fiz programa, eu entrava no motel com um cara e ele sabia o quanto ganhava, quantas horas ficava. Sabia de tudo, eu não me conformava com isso. Ele tentou me tirar dessa vida. Quando ganhei minha filha, fui morar um tempo com ele. Mas nunca senti tesão. O carinho que sinto por ele é de pai, apesar de ter sexo no meio. O sexo sempre foi da parte dele, sempre fui muito fria. Até hoje ele reclama disso. Mas não vou mudar. Nunca abri as pernas pra ele. Sempre que a gente vai transar, eu fecho as pernas. Não é uma coisa legal. Mas ele é louco por mim, me dá grana, presente. Tenho cartas dele de 1994, apaixonado. Um monte. Algumas, ele já rasgou, uma vez que esteve lá em casa. Ele só não se meteu na minha vida quando eu estava com o pai da minha filha. Agora, com todos os outros caras, ele implica. Fico furiosa com isso. Meu avô sabe do Gerson e gosta muito dele. Eles se comunicam bastante. Meu avô fala mais com o Gerson do que eu. Diz que o Gerson faz tudo por mim e eu não dou valor. Ele não vê essa coisa da idade, são 43 anos de diferença. Só acha que o Gerson é uma segurança pra mim. Meu avô gosta de mim e sabe que o Gerson gosta tanto quanto ele. Sabe que ele não vai fazer mal pra mim, como um cara como o André pode fazer.

Quarta-feira, 24 de setembro de 2003

Estão fazendo um aterro aqui perto de casa. Não gosto de ficar muito aqui. Não sei direito o porquê. Meu avô é velho, não tem muito assunto pra gente trocar. Quando volto pra casa depois de passar a noite com André, ele xinga e diz que sou puta. Ele não sabe que estou com André. Então, pergunta o que eu fico fazendo até essas horas e diz que só posso estar usando *crack* ou cocaína pra ficar vagando a noite todinha pela rua. Não adianta dizer que não uso esse tipo de droga e que passei a noite com meu gatinho, porque aí ele pergunta o que eu ganho para ficar a noite toda com um cara. Respondo na cara dele que ganho muito gozo. Começamos a discutir e ele jogou na minha cara que as putas pelo menos cobram e eu não ganho nada. Depois da discussão, tentei sair de casa para fumar um baseado. Mas ele viu que tinha maconha na minha bolsa e não me deixou sair. Ficamos gritando um com o outro e eu disse pra ele montar um palco lá no campo e gritar pra todo mundo que a neta dele é puta. Apesar das nossas brigas, amo muito meu avô. Ele é super e me ajuda pra caramba. É carroceiro, está aposentado pelo governo, mas ainda não conseguiu aposentar a égua dele. Ela é bem velha também, coitada. Meu avô estudou até a quinta série, só que naquele tempo o estudo era bem melhor. Pergunto as coisas pra ele, qualquer coisa, e ele sabe. Se não sabe, procura nos livros, acha e me ajuda. Estou no primeiro ano do ensino médio e sei muito menos do que ele. Meu avô é a minha família. Ele vive dizendo que o resto da nossa família não presta, que minha avó é cachaceira, meu tio, traficante, e minha irmã fica cada dia com um homem diferente. Estou cansada de gravar. Vou dormir.

ELIANE TRINDADE

Sábado, 27 de setembro de 2003

Busquei minha filha e fui passear com ela. À noite, fui pra boate, fiquei muito louca, vomitei em cima do pé de um maluco lá da invasão. Na hora que entrei, Anderson, o pai da minha filha, me chamou e eu lhe desejei um feliz aniversário. Ele não esperava os parabéns e até me chamou para sair. Eu não fui porque o baile estava só começando. Depois, vomitei e o André me levou embora, mas não me deixou ir pra casa. Linda acabou dormindo sozinha na casa do meu avô. Não passei mais um aniversário com o Anderson. Boa-noite.

Aqui se encerra a primeira parte do diário de Natasha. A segunda fita foi interceptada pelo avô, que diz ter jogado fora a gravação por conter relatos de um crime presenciado pela neta. Apesar das dificuldades na escrita, Natasha passou a escrever o diário usando folhas de papel pautado do caderno escolar, até que recebesse novas fitas para continuar as gravações. Nesse período, teve uma briga feia com o avô, que finalmente descobriu seu romance com André, que ela vinha mantendo escondido havia oito meses. Resultado: saiu da casa do avô e foi morar com o namorado. O desentendimento parte de uma lógica perversa. Para o avô, Natasha deveria ficar com Gerson — o "coroa" que a explora sexualmente desde a infância mas que pode lhe dar estabilidade financeira — e não com o jovem traficante, que representa o risco de levá-la para a marginalidade e até para a cadeia novamente.

Domingo, 28 de setembro de 2003

Comecei a escrever o diário depois que meu avô destruiu a fita que estava no meu gravador, porque nela eu contava minha história com o André. Isso foi na sexta-feira. Hoje, tivemos outra briga. Foi muito feia e eu decidi sair de casa. Só voltei para buscar uma arma do André que eu tinha escondido lá em casa e foi a maior confusão. Meu avô não quer que eu fique com o André, porque ele é traficante e ameaçou até o pai com um machado. Outra coisa que meu avô não gosta é que o André nunca namorou ninguém, tem 26 anos e eu sou a primeira mulher dele. Ele é alto, bochechudo, moreno claro. Dizem que é bonito. Acho ele feio, mas gostoso. Dizem também que o pai da minha filha é lindo, mas não vejo graça nele. Sinto tesão, mas não vejo boniteza. Meu avô acha que André se encantou por mim, mas vai me largar logo para experimentar outras.

Nossa briga começou quando voltei pra casa hoje de manhã. Estava lavando a louça, quando ele apareceu me chamando de lésbica, porque eu tinha dormido na casa de uma vizinha com o André e a minha filha. Falou que sou puta e lésbica. O sangue foi subindo e eu peguei ele pela blusa. Só soltei porque é meu avô que tanto quero bem. Eu amo demais o meu avô, não sou capaz de machucar ele, mas também não consigo fazer a vontade dele.

Voltando: ele continuou a falar que sou lésbica. Peguei três pratos e o ameacei:

— O que eu sou? Fala? Agora!

Ele continuou me irritando e eu comecei a chorar. Soltei os pratos no escorredor e continuei lavando e ele me irritando. Comecei a chorar enquanto falava com ele:

— Não sou *sapata*. Passei dois anos e quatro dias num lugar onde 99% das *minas* eram sapatão. Não fiquei com mulher lá dentro e não vou ficar aqui fora. O senhor sabe que tem um monte de homem atrás de mim.

Ele disse que era disfarce. Começamos a discutir, eu quebrei um copo com as mãos, de tanta raiva. Minha filha pediu água, ele fechou a porta de casa e não me deixou entrar na cozinha. Mandou dar água pra ela na casa da lésbica. Medi força com ele para não fechar o cadeado. Pulei o muro e falei que minha filha ia beber água, sim. Peguei o copo d'água, que ele acabou arrancando da minha mão. Ainda pegou a pá de pedreiro e me ameaçou. Quando tirei a pá das mãos dele, ele me jogou nos azulejos e me sacudiu. Estou com a perna rachada e a barriga cortada e arranhada. Mesmo assim, peguei outro copo d'água. Enquanto ele fechava o portão, saí pela janela e levei água para minha filhota, que estava chorando e dizendo:

— Não quero, não, mãe, a água do meu vô!

Levei Linda para a casa da avó dela. Vou dormir, pois já cansei de escrever. Até amanhã.

Segunda-feira, 29 de setembro de 2003

Não tenho muito para escrever hoje, pois estava com André o dia e a noite toda. Fui pra escola e um colega meu de sala me falou que tinha terminado com a namorada. Entendi que ele queria algo comigo e pedi um beijo na saída. Ele saiu andando e me deixou falando. Estou indo dormir na casa da Luzia [*uma vizinha da favela, que lhe deu abrigo depois da discussão com o avô*] com André.

Terça-feira, 30 de setembro de 2003

Acordei e passei na casa da minha tia que é bem perto da Luzia. Antes, consegui abrir e pular a janela da casa do meu avô para pegar uma calça e uma blusa e poder ir para a aula de informática. No caminho, comprei uma calcinha de olhinho. Passei na ONG, comi uma *pizza* broto com a Betina e participei da reunião. Antes, eu falei em particular com a Betina e o Fernando [*psicólogos da ONG que fazem o acompanhamento de Natasha desde os tempos em que ela já fazia pon-*

to na avenida, passando pela assistência no período em que ficou internada na Febem em razão do assalto à mão armada e também agora que se encontra em liberdade assistida]. Conversamos sobre os meus problemas. Eles estão tentando me ajudar e marcaram uma conversa com o meu avô. Voltei pra favela e contei pra André que tinha conseguido abrir a janela do barraco da minha tia e a gente não precisava mais dormir na Luzia.

Quarta-feira, 1º de outubro de 2003

Falei para o André que, mesmo tendo invadido a casa, minha tia ia entender nossa situação. Dito e feito. Ela estava sumida já fazia quase uma semana e apareceu hoje e me acolheu. Mas o André alugou a casa dela pra nós morarmos juntos. Ele falou que, se ela quisesse, dava o dinheiro hoje: R$ 100. Ela foi morar no sítio. Vou aproveitar e comemorar a minha felicidade e a minha despedida de solteira com o meu André. Fui.

Quinta-feira, 2 de outubro de 2003

Acordei do lado do meu amor. Fizemos amor gostoso e brigamos por causa da arma que eu tinha deixado na casa do meu avô, que fez o maior chabu quando apareci para buscar junto com o André. Eu já estava atordoada, com a cabeça a mil. Só pensava que o André não ia mais confiar em mim e que ia me deixar. Pensei até em me matar. Estava tão feliz com o meu amor, era tudo o que eu queria. Todos os meus castelos eu vi demolidos nessa hora. Mas ele confiou em mim e por isso eu amo ele com todas as minhas forças. Resta saber se sou forte o bastante para superar tudo e todos.

Natasha conseguiu recuperar uma parte da segunda fita que foi parcialmente inutilizada pelo avô, que gravou em cima das falas da neta. Em um trecho ele canta uma canção triste que fala de amor e solidão. O que restou da gravação é um desabafo emocionado de Natasha, sem data marcada. Ela chora ao gravar estas palavras para o avô, que ela descobriu vinha ouvindo seu diário regularmente:

"Eu queria muito estar ao seu lado vozão. Eu te amo muito, de montão. Você é tudo na minha vida. Eu já disse um dia que jamais ia deixar o senhor. Mas a gente não pode mandar no nosso destino, estou com uma pessoa que o senhor não gosta. Tudo o que queria na minha vida é te fazer feliz, mas como sempre só consigo fazer isso pela metade. Não consigo uma felicidade completa."

Ao fundo a fita captura o refrão da canção Patience, do Guns n'Roses, que toca no rádio e é um acalanto para o seu estado de espírito, embora Natasha não saiba o significado das palavras em inglês: Said, woman, take it slow/It'll work itself out fine/All we need is just a little patience/Said, sugar, make it slow/And we come together fine/All we need is just a little patience.

A letra melosa que fala diretamente a uma mulher que tudo ficará bem desde que tenha um pouco de paciência embala o restante do relato emocionado de Natasha ao avô:

"Agora, estou sofrendo porque estou longe do senhor. Queria estar do seu lado, só que necessito ficar ao lado do meu amor. É um amor diferente, de um homem e de uma mulher. Amo muito o André. Não consigo mais viver sem ele. Queria muito estar junto dos quatro homens da minha vida: primeiramente Deus, depois André. Ainda tem o senhor e o meu pai. O senhor sabe que estou na luta pela minha filha, para ser realmente uma mãe. Que Deus me ajude. Do fundo do meu coração, quero muito ter minha filha todos os dias ao meu lado. Não apenas aos sábados e domingos. Também queria estar com o senhor todos os dias, porque com André é como se eu não estivesse com ninguém. Tudo por causa do tráfico. Quando eu estava morando com o senhor, ele sempre saía comigo. Agora não. Nunca tem tempo para sair. Mesmo assim estou feliz de estar morando com ele. Eu era muito feliz morando com o senhor. Mas, na verdade, eu só entrava em casa para deixar a roupa suja, colocar uma nova e sair de novo. Agora, tenho certeza que, se o senhor aceitasse meu relacionamento com o André, eu ficaria direitinho em casa. Só não ia dormir, porque ia passar as noites com o meu amor. É gostoso dormir com ele, sentir o calor dele. Como eu também queria sentir o calor da minha filha todas as noites. Só que o destino dita o que tem que ser. Daqui a pouco é outra coisa, e outra. Não fico com Deus, não fico com minha filha, não fico com meu avô nem com meu pai, mas fico com André não ficando. Um dia isso vai mudar, tenho fé em Deus que vou ser muito feliz. Vô, não estou fazendo nada de errado, firmeza. Estou com uma pessoa que trafica, mas isso é normal, entendeu? Continuo querendo abrir minha lojinha de crochê. É meu sonho. Se eu fosse rica, compraria uma casa bem grande e moraria com a Linda e todos os meus homens. Dormiria com todos os meus amores do meu ladinho. E Deus, com certeza, estaria lá dentro harmonizando tudo. Amo vocês todos. Amém. Fiquem com Deus. Vô, não esquece: Eu te amo, te amo e te amo."

Segunda-feira, 20 de outubro de 2003

Voltei a gravar meu diário. Eu e André estamos morando no barraco da minha tia e pagamos R$ 150 pelo aluguel. Aqui só tem som, fogão, botijão de gás e tanque. Quebramos a cama depois de um sexo selvagem. Hoje, compramos uma televisão à prestação. Demos R$ 100 de entrada e vamos pagar R$ 60 por mês, em 11 vezes. O crediário está no meu nome, mas André vai pagar. Ele também comprou outra bicicleta pra mim. Meu avô ficou com a minha que eu tinha jogado fora.

Vou falar de uma coisa que eu nem ia contar. André me deu um tapão na noite que a gente foi para o baile, não lembro mais que dia exatamente. Mas não dá para esquecer o que rolou. Enquanto ele esperava o táxi, eu fiquei no barzinho em frente para me proteger da chuva. Ele diz que me chamou, eu não escutei e continuei andando. Quando ouvi, ele estava gritando:

— Vem aqui, sua vagabunda!

Virei pra ele e disse:

— Você está louco, cara? Não é porque gosto de uma pessoa que sou obrigada a passar humilhação! Se você não gosta de mim, não fica comigo, mas não me faz sofrer.

Ele continuou gritando. Respondi que animal tem que viver sozinho e saí andando. Foi quando ele me segurou e falou que, se eu tinha ido com ele, teria que ir embora com ele também. Como continuava me segurando, tirei meu sapato e dei na cara dele. Saí correndo, mas ele me segurou pela jaqueta e me puxou pelo cabelo. Consegui me soltar, ele me catou de novo quando chegou na esquina e continuou gritando:

— Sua vagabunda, vamos embora pra casa!

Eu não me controlei:

— Se eu sou puta, por que você fica comigo, cara?

Ele parou de falar e me deu uma bofetada na cara. Na mesma hora, estavam passando dois carros cheios de moleques. Eles viram tudo. Só virei para o André e disse que ele devia estar louco, noiado [*drogado*], que alguém devia ter colocado alguma coisa na bebida dele. Os caras ficaram brincando, gritando "Sequestro, Sequestro!" e me levaram embora dali. Eles estavam em oito. Cinco num carro e três no outro. O engraçado é que eles foram parar comigo dentro de um salão de beleza, que era de um dos moleques, e eu tinha dito que, na próxima briga com André, ia cortar meu cabelo. Aí os moleques queriam que eu dançasse para eles. Comecei a dançar e todos queriam ficar comigo de uma vez. Dei a maior psicológica neles:

— Fica ligado. Não dá pra eu ficar com ninguém.

Eles ficavam falando pra eu escolher um deles. Eu disse que não tinha condições:

— Vocês iam gostar de eu acabar com um e passar para outro? Como ia ficar minha cara depois disso? Todo mundo ia falar: "Essa menina é a maior vadia."

Eles pararam de insistir e ficamos conversando. Tinham visto pelo que passei naquela noite. Só queria me afastar do André. Ficamos no salão um tempão. Eles de novo insistiram pra transar comigo. Até que um deles, que não quis me dizer o nome e eu passei a chamar de Qualquer Coisa, falou que ia me levar em casa. Ele usou um dos carros dos moleques e parou próximo à casa onde estou morando com André. Fizemos um sexo bem gostoso. Ele me deu o telefone dele pra eu ligar no dia seguinte, mas eu fui logo dizendo que não gosto de telefone nem ligo pra ninguém. Nem sabia o nome dele. Foi quando ele disse que se chamava Giovanni. Era o maior gato, todo *fofucho*. O baile acabou às 2:00 da madrugada. Cheguei em casa às 6:00 da manhã. André estava bêbado, tinha capotado. No dia seguinte, ele nem lembrava que tinha me batido. Quando acordamos, dei um monte de tapa na cara dele. Começamos a discutir e disse que aquilo não era vida. Larguei tudo por ele, mas não foi pra levar tapa na cara sem nem saber o motivo. Disse que não queria mais nada com ele. Ele falou que me amava, me agarrou e fez sexo tipo violento. Eu não estava com vontade. Depois, conversamos. Ele disse que gostava de mim, não era só sexo e que não iria me fazer sofrer. Com ele já não transo mais com camisinha. Ficamos cinco meses transando sempre com preservativo, mas há três meses paramos de usar. Ele não fez o teste de aids, mas, como o negócio dele é muito grande, a camisinha estourava sempre. Preferi transar sem e ele solta fora. Agora, não vou mais pra baile, então não preciso comprar mais camisinha. Antes, eu saía, ia dar, beber, zoar, fumar. Agora fico só com André e também não preciso mais fazer programa.

Terça-feira, 21 de outubro de 2003

Liguei para Gerson hoje na hora do recreio. Ele me disse que estava muito decepcionado comigo porque descobriu que eu não o amava. Grande descoberta. Essa coisa de amor era somente um querer da parte dele. Gerson gosta muito da minha filha e o procurei porque estou na maior luta para pegar Linda de volta. No outro final de semana, peguei minha filha na quinta-feira. Era a semana do Dia da Criança e tinha um monte de festinha legal pra ela ir. Mas o pai ficava dizendo que não ia me dar a menina. Fiz o maior chabu. Ele discutiu comigo, xinguei ele também. Foi debate feio. Minha sogra é a maior mãezona pra mim, me dá a maior força, mas fiquei com raiva dela. Não estou querendo tomar nada de ninguém. Quando saí do centro de internação de adolescentes, avisei que, quando fosse pegar minha filha de volta, ia fazendo aos poucos, afinal eles estão acostumados com a Linda. Estou há dez meses na rua e nada. André disse que a hora que quiser posso pegar Linda para morar com a gente. Depois do dia 1º, quando vence o aluguel do barraco da minha tia, ele quer alugar uma casa mais habitável, aí minha filha vai poder morar com a gente. Anderson não quer de jeito nenhum, diz que a filha dele não é pra se envolver com essa fita. Tanto que tive que arrumar uma cama de solteiro para Linda dormir, porque o pai não quer que ela durma na mesma cama que eu e outro cara. André ainda está no tráfico. Mas já falei que, quando arrumar um serviço, ele vai parar com essa porcaria. Ele finge não escutar. O que ele ganha está dando pra viver. André quer me ajudar a montar minha lojinha de crochê, pois é a única habilidade que tenho, não sei fazer mais nada. O problema é que ele ganha R$ 40 por dia traficando. Ele compra tudo pra dentro de casa. As coisas que ele não consegue me dar não me fazem falta. Gosto dele, não das coisas dele ou do que ele vai me dar. Não quero roupa, sapato. Preciso de atenção, de compreensão, de amizade.

Quinta-feira, 6 de novembro de 2003

Meu aniversário de 19 anos não está sendo aquela maravilha. Só foi legal porque meu pai telefonou dizendo que queria sair comigo. No início da tarde, ele apareceu e fomos pra pracinha e depois pro *shopping*. Ele comprou umas besteirinhas pra mim: um brinco, uma pulseira e duas chuquinhas de abelhinha para o cabelo. Escolhi tudo rosinha. Passei também na casa da minha ex-sogra e ela me deu o maior abraço. Pedi para ela me abraçar mais, era tudo que eu precisava. Ela ainda me deu um perfume. Ela é revendedora, mas estava separado pra mim, embrulhado e tudo. Ninguém mais se lembrou da data. Saí com André ontem à noite para caminhar na praia, já tinha passado da meia-noite e ele nem se tocou. Ele é um tédio. Não fala nada, não se diverte. É o mesmo que ficar falando com bêbado. Fumei dois baseados e lá pelas 3:00 eu comentei que meu pai vinha me ver pelo meu aniversário. Só aí caiu a ficha e ele me deu Feliz Aniversário. Fiquei maior triste. Até discutimos, mas quando chegamos em casa tudo ficou legal.

ELIANE TRINDADE

Segunda-feira, 10 de novembro de 2003

Encontrei com minha professora de História. Ela ficou de me dar um presente, mas esqueceu do meu aniversário. Mas tudo bem, ela é muito profissional, apesar de falar besteira para incentivar a gente a estudar e a prestar atenção na aula. Conta muita piada, é a melhor professora. Na escola, todos gostam de mim ou fingem gostar por medo. Eles sabem que o barato é louco e que já aprontei muito. Logo no segundo dia de aula, fui suspensa porque bati numa menina. Fui tirar satisfação porque ela bateu noutra garota. Ela me ignorou e eu saí capotando a fresca. Fui parar na coordenação e ainda disse barbaridades na cara do diretor. Até que a mulher dele estava dando para o vizinho. Fui suspensa por um tempo. A escola é boa, mas falta organização. Esse povo não faz nada certo. Marca prova num dia e depois desmarca. São quase cinquenta alunos na minha classe. Meus amigos me ajudam muito. Quando tem prova pra entregar e não tenho como ir para a escola, eles entregam ou fazem por mim. Depois eu aprendo.

Não estudo nada, nem me preparei para as provas da semana passada. Fico na sala de aula e tento gravar as coisas. Como no teste são três respostas, calculo e chuto. Não tenho vontade de fazer vestibular, só quero concluir o ensino médio. Quero mesmo é abrir minha sala de crochê. Fiz uma blusinha esta semana e vendi por R$ 10. Tinha que comprar remédio para o meu avô. É remédio pra dor de velho, só que ele bebe e não adianta. Vendi a blusa na rua mesmo. Ponho meu banquinho e uma plaquinha: Aula de Crochê por R$ 5. As pessoas param, às vezes compram ou vão comprar linha para aprender. Recebo encomenda. Faço tudo da minha cabeça, não pego livro pra copiar os desenhos. Gosto de fazer pela minha mente. Uma professora pediu para eu fazer três colchas de crochê. Vou cobrar R$ 60 cada uma, leva quase um mês para ficar pronta.

Estou sentindo falta dos meus ratinhos. Tinha mais de vinte, daqueles branquinhos. Eles ficam numa gaiola na casa do meu avô. É uma zona aquilo lá: a mãe sai com o filho, a filha sai com o pai. O resultado é um monte de ratinhos. Às vezes, conseguia até vender algum, por uns R$ 5, mas sempre digo que é para cuidar bem do meu ratinho. Tinha um de estimação, o Rapidinho, que era filho do primeiro casal. Ele está grandão, maior que os pais. Meus ratinhos só comem pão e água. Minha professora de História disse que rato não bebe água. Como não? Todo dia eu boto um copo cheio e eles bebem tudo. Vai ver tomam banho, né?

Natasha não é do tipo que tem gatinho de estimação. Prefere um animal menos óbvio, como um ratinho. É estilosa, esbanja criatividade ao se vestir e capricha em looks transados, *em que mistura* hits *adolescentes — como* jeans desfiado *e* camiseta básica, *com lindas toucas e bolsas de crochê feitas por ela mesma. É* fashion *e cheia de atitude. Não foge às perguntas. Conta tudo e tudo mesmo, em detalhes. Escancarada, joga seu gozo na cara das pessoas. Não tem pruridos ao relatar os seus atos, sejam de loucura ou de bravura. Seus olhos verdes falam. Transbordam de dor e de alegria à medida que uma torrente de palavras vai dando forma às suas muitas histórias. Às vezes contraditória, ela surpreende em alguns momentos pela coerência com que descreve uma trajetória tão cheia de altos e baixos. Em uma palavra: é forte.*

Domingo, 23 de novembro de 2003

O que mais fiz nos últimos tempos foi ficar na boca com o André. Eu não trafico, mas fico por lá porque gosto dele. Só isso. Meu negócio é prostituição, e agora que estou com André, nem isso. Já roubei, mas tráfico nunca fiz. Pedi ao André R$ 10 para ir ao baile. Anteontem, nós fomos para o motel e pegamos um quarto que tinha a cadeira erótica. Foi muito da hora. A cadeira parece um formigão preto, ela vira, tem escada e vem com um papel explicando as posições que dá para fazer. Testamos quase todas. Sexo com ele é muito bom. Outro dia transei com André dentro do baile. Ele tinha comprado um vestido para mim de R$ 80. Era uma roupa que não tinha nada a ver com baile *funk*, era mais legal num casamento. É rosa-choque, bem decotado, cheio de babadinho. Amarrei, dei um nó, deixei ele curtinho e aí ficou com cara de baile *funk*. Nesse dia, estavam filmando, pois era aniversário do lugar. Nós fomos pra debaixo da escada, transamos ali mesmo e a câmera só filmando a gente. No domingo passado, colocaram no telão as imagens da gente se pegando.

Aquela coisa cama, cama, cama, vira rotina. Gosto de transar em lugares diferentes. Quando fazia só programa não sentia prazer. Quem despertou isso em mim foi um moleque chamado Bidi. Meu primeiro beijo foi com ele e rolou num centro de macumba quando eu tinha 10 anos. Minha primeira relação gostosa também foi num centro. Mas quem tirou a minha virgindade foi o Paulo, que agora está numa cadeira de rodas. A gente saía, ia para a escola junto. Ele mora na favela até hoje e ficou aleijado trabalhando. O muro da casa caiu nas pernas dele e ele perdeu os movimentos. Nós transamos quando eu tinha 12 anos. Desde os 9, eu era toda safadinha, fazia programas, mas sem penetração. Fazia chupetinha, transava nas coxas, punhetinha. Só brincadeira, entendeu? Como as meninas com quem eu andava na rua não eram mais virgens, achavam que eu também não era. Paulo era irmão de uma delas. Já fazia um tempo que a gente estava junto, até que um dia a mãe deles disse para eu dormir no barraco deles. Deitamos na mesma cama, ele virou pra um lado e eu pro outro. Mas, no meio da noite, a gente começou a se beijar. Era tudo que eu queria: perder a virgindade, mas com ele. Rolou. Fui muito fria, não demonstrei que era virgem. Não sangrei nem nada. Perdi minha virgindade ali, mas era como se tivesse transado com um monte de gente. Ele não percebeu. Só então contei que ele foi o primeiro. Muitos anos depois, quando ele já estava numa cadeira de rodas, tivemos uma outra relação ou quase. Ele ficou muito empolgado, rolou de tudo, menos penetração. Ele não conseguiu. Hoje, somos amigos.

Quarta-feira, 17 de dezembro de 2003

Sinto que André me ama muito. Mas eu sei que é uma relação difícil. Ele trafica e eu não quero isso pra mim. Ele me ajuda, me dá dinheiro. Agora, eu não quero mais me prostituir nem roubar. Saímos da casa da minha tia. Alugamos uma casa melhor na rua de trás. É perto da pista, um lugar legal. É uma casa mesmo, com quarto, cozinha e banheiro com privada. No começo não tinha móvel nenhum. Só o fogão que ganhamos, mas sem o botijão. Nem a televisão que comprei, porque quebrei na cabeça do André no dia 11. Fiquei revoltada com ele, que estava cheirando cocaína em um pagode em frente de casa. Veio com o papo de que só cheirava quando ficava com raiva. Brigamos feio, e eu comecei a quebrar tudo, dei um monte de panelada nele. Quando ele tentou proteger a tevê, fiquei louca. Perguntei se o aparelho era mais importante do que eu. Ele disse que não queria saber de tevê nem de nada. Taquei um negócio na tela, quebrou um pedaço e ele carregou a tevê e jogou no canal. Um cara foi lá pegar, eu não deixei. Tinha que ir pro lixo e foi. Nem pagamos a primeira prestação. Já chegou uma carta dizendo que meu nome vai para o SPC. Deixa ir. Vou esperar pra entrar num acordo e a mensalidade ficar mais barata.

ELIANE TRINDADE

Quinta-feira, 25 de dezembro de 2003

Passei a noite toda com André na boca, revoltada. Ele não me deu nenhuma atenção. Todo mundo lá se divertindo, bebendo, fumando e acontecendo e ele, nada. Não bebi nem fumei maconha. Estava muito triste mesmo. Estava longe do meu avô, nem tinha minha mãe e minha filha ao meu lado. Anderson fez uma divisão pra gente ficar com Linda nas festas, mas no final eu não fiquei nada com minha filha. Era uma coisa de ficar metade do dia da véspera e uma parte da noite de Natal. Só que não rolou nada disso. Eu só fiquei um pouquinho com Linda hoje à noite. É o mesmo que não ter ficado. Nós dividimos as férias e ela iria ficar 14 dias direto comigo. Ainda nem vi esses 14 dias, entendeu? Passei a noite de Natal chorando. Como sabia que não adiantava dizer pra ninguém o que eu queria ganhar de presente porque ninguém ia me dar nada mesmo, roubei uma blusa, um sapato e um *short jeans* pra usar no Natal. Rodei pela cidade na terça-feira, dia 23. As lojas estavam cheias. A primeira coisa que eu roubei foi um chocotone. Estava o *maior bom* roubar. Depois, roubei uma sandália que todas as minhas amigas da favela queriam. Só que peguei o par errado, as duas sandálias do mesmo pé. Mas vou usar no Ano-Novo assim mesmo. Roubei ainda uma camisa de esportista dessas de marca para dar de presente para André, muita linda, cor de abóbora que ele não gosta, mas eu gosto. Roubei ainda sapato e roupa pra minha filha usar quando viesse ficar comigo no Natal e no Ano-Novo. Tudo que arrumei nesse dia foi roubado. Não tinha um centavo. Não queria presente de ninguém. Meu sonho de Natal era receber um Feliz Natal do meu avô. Nos encontramos na rua, mas ele reagiu assim:

— Não encoste em mim, não quero seu Feliz Natal. Quero que você me esqueça!

Não acredito que meu avô esteja fazendo isso comigo. O que eu mais queria era que ele aceitasse o André e que minha filha estivesse com a gente. Já pedi pro André largar o tráfico. Disse que o pior não é ele parar dentro de uma cadeia, porque aí ele vai tá gozando o governo, comendo às custas dos outros. O pior é me ver na porta de uma cadeia passando humilhação. Dentro é um inferno. Quando estava presa na Febem, fui amarrada muitas vezes, me davam um monte de remédio. No dia em que entrei, não tomava nada. Três meses depois, quando já tinha feito oito boletins de ocorrência lá dentro, eles viram que era demais e me levaram para os psicólogos. Não queria ir de jeito nenhum, não sou louca. O psicólogo conversou comigo. Fizeram um eletroencefalograma, viram que eu não tinha nada na cabeça, mas continuaram me dando remédios, apesar de não fazer o mesmo efeito em mim. As outras meninas tomavam e dormiam. Eu ficava ligadona, fazia meu crochê. Tomando ou não remédio, saía no tapa com todo mundo. Mas eles me davam remédio de manhã, de tarde e de noite. No dia em que fui solta, eles me deram um monte de remédio para eu levar pra casa: uns cinco potinhos, com a dose certinha pra eu fazer. Joguei a maioria fora, nunca mais tomei nada. Só guardei os bagulhos que podem dar barato. Vendi um monte e ainda tenho um pouco em casa. Dá para cobrar R$ 5 por cada comprimidinho. Fiz uma grana.

Sexta-feira, 2 de janeiro de 2004

Meu Ano-Novo foi melhor que o Natal. Fomos pra casa da mãe do André numa cidade vizinha e passamos a noite na praia. Foi tudo legal. Mas hoje começamos a discutir porque eu estava passando mal com pneumonia e ele ficou cheirando lá na boca. Fui dormir na casa da minha avó, que é separada do meu avô, mas mora na mesma favela. Fiquei na maior confusão. Ficava pra baixo e pra cima com a minha sacola. De noite, ainda continuamos aquela conversa, falei que não queria mais saber dele, comecei a humilhar e deixar ele lá embaixo só com palavras. Ele não pensa em mim, não me enxerga. Vou sair fora dessa relação. Não dá.

Sábado, 17 de janeiro de 2004

Fiquei esperando pela minha filha em casa. Como ninguém veio trazer a Linda, fui na casa da minha ex-sogra. Já cheguei gritando pelo nome dela. Eu usava um biquíni bem extravagante, de crochê, que eu mesma fiz, e uma saia toda aberta. Linda apareceu na porta e eu disse que ela ia sair com a mamãe. Ela falou que o pai tinha dito que não era para ela ir à praia comigo. Então, chamei ela para dar uma volta. Ela foi colocar o chinelo, quando apareceu a tia dizendo que Linda não podia sair porque estava tomando remédio. Já fui gritando que toda vez que aparecia para pegar minha filha eles inventavam uma coisa. Nunca dá para eu pegar a menina. Será que não sou responsável nem para dar remédio a minha filha? Ela disse que ia levar ela ao médico. Mas bati o pé que ia levar Linda comigo. Se fosse mesmo para a praia, deixaria ela num quiosque, longe do sol, sem entrar na água. Mas eu só queria dar uma volta com minha filhota. Comecei a discutir com minha cunhada, ela foi buscar Linda, mas ela não queria vir. Comecei a chorar, ela mandou eu ir buscar ela. Linda também estava chorando. Mandei ela tomar o café da manhã, antes de sair. Quando a gente já estava na esquina, o avô da Linda vinha chegando. Ela largou a minha mão e correu para o colo do avô, contando que fiz o maior escândalo. Seu Joaquim, o pai do Anderson, me pediu para só levar ela mais tarde, mas eu disse que ela ia comigo naquela hora e pronto. Ele agarrou a Linda, eu fiquei tentando puxar a menina. Foi aquela confusão no meio da rua. Tive que quebrar a cara do velho.

AS MENINAS DA ESQUINA

Xinguei todo mundo, falei horrores. Dei o maior vexame. Todo mundo me conhece por ali e sabe que sou maluca. Só que chegou a polícia e foi logo implicando com a minha roupa. O policial falou:

— Isso lá são trajes pra você vir buscar sua filha!

Bem desaforada, respondi ao policial que não era obrigada a ir pra praia de terno e ainda gritei:

— Vou pra praia de biquíni pra queimar meu rabo!

Quase fui presa. O policial mandou eu colocar uma bermuda quando fosse pegar Linda. Mas não tem essa. Sou o que sou, não devo nada a ninguém. O policial disse que, se tivesse outra briga daquela, ele ia levar a menina para a delegacia. No final, levei Linda comigo, mas os homens ficaram me seguindo e eu, morrendo de medo, porque estava com maconha na bolsa de praia.

Chegando em casa, Linda foi logo brincar na rua. Comecei a passar mal, estava ainda com pneumonia. André pegou um táxi e me levou no hospital. Isso era umas 18:00. Linda ficou com uma menina lá da rua. Quando fui procurar por ela na volta, não encontrei em lugar nenhum. Rodei a favela inteira. Quando voltei pra casa umas 19:00, minha sogra estava lá. Tinha levado o remédio para Linda tomar. Disse para Deusa ficar esperando e saí de novo para tentar achar minha filha. Bateu o maior desespero, quando uma coleguinha da Linda me disse que ela tinha saído dizendo que ia pra casa do pai. É longe pra caramba, nem eu vou a pé e a menina de 3 anos foi sozinha. [*A exsogra de Natasha mora numa região mais central da cidade, numa distância de pelo menos meia hora de caminhada.*] Saí correndo de bicicleta. Quando cheguei lá, encontrei o meu sogro, que estava com a Linda, e pensou que eu tinha me arrependido por causa da briga e deixado a garota na esquina. Eu disse que não, que a minha irresponsabilidade levou a Linda até lá. Eu só disse uma coisa pra ele:

— Vocês não querem tirar ela de mim? Tudo bem, agora vocês vão ter de ficar com ela até os pentelhos dela ficarem brancos!

Levei Linda de novo comigo e entreguei ela para a avó lá em casa. Estou muito triste. Caiu a ficha: se ela fugiu pra casa dos avós é porque não quer ficar comigo.

Quarta-feira, 4 de fevereiro de 2004

Hoje de manhã, coloquei todas as minhas coisas pra fora de casa. Disse ao André que ia queimar tudo. Ficamos no maior debate até de manhã. Meu avô passou numa lotação, estava indo pro médico e viu minhas coisas na esquina e eu e André na frente de casa. Ele desceu e perguntou o que estava acontecendo. Comecei a chorar. Meu avô me abraçou e me levou pra casa dele e depois voltou com a carroça para pegar as minhas coisas. Não dava mais pra continuar morando com André. Numa de nossas brigas, eu até joguei gasolina nele. Queria queimar tudo da gente. Ele estava há quatro dias virado, bêbado. Desesperada, liguei para o meu coroa, o Gerson, ir lá me buscar, mas ele não apareceu. Foi quando decidi botar fogo em tudo. Comecei a jogar gasolina no André. Ele veio pra cima e a gasolina caiu em mim também. Eu estava com isqueiro na mão. No corpo a corpo, quase pegamos fogo juntos. Depois dessa loucura toda, quando acordamos no dia seguinte, ele disse que me amava, que ia mudar. Foi a primeira vez na vida que ele falou em largar o tráfico. Mas acordei decidida a mudar nossa relação. Fui pra casa do meu avô, aproveitei que ele não estava lá e dormi um pouquinho. Só à tarde voltei pra buscar minha bicicleta. André me chamou pra conversar e acabamos voltando. Mas como namorado. Não dá pra dividir o mesmo teto. Ele disse que sem mim não tinha força pra correr atrás de nada. Ele não tem passagem pela polícia, não tem tatuagem, é limpão. Só tem que arrumar os documentos pra tentar conseguir um trabalho. Pedi ajuda ao pessoal da ONG. André precisa tanto de apoio quanto eu.

Sexta-feira, 13 de fevereiro de 2004

Passei esse tempão sem procurar minha filha, mas hoje fui pegar Linda pra passar o final de semana. Ela já tinha esquecido aquele barraco todo e quis vir comigo numa boa. Estou morando de novo na casa do meu avô, mas continuo namorando André. Saí da Febem há quase um ano. Quando estava presa, pensava que, quando ganhasse minha liberdade, eu ia conseguir um serviço, terminar meus estudos e dormir todas as noites com minha filha. Mas não aconteceu nada disso. Primeiro, fui parar na casa da minha irmã, que ficou sendo a minha tutora, mas não era o lugar que eu queria ficar. Ela gosta muito de limpeza, enquanto eu sou mais da rua. Não sou muito do lar. De cara, quis morar com meu avô, mas ela ficou sendo a responsável por mim diante do juiz. Minha irmã não costuma dar muita força para a família, prefere as amigas. Logo, meu avô me acolheu. Mas eu entendo a minha irmã. Ela também nunca teve apoio nenhum de família durante toda a vida. A gente só aprende essas coisas quando recebe, né? Vou nessa, tá ligado. Tchau!!!

Sexta-feira, 20 de fevereiro de 2004

Não aguento mais essa história de ir buscar Linda toda sexta pra ficar o final de semana comigo e o pessoal da casa do Anderson inventar que a menina está com dor disso e daquilo e eu voltar sozinha. Hoje, quando liguei pra eles trazerem a menina, falaram que só iam poder às 18:00. Falei que tinha que ser até as 17:00, porque senão eu ia para a escola e não ia ver minha filha hoje, pois quando voltasse da aula ela já estaria dormindo. Quando deu 17:00, eu estava lavando roupa, larguei tudo e fui buscar Linda. Cheguei lá e ela nem tinha tomado banho. Não queriam me deixar pegar minha filha novamente.

Mas bati o pé e levei ela assim mesmo. Minha sogra me deu uma sacola. Só quando cheguei em casa vi o que tinha dentro: um litro de leite, um pacote de biscoito, um pacote de iogurte e um sabonete. Liguei na mesma hora para a Deusa, pagando geral:
— Você está pensando que minha filha passa fome aqui em casa?
Isso me deixa muito irritada. Minha filha não passa necessidade do meu lado. Tudo que uma criança precisa ela tem. Me deu vontade de jogar a sacola fora. Não joguei, mas tomei a decisão de que minha filha ia passar o feriado de Carnaval comigo. Liguei para Anderson e disse que se ele e a família dele querem a guarda da minha filha que briguem na Justiça.

Sábado, 21 de fevereiro de 2004

Hoje, morreu um primo do André. Estava fazendo minhas unhas quando recebi a notícia de que o cara tinha levado uns tiros, numa briga com um grupo rival. Quando eu cheguei no local do crime aqui mesmo na favela, o corpo dele ainda estava lá. Aproveitei para tirar as correntes que ele estava usando. Peguei também os chinelos. Ele estava morto, né? Melhor que as coisas dele tenham ficado comigo do que com outros. De lá, fui atrás do André para contar o que tinha acontecido. Ele também corre perigo por ser parente do morto. Depois dessa, espero que ele largue o tráfico de vez.

Domingo, 22 de fevereiro de 2004

A família do André estava toda reunida no enterro do Maurício. A mãe do André falou que ele tinha que sair da favela e voltar pra casa. Ele resolveu ir embora. Eles são uma família tipo classe média, têm o necessário. André pode ter outro tipo de vida. Ele tinha casa, estudava e tudo. Só que começou a frequentar a boca e os caras chamaram ele pra traficar. Ele entrou nessa pra aparecer. Mas acabou vendendo a casa, vendendo móveis e foi acabando com tudo. Comprou arma e virou traficante mesmo. Só que agora está saindo dessa história de tráfico com uma mão na frente e outra atrás. Pelo menos, está vivo.

Quinta-feira, 4 de março de 2004

Há mais de três anos não sabia o que era ter minha filha tanto tempo perto de mim. Peguei Linda pra passar o feriado de Carnaval e decidi não devolver mais pra família do Anderson, que ainda não veio visitar a filha aqui na casa do meu avô. Minha ex-sogra também não deu notícia. Só quem apareceu aqui um dia desses foi a minha ex-cunhada, a Marlene, irmã mais velha do Anderson. Quando ela chegou, eu estava dando banho na Linda. Fui logo perguntando se ela queria levar a sobrinha pra passear. Ela ficou assustada por eu ter permitido que Linda ficasse com eles, mas eu falei que nunca ia negar isso a quem cuidou da minha filha quando eu estava na Febem. Falei que confiava nela.

Passo quase todo o tempo curtindo minha filhota agora que o André não pode voltar na favela. A gente só namora no final de semana, quando vou pra casa dos parentes dele. O cunhado dele arrumou um emprego pra ele, como ajudante de pedreiro. Só que era pra ganhar R$ 15 por dia. Ele ficou uns dias, mas agora está parado. Ele me ajuda quando pode. Voltei a me prostituir escondida dele. De vez em quando, dou umas saídas. Vou pra avenida mesmo. Os caras param, perguntam quanto é, eu falo:

— Punheta é R$ 10, chupeta, R$ 20; e R$ 30 para fazer tudo. Só vou com camisinha e dinheiro adiantado.

Tem noite que faço bastante programa. Junto uma graninha. Voltei pra essa vida, é a única escolha que eu estou tendo agora, mas não é o que quero. Meu avô fica dizendo pra eu procurar o meu antigo coroa, o Gerson, que pode sustentar a mim e a minha filha. Mas isso eu também não quero.

Segunda-feira, 12 de abril de 2004

Hoje, apareceram duas mulheres aqui em casa pra tirar minha filha de mim. Só agora descobri que a família do Anderson tinha entrado na Justiça pedindo a guarda, logo eles que vieram com uma conversa mole de que eu não precisava fazer isso, que era pra gente resolver tudo entre nós. Quando as mulheres apareceram com o papel do juiz, fui logo mandando todo mundo se foder e expulsei todo mundo da minha casa. Mas elas voltaram com três policiais, que invadiram o barraco do meu avô com arma pesada e levaram a Linda à força. O que me deu mais raiva foi a juíza ter me tratado bem quando conversou comigo sobre a guarda quando fui ao fórum e agora fazer o jogo da família do Anderson. Quando quebrei a cara do meu sogro ano passado, o policial tinha dito que, se tivesse mais uma briga, eles iam levar a menina para o Juizado de Menores. Ameacei entrar com o pedido de guarda, eles passaram a me tratar bem. Só agora entendi o porquê.

Depois que a polícia foi embora lá de casa levando a Linda, corri pra casa do Anderson. No começo, até conversei com a Marlene. Mas fui me descontrolando e passei a xingar e a dizer que ia matar todo mundo. Catei o pai do Anderson na porrada, chamaram a polícia de novo. Os policiais perguntaram se eu queria ir embora ou ir para a delegacia. Eu quis falar com o delegado, mas acabei presa. Quando cheguei na delegacia, começaram a fazer um monte de perguntas e a repetir o que eu disse que ia fazer. Eu virei pra mulher e disse:

— Agora, vocês não vão escrever o que eu falei que ia fazer, mas o que eu vou fazer!

Foi quando comecei a dar com o cinzeiro na cara do meu ex-sogro. Os policiais me colocaram na cela e disseram:

— Então, você gosta de bater? Agora, você vai ver o que é bater.

Apesar da ameaça, não tocaram em mim. Mas me deixaram mofando na cela até o final da tarde. Quando me soltaram, liguei pro Gerson me buscar. Enquanto esperava fiquei de conversa com um bêbado que se sentou ao meu lado. Ele estava cheio de problemas, coitado, e com os filhos longe, na Bahia. Parou um senhor do meu lado oferecendo uma folhinha e ainda veio me perguntar se eu acreditava em Deus. Respondi que não, que não acreditava em ninguém. Ele quis fazer uma oração pra mim, mas eu mandei ele orar nos quintos dos infernos. Foi quando 'Gerson apareceu. Pedi pra ele me ajudar, já que tem dinheiro e pode contratar um advogado. Mas ele se aproveita da situação e só sabe pedir pra eu ir morar com ele, vem com esse papo de que ele tem condições financeiras e tal. Repeti o que sempre digo: jamais vou morar com uma pessoa por necessidade. Além disso, ele é muito ciumento. Quando tentei ficar na casa dele por um tempo, logo que saí da Febem, era sempre a mesma coisa. Se eu ficasse parada no portão, ele achava que eu estava dando mole. Não deu certo e agora também não vai dar.

Terça-feira, 13 de abril de 2004

Ontem, quando saí da cadeia, estava mais revoltada do que quando entrei. Fui direto para a defensoria pública pra tentar conseguir um advogado de graça. O Gerson me deixou lá ontem às 20:00 e só saí hoje às 8:00. Dormi na escada. Era a primeira da fila, mas a mulher não me deixou entrar porque eu tava com uma roupa muito curta.

Foi revoltante, passei a noite todinha lá e nada. O jeito foi voltar pra casa. Dormi o dia inteiro.

Quarta-feira, 14 de abril de 2004

Cheguei às 8:00 na defensoria. Já tinha mais de setenta pessoas na fila. Mostrei o mandado judicial que tirou minha filha de mim e a mulher disse pra eu esperar numa sala. Peguei a senha de número oito e fiquei esperando o tal advogado chegar. O cara que se sentou do meu lado disse que não era certo ser atendida, pois o homem não tinha hora pra chegar. Mas lá pelo meio-dia finalmente ele chegou e, no começo da tarde, fui atendida. Disse ao doutor que tenho direito de brigar pra ter minha filha de volta. Mas ele precisava antes ver todo o processo e ficou de me procurar depois.

Sexta-feira, 23 de abril de 2004

Fui me encontrar com a Betina no posto de saúde, por volta das 10:00. Tinha uma consulta ginecológica que o pessoal da ONG marcou para mim. [*Trata-se de uma parceria com a Secretaria de Saúde que garante consultas semanais a um clínico geral e a uma ginecologista para jovens vinculados ao projeto, visando futuramente à implantação de um ambulatório de atenção integral à saúde do adolescente.*] Cheguei com cara de sono, pois saí direto da balada. Passei em uns dois bailes ontem à noite e encontrei vários conhecidos. Na sala de espera do consultório, tinha várias gestantes, falando de parto e de bebê. Participei da conversa, contei da minha experiência com a Linda e falei que meu parto foi tranquilo. Mas logo esse assunto me deixou triste. Comecei a chorar e desabafei com todo mundo. Disse que nunca mais vou engravidar, que não quero ter filho pra dar pros outros criar. Betina ficou o tempo todo segurando a minha mão. Quando parei de chorar, deitei no colo dela e dormi uma meia hora. Acordei com a enfermeira chamando a gente para a consulta. Betina entrou comigo na sala, eu ainda estava sonolenta e com o cabelo meio despenteado, mas sorri para a médica. Fiz o exame preventivo e respondi às perguntas da ginecologista. Ela me perguntou se eu já tinha tido um aborto. Respondi:

— Tive um, doutora, mas foi instantâneo.

A médica me corrigiu, sorrindo:

— Ah! Você teve um aborto espontâneo!

É a mesma coisa. Foi um aborto natural. Só engravidei uma vez e, se tivesse engravidado de novo, acho que não teria coragem de tirar um filho. A médica me passou os pedidos de exame, marquei um novo encontro com a Betina na ONG para a semana que vem e fui pra casa dormir.

A perda da guarda da filha levou Natasha de volta à ONG, um porto seguro em meio à loucura. É entre seus antigos educadores e psicólogos que busca respostas para suprir um vazio que a coloca na borda de um precipício existencial. "Ela vive no limite e sempre fragilizada pela falta de um chão emocional", afirma a psicóloga Cláudia, responsável pelo seu atendimento. "Com sutileza, estamos construindo uma nova proximidade para ajudar Natasha a mudar o foco de sua vida." O trabalho passa pelo apoio para livrá-la da dependência de drogas que acaba por empurrá-la para o mercado do sexo.

Quarta-feira, 12 de maio de 2004

Está fazendo um mês que não vejo minha filha. Não liguei nem apareci mais na casa do Anderson, tenho medo de fazer uma besteira maior. Estou perdida na vida. Não sei se me acabo nas drogas ou se me meto com a bandidagem para ser morta logo por eles. Já faz duas semanas que o advogado não fala nada comigo. Está tudo muito difícil. Como não tenho trabalho fixo, ele diz que é quase impossível um juiz me dar minha filha de volta. Parei de ir pra escola, não consigo fazer mais nada. Não me conformo. Não fui uma barriga de aluguel, eu pari minha filha, eu quis a Linda, não é justo que queiram tirar ela de mim dessa forma. Quando começo a pensar nisso, perco o juízo. O que me alivia é fumar maconha. Agora, passei também a fumar mesclado [*cigarro de maconha misturado com cocaína*]. Estou me drogando muito mesmo. Outro dia estava devendo R$ 400 e tive que ir pra rua me virar pra poder pagar o traficante. Fiquei tão desesperada com esse buraco em que estou enfiada que pedi ao meu avô para ele procurar a Cláudia [*psicóloga da ONG com quem fez terapia por um longo tempo, no período em que estava mais vinculada ao projeto*]. Pedi socorro lá na ONG, eles vão tentar me ajudar mais uma vez. Não quero mais fumar maconha, mas como fico muito sozinha e não tenho ninguém do meu lado, acabo indo me prostituir pra comprar mais e mais droga. Ficar nessa putaria só vai me deixar mais longe da minha filha. Não sei o que fazer. Não peço ajuda ao André. A gente se vê de vez em quando, mas nessas horas não quero mostrar meu sofrimento pra ele. André também já sofre pra caramba. Quando estamos juntos é um tempo pra desviar a mente dos problemas. Vamos pra praia, namoramos, fumamos maconha. Lá onde ele está morando, só vive barão. Não tem pagode, ninguém conversa muito comigo. É bem chato. Estou muito sozinha e minha vida continua toda atrapalhada. Mas firmeza, fazer o quê?

"Querido diário,

Continuo longe da minha filha. A Cláudia, psicóloga da ONG, foi lá na casa da minha sogra negociar pra eu visitar a Linda todas as terças-feiras sempre na companhia dela. Fui só uma vez. Pra ter só isso da minha filha, prefiro não ter nada. Não quero ser mãe pela metade. Se não tenho condições de cuidar da Linda segundo um juiz qualquer, então é melhor me afastar de vez. Além do quê, estou sendo processada pela minha sogra porque dei uma pedrada na cara dela, quando passei por lá pra tentar pegar a Linda e minha filha me desprezou. Deusa foi fechar o portão na minha cara e levou. Fiquei tão alucinada que saí direto pra casa da família do André. Quando cheguei lá ele estava cheio de cachaça. Fiquei com mais raiva ainda e parti pra cima dele com uma faca. Acabei furando o pulso e a virilha dele. André conseguiu me segurar, mesmo sangrando. Fiquei três dias trancada na casa dele. Graças a Deus, não machuquei ele seriamente. Depois dessa loucura, saímos da casa dos pais dele e fomos participar de uma invasão do Movimento dos Sem-Teto pra ver se conseguíamos um terreno pra fazer o nosso barraco. Fomos expulsos depois de um mês porque era uma área de proteção ambiental, mas a prefeitura prometeu dar um lote em outro lugar. Acho que não vai dar em nada e desisti dessa parada. André mudou pra outra cidade e me liga de vez em quando. Fico com um monte de gatinho, mas o toque dele é diferente. É dele que gosto. Continuo indo pra avenida, mas prostituição é fria. Dei um tempo depois que fui estuprada no mês passado por dois caras em uma caminhonete. Os *boys* colocaram um revólver na minha cabeça, fizeram tudo que queriam e como queriam e me deram R$ 80 no final. Estou preferindo ficar com o Gerson. Com ele, ganho R$ 60 numa transa e é mais seguro. Voltei a participar mais ativamente da ONG. Faço parte de uma oficina de sexualidade, onde a gente pode falar de namoro, programa, violência e aids. As outras meninas gostam de ouvir o que eu tenho pra falar. O pessoal da ONG me chamou pra ser uma das representantes do nosso projeto junto a um tal Comitê de Enfrentamento à Violência Sexual. Bacana. Só não rolou ainda uma grana pelo meu trabalho na oficina de crochê. Estou ensinando também outras meninas a fazer. Mas parece que a gente vai montar uma cooperativa. Estou dentro. Não tenho a menor ideia de onde tudo isso vai dar. Só tenho uma certeza: não vou fazer de conta que tenho uma família pra dobrar o juiz. A família que tenho para oferecer a Linda sou eu e meu avô. A última vez que vi a minha filha foi no aniversário dela, dia 12 de julho. Levei um chinelo, um achocolatado em caixinha e um salgadinho. Fiquei uma hora com ela. De resto, vou continuar usando meus biquínis bem pequenininhos de crochê e quem quiser que vá reclamar. Esse é o meu diário. Acho que fiquei nua diante de todo mundo. Mas estou acostumada. Esqueci de contar, mas saí peladona como destaque na minha escola de samba no último Carnaval. Arrasei."

Brasil, agosto de 2004

CAPITULO 2

O DIÁRIO DE BRITNEY
"Baladas de uma pichadora"

"Querido diário,

Escolhi um nome bem bacana para me apresentar neste diário. Britney é o jeito que os amigos viados do meu irmão me batizaram de brincadeira. Esse meu apelido tem até sobrenome: Malone. Parece artista americana: Britney Malone. Mas meus dados de verdade são os seguintes:

Idade: 14 anos
Cor dos olhos: pretos
Cor do cabelo: atualmente preto
Signo: Touro
Esporte: jogar queimado na rua
Comida: carne assada
Bebida: cerveja
Hobby: namorar
Qualidade: companheira

Defeito: ciúme
Parte do corpo de um homem: olhos e cabelo
Cor preferida: preto, branco e vermelho
Sonho: ser modelo e veterinária

Essa ficha foi a primeira coisa que escrevi no diário que acabei de ganhar. Não sou muito de escrever, mas vou tentar. Faço 15 anos daqui a alguns meses. Sou a caçula e tenho três irmãos — uma menina de 23 anos, um *gay* de 20 anos e um menino de 18. Parei de estudar na sexta série. Deixei de ir pra escola este ano quando comecei a andar com uma menina do bairro que todo mundo dizia que não prestava. Depois que larguei dessa amizade, vi que ela não prestava mesmo e já era tarde pra voltar a estudar. Desde que nasci, moro com minha avó e com um dos meus tios. Minha mãe era viciada em drogas, não tinha trabalho fixo e ficava de um lado para o outro com os maridos dela. Ela me teve na cadeia. Mas a gente só foi se conhecer mesmo quando eu já era uma menininha. Ela ficou presa por tráfico durante um tempo. Fugiu numa rebelião. Foi pra longe e mandava dinheiro. Só apareceu no dia do meu aniversário de 5 anos. Lembro bem desse dia. Ela já chegou com outro marido. Mas quem considero mãe é minha avó. Gosto muito dela, apesar de ser uma relação difícil. Ela é do tempo do ronca, não quer que eu saia nem namore. Tenho muitos amigos, adoro dançar, namorar e jogar queimado na rua com as minhas amigas. Ando também com uma turma e tenho fama de pichadora. Às vezes, me meto em confusões. Já fiz programa com uns coroas, mas estou tentando largar essa vida, apesar de a necessidade do dinheiro continuar. Tentei também ser modelo, mas não deu certo. Sou apaixonada por um garoto por quem me mordo de ciúme. Ele é galinha e eu acabo ficando com outros pra me vingar. É que não gosto de sair por baixo em nada."

AS MENINAS DA ESQUINA

Segunda-feira, 17 de novembro de 2003

Acordei às 8:30, não tomei café porque não gosto de comer nada de manhã. Meu tio Sidney estava discutindo com a minha avó e falou que não ia comprar comida hoje. Foi trabalhar — ele tem um carrinho de mão e faz frete — e quando voltou à tarde repetiu que não ia botar comida em casa e que o dinheiro que conseguiu era pra comprar noia [*maconha*] pra ele. Foi quando se virou pra mim e disse que era pra eu arrumar trabalho. Minha avó perguntou a ele onde eu iria trabalhar. Ele respondeu que eu devia fazer viração [*prostituição*] como minha mãe fazia. Comecei a chorar e fui pra rua. Acabei indo parar na casa de uma colega que estava fazendo uma tatuagem. Quis uma também. Ela me disse que, se eu transasse com o Alex, que é um colega nosso, ele fazia uma em mim. Então, transamos e ele tatuou uma estrela nas minhas costas. Mas ficou meio torto, porque me mexi bastante. Doeu muito, quase faço xixi de tanta dor.

Quando voltei pra casa, minha avó voltou a repetir que era pra eu ir embora de lá. Não deixei ela ver a tatuagem, que estava muito feia, e fui tomar banho. Coloquei a roupa de dormir e não saí mais. Já era noitinha, minha avó começou a chorar de fome. Ainda não tinha comido nada o dia inteiro. Comecei a chorar junto. Ela saiu pra rua e ainda não voltou. Estou preocupada.

Bom, vou contar como meu dia terminou. Já é meia-noite. Minha avó voltou e meu tio trouxe comida, que coloquei no fogo. Só agora, fomos almoçar e jantar. Mas que bom que comi hoje.

Terça-feira, 18 de novembro de 2003

Acordei com uma dor de estômago que nem podia me levantar da cama. Minha avó apertou a minha barriga, a dor aliviou. Tomei banho e fui pra ONG. Estou no projeto desde os 7 anos. Minhas colegas do bairro eram de lá e me falaram que tinha vaga. Minha avó foi conversar com a coordenadora e fui aceita. Não saí mais. Às vezes, minha avó reclama da ONG, diz que estou perdendo tempo, que lá não tem futuro. Ela quer que eu trabalhe em casa de família.

Quando cheguei na ONG, contei pra Marlene [*a educadora*] que estava com dor e ela me deu remédio e também um pouco de café. A dor aliviou. Depois fui fazer minhas atividades. Faço parte das oficinas de costura, de pintura e de reciclagem de bonecas. Fui almoçar, mas não consegui comer. Parecia que tinha uma ferida no meu estômago. À tarde, fui pra oficina de costura terminar umas roupas, mas a dor ia e voltava. Gosto muito de costurar. Faço bastante tapete, levo jeito. Um dos meus sonhos é ter uma máquina de costura. Não sei fazer roupa pra mim, até hoje só fiz uma blusa, e agora estou pensando em costurar uma saia.

Quando cheguei em casa, comecei a ter febre, minha prima me deu outro remédio pra dor. Meia-noite gritava de tanta dor. Consegui dormir um pouco, até as 3:00. De madrugada, a dor voltou mais forte. Minha avó me acudiu e me deu duas pílulas. Só assim a dor parou.

Quarta-feira, 19 de novembro de 2003

Eu me levantei às 9:00 ainda morrendo de dor de estômago. Comecei a fazer cartas pra uma promoção de um canal de tevê para ganhar eletrodomésticos. Preenchi 51 cupons. A dor não passou o dia inteiro.

Quinta-feira, 20 de novembro de 2003

Pela manhã, fui ao médico lá na ONG. A doutora me deu remédio pra verme e pro estômago. Cheguei em casa, limpei a geladeira que estava vazia e fui brincar de queimado. Levei uma bolada no estômago e a dor voltou de novo pelo resto do dia. A médica me receitou também anticoncepcional para eu tomar todos os dias. Em março deste ano, perdi a virgindade. Tinha 13 anos. Foi com o Bebeto, um menino de 15, lindo, por quem sou apaixonada. Nossa primeira relação aconteceu numa noite em que fui dormir na casa do meu pai. Ele é pedreiro, tem quase 50 anos e mora com outra família. Quando cheguei lá, meu pai tinha acabado de encher a minha madrasta de porrada. Fiquei revoltada e disse que nunca mais voltava na casa dele. Fui levar minha madrasta na casa da mãe dela e acabei encontrando o Bebeto, que era meu namorado na época. Aproveitei que tinha dito pra minha avó que ia dormir na casa do papai e acabei dormindo com o Bebeto. Rolou tudo, ele usou camisinha e foi ótimo, como eu imaginava. Queria que acontecesse com ele. Já estava com vontade de transar há muito tempo. Mas o nosso namoro terminou um pouco depois da primeira relação. Passei um susto grande logo de cara. Minha menstruação atrasou e, quando fui contar pro Bebeto, ele teve a coragem de dizer que o filho não era dele. Achou que era golpe, logo ele que não tem onde cair morto. Fiz exame e deu negativo. Mas ele espalhou para o bairro todo que tinha transado comigo, minha avó soube e minha vida virou um inferno. Brigamos e depois de três semanas ele já estava namorando outra menina. A gente fica de vez em quando, mas sempre brigando. Ele é muito galinha e eu sou muito ciumenta. Tenho fama de teimosa. Basta uma pessoa dizer que é para não fazer, vou lá e faço.

Britney posa de a dona do pedaço. É confiante e astuta. Tem um ar de desafio constante na face. Só abre o coração quando baixa a guarda.

Não se deixa intimidar e busca atalhos para fugir de qualquer caminho que leve ao seu mundo interior. O que tem lá dentro do coração, ela só revela em suaves prestações. É quando mergulha em dores mal curadas — como ter sido abandonada pela mãe e ser descartada logo depois de se entregar ao primeiro amor. Vive na expectativa de desejos ainda insatisfeitos. O maior deles é o de ser amada.

Sexta-feira, 21 de novembro de 2003

Acordei e fui pra ONG, mas não teve atividade. Quando voltei pra casa, minha avó estava com tanta dor nas costas que fiz uma massagem nela. Meu tio chegou e disse que não tinha conseguido nada na rua. A gente não tinha nada pra comer, pois o dinheiro da aposentadoria da minha avó já acabou faz tempo. Tio Sidney ficou de fuxico com minha avó, dizendo que era pra eu fazer programa. Comecei a chorar. Ele já é um senhor, tem 48 anos e é o irmão mais velho da minha mãe. Foi ele quem me criou junto com a minha avó. Quando ele me viu chorando, me deu um tapa na cara e falou que se eu não fosse fazer programa era pra ir embora de casa. Gritei com ele e disse que não adiantava descontar em mim porque não conseguiu noia. Ele então jogou minhas roupas pela janela. Perguntei pra minha avó se ela ia deixar ele fazer isso comigo. Ela falou:

— Vai embora daqui, sua desgraçada. Tu não tem onde cair morta, sua puta nojenta!

Comecei a chorar. Minha avó sempre fala pra eu ir embora e meu tio me defende, mas agora ele também quer se livrar de mim. Peguei uma sacola, coloquei minhas roupas e deixei tudo na casa da minha tia Marinete, que mora nos fundos do terreno. Minha relação com minha avó era melhor antes de eu perder a virgindade. É uma relação difícil, porque ela não entende os tempos de hoje. Eu me encaceto logo, grito com ela e começamos a brigar. Ela não quer que eu saia. Mesmo quando estava namorando, ela não me deixava sair. Saía escondida. Antigamente, ia pra rua na quinta e voltava só na segunda e não queria nem saber. Depois, comecei a me endireitar e a ficar mais dentro de casa. Minha avó reclama até quando vou conversar com minha tia aqui nos fundos. A gente discute e ela me manda procurar outro lugar pra morar. Começo a chorar, ela pede desculpa.

Apesar dessas coisas, sou feliz. Antigamente, minha avó bebia muito e chegava em casa me dando muita porrada. Já chegou a tirar sangue da minha cabeça. Há uns quatro meses, ela deixou de ser macumbeira e virou crente. Agora, deixou de me bater. Mas continua pegando no meu pé. Minha avó foi aposentada por velhice. Tem 75 anos e ganha R$ 240 de pensão. Dinheiro, ela não me dá, mas compra o que quero na medida do possível. Antes de começar a me mandar pra fora de casa, ela comprou uma cama e um guarda-roupa à prestação. Mas a pensão só dá para pagar luz e as contas das coisas que me dá. Comida é meu tio quem compra. Já trabalhei em casa de família, mas saí logo. A mulher me contratou por R$ 100 para cuidar de duas crianças. Só que minha patroa queria que eu lavasse roupa, cuidasse da casa e da louça. Fiquei só o primeiro mês e não fui mais, apesar de adorar criança.

Sexta-feira, 21 de novembro de 2003 (segunda parte)

Depois da briga de hoje de manhã, fui pra casa de uma colega que me chamou pra ir roubar no comércio. Quando entramos numa butique, logo pegaram a gente. Por sorte, o gerente era meu primo por parte de pai. Ele nos liberou, mas ligou pro papai, que eu não via há muitos meses. Ele chamou a minha mãe e foram juntos me buscar. Da loja, foram direto pra casa da minha avó e viram o guarda-roupa seco e minha cama desmontada. Fiquei esperando na praça. Eles voltaram de lá e me abraçaram. Choraram junto comigo. Até me pediram desculpa por terem me abandonado. Disse pra minha mãe que ninguém gostava de mim. Ela respondeu:

— Filha, eu te amo!

Foi a primeira vez que ouvi isso dela. Meu pai falou que eu era linda e para eu parar de chorar. Como falei que estava com fome, eles compraram um galeto e levaram pra casa da minha avó. Quando chegamos lá, meu tio estava tentando vender a minha cama. Pedi pra ele não fazer aquilo. Minha avó estava dentro de casa gemendo de dor e ele vendendo as minhas coisas. Fui fazer carinho na minha avó e ela me chamou de sem-vergonha e desgraçada. Corri pra cozinha e peguei uma faca pra matar ou pra morrer, mas minha prima Tainá entrou bem na hora. Levei um susto e larguei a faca no chão. Minha mãe gritou e disse que, se eu morresse, ela se matava. Foi Deus quem mandou a Tainá lá em casa naquela hora, senão eu estava morta. Meu tio continuou gritando:

— Você só quer se mostrar, sua puta!

Depois dessa confusão, minha mãe decidiu me levar pra casa dela, que fica num bairro distante. Sempre digo pra minha mãe que não gosto dela, que ela nunca ligou pra mim. Ela já me disse que queria me tirar quando ficou grávida. Fala também que teria me dado, só não fez porque minha avó não deixou. Era pra ela ter outro filho depois de mim. Mas abortou com sete meses. Saiu o corpo e ficou a cabeça do bebê dentro da barriga. Ela quase morre.

Quando deixamos a casa da minha avó, fui logo avisando pra minha mãe que se o marido dela de agora, o Juarez, viesse com frescura pro meu lado de novo, eu ia furar ele. Foi esse meu padrasto, que é trabalhador e vende material de construção, que tirou ela do vício, mas eu não gosto dele. Ele tirava enxerimento comigo, mexeu até com

AS MENINAS DA ESQUINA

meu irmão que é viado. Avisava pra minha mãe, mas ela nunca acreditou. Avisei a primeira, a segunda vez. Na terceira, ele veio pro meu lado quando eu estava lavando louça. Não tive dúvida, peguei uma faca e tentei furar ele. Mas ele foi rápido, bateu na minha mão e a faca caiu no pé dele. Não machucou muito. Minha mãe só ouviu o grito dele. Disse que ela não queria acreditar, mas que eu ia furar o bucho dele. Ela me chamou de doida. É por isso que tenho trauma de ir pra casa dela. Se minha mãe está na sala, fico na sala junto com ela. Quando ela vai dormir, eu me tranco no quarto. Ele falava um monte de coisa. Ficava dizendo:

— Que peitinho gostoso, esse seu. Você é melhor que sua mãe!

Como não tinha pra onde ir, fui pra lá. Eu me despedi da minha avó, mas ela jogou um chá quente em mim. Saí do quarto e desabafei:

— Vou embora mesmo, não aguento mais essa velha bêbada e esse maconheiro!

Mamãe pegou algumas roupas minhas e nós fomos pra casa dela. Chegando lá, fui dormir.

O mundo de Britney é dividido em dois. Ela vive no vai e vem entre a casa da avó, um barraco localizado numa antiga invasão no centro da cidade, e a casa da mãe, uma moradia de classe média baixa na região metropolitana. Apesar do maior conforto da casa materna, ela considera seu lar os quatro cômodos de madeira construídos pela avó e por um dos tios. Seu quarto ainda revela o antigo mimo com que era tratada pela avó até cair em desgraça aos olhos da senhora de 75 anos ao deixar de ser virgem. As paredes estão cobertas do teto ao chão por folhas de revista em quadrinho, fazendo um mosaico colorido e intercalado pelos pôsteres dos artistas preferidos, entre eles Sandy & Junior. A cama rosa modular, como as vendidas em lojas populares de eletrodomésticos, ocupa o centro do quarto, que, na verdade, Britney divide com a avó.

Sábado, 22 de novembro de 2003

Estou na casa da minha mãe, bem longe da minha avó. Daqui até lá, levo uma hora e meia de ônibus. Acordei às 11:00 e fui brincar com as meninas na rua. Só voltei às 15:00. Almocei e voltei pra esquina. Tenho muitos amigos por aqui. Tenho também um namorado, que se chama Nando. Ele é bem bonitinho, tem 16 anos. Dei muito beijo na boca. Mas uma galera de uma gangue rival invadiu a nossa rua e eu voltei correndo pra casa. Começaram a jogar pedra lá em casa. Umas meninas gritavam que iam me matar. Minha mãe ficou toda agoniada, começou a chorar. Isso tudo porque, numa festa no mês passado, uma dessas meninas jogou um copo de cerveja no meu rosto, eu revidei e agora ela e a turma dela querem me pegar de novo. Essa pivete ficava gritando lá de fora:

— Foi tu que quebrou a minha cabeça, jogou o copo no meu peito. Vem aqui que a gente vai te matar, sua puta!

Nando veio me socorrer e começou a atirar nessas meninas que queriam me pegar. Quando elas foram embora, voltei pra esquina. De noite, fui pra festa e as molecas da confusão estavam lá. Fiquei até o fim da festa e elas não fizeram nada comigo.

Domingo, 23 de novembro de 2003

Depois do almoço, fui pro campo de futebol onde o pessoal coloca a aparelhagem de som e rolam os bailes no fim de semana. O som começou umas 13:00, estava bacana. Fiquei com o Nando, mas tiraram onda com ele e acabaram colocando meu gato pra fora. Depois, ele conseguiu voltar. Como eu estava muito doida — a nossa galera já tinha detonado dois engradados de cerveja —, ele me levou pra casa dele. Nós transamos pela primeira vez. Foi bom porque ele é muito carinhoso. Mas, como sou apaixonada pelo Bebeto, não consigo sentir prazer. Até falei sobre isso com a ginecologista lá da ONG. Ela disse que tenho medo de me entregar. Pode ser. Só fui acordar à noitinha. Tomei banho e fui pra casa da minha mãe. Meu padrasto estava muito doido, meu porre já estava mais ou menos. Minha mãe e eu saímos pra comprar um lanche. Ela me chamou pra tomar uma cerveja, mas tinha um velho lá enchendo o saco. Sem querer, pisou no pé do sujeito, que jogou ela no chão. Peguei uma garrafa e quebrei na cabeça do velho. Depois dessa briga, fomos embora dormir.

Segunda-feira, 24 de novembro de 2003

Acordei às 7:30, fui na feira comprar comida e ajudei minha mãe a limpar a casa. Minha avó apareceu por lá e não falou nada da nossa briga. Disse que o meu ex, o Bebeto, ia aparecer pra conversar comigo. Ele acha que não sei da Jucineia, uma menina com quem ele vai e volta. Quando Bebeto chegou, foi logo me agarrando. Fiquei empurrando ele. Não deu tempo de conversar porque minha irmã apareceu e convidou todo mundo pra ir pro clube comunitário, onde tem uma piscina. Fomos eu, o Bebeto, minha mãe e minha avó. Meu padrasto também foi, pois estava de ressaca e tinha faltado ao trabalho. Bebeto veio me contar que a Jucineia queria se matar por causa dele. Segundo a mãe dela, ameaçou até tomar veneno de rato. Não caio mais nessa. Disse pra Bebeto se lembrar da primeira vez que a mãe dela chegou dizendo que a filhinha não estava comendo e os dois acabaram voltando. Depois, ele descobriu que era mentira. Ele pode voltar com ela, mas não vou aceitar ninguém tirando onda com a minha cara. Pra não sair por baixo, disse que tinha voltado com o Cacá, um ex-namorado que me ligou esta semana. Só que no sábado passado mesmo a gente brigou porque ele me pegou com o Nando.

Quando voltamos da piscina já era meia-noite. Bebeto e minha irmã dormiram na casa da minha mãe. Fui dormir na casa do Nando.

Terça-feira, 25 de novembro de 2003

Acordei às 6:00 para ir ao posto médico tirar uma ficha para minha avó ser atendida. Mas não tinha mais vagas. Hoje, invoquei com a minha avó, porque ela disse que ia comprar uma roupa nova pra mim e não comprou. Falou que eu não estava merecendo. Só respondi uma coisa:

— Vou arrumar um velho pra comprar minha roupa!

Às vezes, fico pensando em arrumar um coroa pra pagar minhas contas. Preciso comprar roupa de Natal e Ano-Novo. Quero virar o ano toda de branco. Saí com minha prima Diana outro dia e ela já comprou uma calça de R$ 35 e um sapato de R$ 28. Minha mãe mesma já disse que não vai me dar nada. Mandou eu trabalhar.

Depois do posto médico, fui à feira comprar comida. Quando voltei, fiquei na praça com o Nando. Ontem, foi o aniversário de 15 anos da namorada do Bebeto. Eu já tinha colocado na cabeça que ia dar uma pisa nela. Só que o Bebeto ouviu que eu ia bater nela e ficou todo cheio, achando que ainda me mordo de ciúme. Contou que eles não estavam mais juntos e que se eu batesse nela nunca mais ia falar comigo. À tarde, fui comprar comida e ela só ficou me olhando. Quando Jucineia está no meio das amigas fica jogando xaveco. Sozinha, quase beija meus pés. Na volta pra casa, caía uma chuva grossa. Minha prima Tainá me chamou de volta, mas ninguém me segurou. Agarrei Jucineia no meio da rua e dei muito na cara dela. E ainda falei:

— Está aí o seu presente, sua bonitona!

Os moleques da rua ficaram gritando, mas ninguém apartou a gente. Se alguém se metesse, levava também. Eu tava mordida com ela. Quando eu ainda namorava sério com o Bebeto, ela ficou com ele. Também fiquei com outro pra não ficar por baixo. Aí, Bebeto ficou com raiva de mim e começou a namorar com essa bruxa. Continuei ficando com ele pra tirar barato da cara dela. A última vez em que ficamos, passei na frente da casa dela de braços dados com Bebeto. Foi por isso que ela queria se matar. Vê se pode? Ela é bem maior que eu, mas bato nela. É frouxona. À noite, quando passei em frente à casa dela, ela estava sentada na porta junto com a mãe. Queria que falasse um "ai", mas ela não disse nada.

Quarta-feira, 26 de novembro de 2003

Passei na casa do Nando pra ajudar a mãe dele na costura. Ela me contou que ligaram pra lá falando que iam me matar e que o Nando tinha ido na casa de um amigo buscar uma arma. Pedi pra ela não dizer nada pra minha mãe, senão ela ia me obrigar a voltar pra casa da minha avó. Nando chegou, me deu um beijo e começou a chorar. Pediu pra eu sair do bairro, pois não quer que eu morra em uma dessas brigas. Como disse que não, a mãe dele acabou contando sobre as ameaças pro pessoal lá de casa. Quando minha avó ficou sabendo, pediu pra eu voltar para o centro. Respondi que preferia morrer. Depois de muita conversa, decidi voltar pra casa da minha avó, mas só vou na segunda. No domingo, vai ter um baile aqui com um DJ que eu adoro. Hoje, eu vou pra boate, onde costumo ir toda quarta, mas dei um tempo porque da última vez uma colega ficou doidona e começou a fazer *strip-tease*. Fiquei só olhando. Hoje, vou voltar lá. É festa de Halloween atrasada.

Segunda-feira, 1º de dezembro de 2003

Voltei hoje pra casa da minha avó, está mais tranquilo. Agora, estou com meu bebê, o Bebeto, mas naquela mesma situação. Ele está comigo e com aquela menina. Já melhorei daquela dor, era problema de coluna. Fui em outro médico, ele passou remédio e fiquei boa.

Terça-feira, 9 de dezembro de 2003

A partir de agora vou passar a gravar o meu diário. Recebi meu gravador, já estava cansada de tanto escrever. Acordei às 9:00 e fui pra ONG. Quando estou na casa da minha mãe, não dá pra ir porque é muito longe. Ontem, fui pra boate com o Bebeto. Foi bacana. Brinquei, dancei, bebi. Já o meu último final de semana foi devagar. No domingo, gosto de ir pra rua onde rola uma aparelhagem de som perto da casa da mamãe. Toca de tudo. Mas estou dando um tempo, porque ando no meio dos pixotes e todo mundo pensa que sou pichadora. Tem lugar em que não posso passar. Fiquei marcada.

Quarta-feira, 10 de dezembro de 2003

Minha avó me chamou pra visitar minha mãe. Chegando lá, fui ao posto médico remarcar um exame pra minha avó. Fui pra praça brincar com os meninos e fiquei sabendo que o Nando está internado. Ele levou muita paulada na cabeça das pivetes que queriam me pegar. Juntaram uma turma e bateram nele depois que fui embora.

Britney circula entre várias gangues de adolescentes, seja na vizinhança da casa da avó ou nos arredores da casa materna. Ela gosta da adrenalina e se sente confiante de fazer parte de um grupo. É popular. A pele branca, os olhos levemente puxados e os cabelos longos e lisos lhe conferem um ar exótico em meio à maioria de negros e mulatos. A personalidade também a diferencia. Ela gosta de repetir que é "rebarbada" — um adjetivo que reúne os defeitos e qualidades de uma garota voluntariosa e destemida. Prova disso é a recente liberdade sexual conquistada com muitos gritos e choro. Gosta de seduzir, sabe que pode ter qualquer um dos meninos da área, mas deixa-se levar pelo orgulho de reconquistar uma paixão não correspondida pelo bad boy *das redondezas.*

Quinta-feira, 11 de dezembro de 2003

Briguei com meu irmão, o Rafael, porque ele tinha usado a lente de contato de uma amiga minha e não quis devolver. Apesar de ele ser folgado, Rafa é quem mais me entende na minha família, porque também morou um tempo na casa da minha avó e viu o tanto que eu sofria com as bebedeiras dela. Como ele é *gay* e adora festa, a gente saía pra todo canto juntos. O problema é que ele queria usar as minhas roupas sem permissão e eu ficava danada. Logo no começo, ninguém aceitava que ele quisesse ser viado, mas agora ninguém liga. Ele fala que perdeu o cabaço com 9 anos, brincando de casinha com os meninos da vila onde a gente morava. Ele era a mulher, um colega nosso era o homem e eu, a filha. Eu era muito pequenininha, só tinha 3 anos e não entendia dessas coisas. Ele gostou de brincar com menino e não quis mais saber de menina até ficar mais velho. Quando voltou a morar com a nossa mãe em outro bairro, se entrosou com os moleques de uma gangue. Pra fazer parte da turma, teve que fingir que era homem. Até cortou o cabelo, que era bem comprido. Também se amigou com uma menina e ela ficou grávida. Mas ele mandou abortar. Agora que é o líder da gangue, virou viado de novo. Fez uma tatuagem e deixou o cabelo crescer.

Rafa voltou comigo pra casa da minha avó. Fui ao mercadinho, mas estava tudo alagado. A água dava na minha coxa. Eu ia andando e via um monte de rato na água. Além do nojo, ainda caí numa vala. No final da tarde, minha mãe foi fazer o Retiro com Jesus, que vai durar dois dias. Comigo não funcionou. Fiz o encontro, aprendi sobre a Bíblia, mas não quero ser crente.

Sexta-feira, 12 de dezembro de 2003

Minha avó me acordou às 8:00 para botar feijão no fogo. Quando ela saiu pra comprar o tempero, minha irmã, Keila, que é casada e estava visitando a gente, pegou a sandália dela e escondeu. Quando minha avó voltou e não achou, foi logo dizendo que eu tinha deixado roubar as coisas dela e começamos a brigar. Rafa se meteu e ela mandou ele se foder. Além de ficar gritando pra eu ir embora da casa dela, dizia que eu era uma puta escrota e miserável. Não aguentei ouvir aquilo tudo e joguei o feijão no chão. Meu tio veio pra cima de mim e me encheu de porrada. [*Para de falar por alguns instantes e começa a chorar.*] Minha irmã também me deu porrada. É por isso que tem dia que dá vontade de me matar. Não estou mais aguentando. Vou conversar com a Marlene e pedir pra ela me ajudar a arrumar alguma coisa pra fazer. Quero ir embora daqui. Marlene sempre fala pra eu ter mais paciência. Não aguento mais levar porrada e ser mandada embora. Ninguém gosta de mim, só me chamam de desgraçada, de puta, de tudo que não presta. Isso me magoa. Também não vou mais na casa da minha mãe, ela não gosta de mim. Da última vez, ela inventou que eu tinha roubado um lápis de olho e um esmalte. Minha avó também leva tudo na ignorância e nem parece que é crente. Ela até já me bateu de faca e chegou a dizer que não tenho mais jeito, só matando. Quando ouço isso, sinto vontade de tomar veneno. Mas adianta morrer? Se eu morrer, eles vão ficar aí. Tenho mais é que viver. Nessas horas, sinto vontade de contar tudo isso pra Neiva, uma amiga minha lá da ONG. Adoro conversar com ela. Neiva só tem 17 anos, mas me fala o que é certo. Minha avó não tem paciência, ela não conversa, só sabe bater. Mesmo agora que vai pra igreja parece que o diabo entrou no corpo dela. Tenho muita vontade de ir pra casa da Neiva. Se tivesse dinheiro, eu ia.

Sábado, 13 de dezembro de 2003

Encontrei minha prima Tainá e a gente foi pra invasão aqui perto de casa. Ela só tem 11 anos e tudo que ouve e vê, ela fala. Ficou contando pra todo mundo como tinham roubado o Banco do Brasil. Uma mulher queria dar porrada nela. Eu me meti e a mulher disse que não ia deixar mais ela saber de nada. Em consideração a mim, não deram uma surra nela. Os moleques da rua saíram pra roubar. Eles roubaram a casa de um velho, que chamou a polícia. Nós corremos, e eu caí numa vala. Só voltei pra casa quando os policiais foram embora. Eram umas 3:00 da madrugada. Minha avó estava acordada e disse:
— Espero que tu tenha arrumado dinheiro pra comprar comida, porque não dá pra ficar na rua até uma hora dessa e voltar sem nada.
Fiz que não ouvi e fui dormir com fome.

Domingo, 14 de dezembro de 2003

Acordei às 10:00, minha avó me mandou lavar a louça. Meu irmão Rafa veio passar o dia com a gente e trouxe arroz e macarrão, que ele mesmo cozinhou. Fiquei vendo televisão e fiz minha unha. Fui pro baile no centro comunitário e voltei às 4:00 da manhã. Minha avó diz que, quando eu chegar em casa e o portão estiver fechado, é pra não bater. Então, escalo o muro e durmo na varandinha, que na verdade é um cercadinho de tábuas. Faz frio, mas durmo assim mesmo. Algumas vezes, fico sentada esperando o dia clarear. Se acordar minha avó, ela me enche de porrada.

Segunda-feira, 15 de dezembro de 2003

Fui no comércio com a minha prima, Cristiane, que comprou roupa e sapato. O marido dela é bancário e dá coisas pra ela. Eu não tinha dinheiro pra comprar nada.

Terça-feira, 16 de dezembro de 2003

Acordei cedo e fui pra ONG. Conversamos sobre a festa de confraternização. Tirei meu amigo oculto. Estou fazendo uma saia pra dar de presente a ela. À tarde, minha irmã me levou no salão e mandou cortar e pintar meu cabelo. Keila mora com o marido, que é vendedor, mas ainda não tem filho. Ela trabalha como recepcionista. Pintei o cabelo de vermelho, achei bacana. Melhor do que com as pontas todas queimadas como estavam. À noite, fiquei conversando com os moleques lá da rua. Começaram a me encarnar e a me chamar de cabelo de fogo. Foi a maior onda.

Quarta-feira, 17 de dezembro de 2003

Como acordei tarde, achei que não ia dar tempo de ir pra ONG. Tomei banho e decidi ir, mesmo atrasada. Ainda bem, porque participei da nossa primeira atividade, que é ler uma mensagem e fazer uma reflexão. Depois, fui pra sala de costura. O problema é que tem uma menina, a Josi, que gosta de ser a dona da máquina. Só uma está prestando, as outras máquinas estão com defeito. Ela senta e não quer nem saber. Era o dia de fazer o presente do amigo oculto. Quando consegui pegar a máquina, fiquei um tempão. Fiz também uma bolsa para a Tainá dar de presente para o amigo oculto dela. Ficou bacana. À noite, fui pra uma boate aqui perto. Só fomos as meninas, porque os meninos não passam por lá, por causa de uma gangue rival. Dancei brega, *house* e *funk*, tudo que tocou. Já estava doida, bebi muita cerveja. Voltei pra casa às 4:00, minha avó já estava dormindo e eu tive que dormir na varanda de novo.

Quinta-feira, 18 de dezembro de 2003

Acordei às 9:00 e tive que ir pra ONG. Marlene reclamou que eu cheguei tarde. Disse que tinha saído ontem e se ela começasse a falar eu ia embora dormir. Minha avó apareceu na ONG, pois tinha a reunião mensal com os pais. De lá, ela foi dar balão, que é ficar revirando lixo por aí. Ela cata latinhas pra vender. Fiquei na rua batendo papo até 1:00 da manhã, mas minha avó ainda estava acordada quando cheguei. Dormi na minha cama.

Sexta-feira, 19 de dezembro de 2003

Fui pra ONG e falaram de novo que estou chegando tarde. Já cheguei mordida e disse que só ia mesmo obrigada. Mas consegui acabar de fazer o presente da minha amiga. O almoço foi salsicha com molho de tomate, ruim mesmo. Quando a gente amassava a salsicha parecia que estava fora do prazo de validade, vinha uma gosma branca.

Falei que não ia comer porra nenhuma. Hoje à tarde, minha prima me chamou pra ver *Ritmo quente* no vídeo, mas acabei dormindo. Acordei ardendo de febre e com dor de garganta. Minha avó me deu remédio e a febre passou.

Quando minha avó foi pra igreja e fiquei sozinha, me deu uma vontade de ir na casa do coroa com quem eu curtia até bem pouco tempo. Moisés tem uns 50 anos, é casado e tem dois filhos já homens, mas vive cercado de meninas novinhas. Tenho várias colegas que também curtem com ele. Uma delas até ficou grávida e tentou empurrar a barriga pra ele. Mas não colou. Resolvi procurar ele de novo. Quero comprar minhas coisas no Natal. Ele me disse que até pensou em passar lá em casa pra levar o meu presente. Falei que estava desesperada porque minha avó não ia me dar nada e eu queria dinheiro pra comprar roupa. Ele prometeu que na terça-feira vai me dar um radiogravador. Aí, eu fiquei com ele de novo e ganhei R$ 30. Ele sempre me leva pra um motel perto da casa dele. Rola mais é sexo oral.

Passei um bom tempo sem fazer programa. Teve uma época no ano passado que fazia sempre, mas decidi largar essa vida. Não é fácil parar. Às vezes, saio com minha avó e vejo uns coroas daquela época, eles começam a me chamar. Minha avó quer saber quem são. Ela sempre desconfiou da minha colega que me levou a fazer programas, pois ela andava com uns caras mais velhos. Essa minha amiga, a Valdirene, tinha 19 anos e vivia falando que eu era bonita e devia aproveitar isso pra fazer programa. Depois que perdi a virgindade, acabei indo no papo dela. Parei até de estudar.

Nunca procurei os coroas sozinha. Sempre saía com Valdirene e era ela quem falava com os caras. A primeira vez foi em junho, com um velho de uns 60 anos. Eu ia fazer 14 anos. Fomos eu e ela pro motel, mas eu disse pro coroa que era virgem. Ele só chupou meu peito e me deu R$ 50. Minha amiga transou com ele e ganhou R$ 100. Fui pela grana. Pegava o dinheiro e guardava. Numa outra vez que saí com esse coroa contei que minha avó estava doente e ele comprou remédio pra ela. Era o mesmo que ele usava. Depois conheci um outro coroa que era gerente de uma loja no *shopping*, casado e cheio de filhos. Eu escondia o dinheiro pra minha avó não descobrir. Depois, ia gastando pouco a pouco até acabar.

A gente curtia também com o Xerife, que é um delegado importante. Eu enrolava ele, dizia que não podia fazer tudo porque estava menstruada e ganhava uns R$ 50. Só transamos uma vez e ganhei o dobro. Tinha muito medo de transar quando o pênis do homem era grande. Acho que não tive nenhuma experiência traumática, tipo violenta. Mesmo assim nunca gostei de ficar com os coroas. É muito chato, só ia mesmo pelo dinheiro. Minha avó compra roupa e calcinha pra mim, mas não pode comprar pasta de dente, xampu, absorvente. Nunca sobra dinheiro pra essas coisas que preciso mais. Então, fazia programa para ter dinheiro pra esses negócios. Agora, não tenho feito. Não quero mais, embora a necessidade do dinheiro continue. Minha mãe, que já foi prostituta, logo descobriu que eu saía com os coroas. Ela me deu conselho, mandou eu me afastar da Valdirene, dizendo que ela não era minha amiga coisa nenhuma e só estava me usando pra conseguir atrair os coroas. No início não dava ouvidos, mas vi que todos tinham razão. Valdirene não presta mesmo e, agora, está na pior. Ficou grávida nessa coisa de programa. Não nos falamos há um tempão.

Sábado, 20 de dezembro de 2003

Acordei às 11:00, com muita dor de garganta e gripe. Minha avó falou pra eu tomar muito líquido. Meu tio apareceu no final da tarde com um bocado de coisa. Ele trabalha com carro de mão e ganhou um monte de coisa usada: livro, roupa, sapato, fita de vídeo. Estou pensando em ligar pro papai pra saber se ele vai me dar alguma coisa de Natal.

Domingo, 21 de dezembro de 2003

Fui pra festa de confraternização lá na ONG. Minha amiga oculta me deu um urso e ganhei de Natal uma argola do pessoal do projeto. Na festa, serviram lanche e almoço. Foi bacana. Minha prima me convidou pra ir pra outra festa, mas minha avó não deixou. Uma outra prima me chamou pra jogar bola. Nós pegamos chuva, pensei que minha gripe fosse piorar, mas que nada. Meu nariz nem está mais escorrendo. À noite, fui pro baile. Acabei ficando com um menino, bem na frente do Bebeto. Quando deu meia-noite e meia, o carro da polícia varou e levou cinco menores. Os policiais mandaram parar a festa, e eu fui embora pra casa.

Segunda-feira, 22 de dezembro de 2003

Tia Marinete, que é irmã mais nova da mamãe, me chamou pra ir pro comércio. Como eu tinha os R$ 30 que o coroa tinha me dado, levei o dinheiro pra ver se conseguia comprar a calça que eu queria. Só que custava R$ 38. Minha prima Tainá me emprestou R$ 3. Já tinha os outros R$ 5. Comprei a calça. Sou muito vaidosa, gosto de andar arrumada. Só saio de casa se for de batom. Quando estou sem, fico branca demais. O sonho da minha vida é ser modelo. Durante um tempo, fiz uns desfiles para uma loja do *shopping*. Eu e outras três meninas lá da rua participamos da seleção, mas só eu passei. No começo, ainda ganhava alguma coisa pra desfilar. Merreca, uns trocados. Mas depois a dona não quis mais pagar e tirava roupa na loja como pagamento. Cheguei a ganhar um concurso de R$ 2 mil. Como ela não quis pagar, não voltei mais.

Terça-feira, 23 de dezembro de 2003

Minha mãe ligou e marcou da gente se encontrar no comércio. Eu me arrumei todinha, mas ela ligou de novo dizendo que não ia mais poder ir. Falou que ia mandar uma saia pelo meu irmão. A saia é horrível, de crente, toda cheia de botão e comprida até o pé. Liguei logo perguntando se ela queria fazer graça com a minha cara. Era melhor não ter comprado nada. Ela me pediu desculpa. Desculpa, o caralho. Está pensando que eu sou o quê? Meu irmão, Rafa, acha que ela não comprou coisa nenhuma, ainda mais uma saia horrível como aquela.

Pelo menos uma boa notícia: minha mãe contou que desde que fez o Retiro com Jesus não estava mais bebendo nem fumando. Que bom! A gente combinou de passar o Natal na casa dela. O Moisés, meu coroa, me ligou e disse que vai me trazer um presente. Já é noite e nada dele. Também não vou na casa dele de novo, pois ele vai querer transar comigo.

Quarta-feira, 24 de dezembro de 2003

Minha avó esperou receber a cesta básica pra gente ir pra casa da mamãe. Só chegamos lá meio-dia. Ela estava fazendo frango pra noite de Natal. Minha prima me chamou pra ir pra casa dela. Como não tenho roupa nova, pois vou deixar a calça branca para o *Réveillon*, achei melhor ir. Na casa da minha prima todo mundo é crente, ninguém vai pra festa e acaba vestindo qualquer roupa mesmo no Natal. Antes, peguei um ônibus e passei na casa da Neiva, minha melhor amiga na ONG. Ficamos conversando um tempão. Quando voltei pra casa da minha prima, todos estavam se arrumando pra ir pra igreja. Preferi ficar em casa. Quando deu meia-noite, comemos. Não gostei muito de ficar em casa, sou de festa. Mas nem me deu vontade de ir pra lugar nenhum, porque não tinha uma roupa legal. Lá no bairro onde minha mãe mora é horrível, todo mundo repara nessas coisas. Fui dormir umas 2:00 da manhã. Fiquei conversando na frente da casa com minha prima e minhas tias. Não liguei pro meu pai nem ele apareceu.

Quinta-feira, 25 de dezembro de 2003

Minha mãe apareceu na casa da minha prima pra participar de uma churrascada na igreja. Estavam lá também minha avó, minha irmã e um monte de primo. Foi bacana, fiquei conversando e comemos muito. Quando deu umas 16:00, fomos pra casa de outra tia. Lá pelas 18:00, voltei pra casa com minha mãe e o meu padrasto. Só falo com ele pra não ser mal-educada. Mas ele não se atreve mais a mexer comigo. Não estava com vontade de ir pro baile, não tinha dinheiro e não tinha levado outra roupa melhorzinha a não ser a que eu estava no corpo. Choveu. Perdi a vontade de sair.

Não gostei do meu Natal. Teve muita comida, mas não ganhei nada de presente. Queria ter ganhado um celular, que custa uns R$ 300. Ganhar presente me deixa muito feliz. O último que eu ganhei foi uma bicicleta em fevereiro deste ano. Só que minha avó caiu doente em junho, com problema sério de coluna. Tive que vender minha *bike*. Só consegui R$ 50 e ainda estava novinha. Quem me deu a bicicleta foi o meu padrasto. Minha mãe fez a promessa de que, se eu passasse de ano, ela ia me dar uma de presente. Eu me esforcei e passei. Ela não tinha dinheiro no Natal do ano passado, mas meu padrastro conseguiu comprar no Carnaval. Foi o melhor presente que já ganhei, era um sonho desde pequena.

Domingo, 28 de dezembro de 2003

Fui para o baile lá no centro comunitário. Foi bacana, mas uma moleca queria me pegar, porque uma vez ela me viu com o namorado dela. Ela veio em minha direção escondendo uma garrafa, enquanto eu dançava. Disse que o Alex queria falar comigo, achei que era verdade porque foi ele quem fez a minha tatuagem. Ela deu uns cinco passos e mostrou a garrafa. Gritei pra ela vir me pegar. Estava com as meninas da gangue da rua de cima. Continuei dançando e ela lá me olhando com a garrafa na mão.

Quando deu umas 3:00 da madrugada, começou a invasão do nosso pessoal. Eles chegaram em três táxis e começaram a jogar garrafa e a atirar com revólver pra baixo e pra cima. Todo mundo tentava se esconder, mas uma garrafa pegou no braço de uma das meninas da outra gangue e furou a veia. Ela teve que ir pro pronto-socorro. A polícia chegou, prendeu um bocado de menor e acabou a festa. Eu me escondi. Voltei pra casa, minha avó estava dormindo. Pulei o muro e bati na porta. Ela acordou e veio dizendo:

— Bonito, né?

Segunda-feira, 29 de dezembro de 2003

Minha mãe ligou me chamando pra ir até o comércio comprar meu sapato. Andamos muito até achar um sapato vermelho do jeito que eu queria. Custou R$ 30. Minha mãe ainda comprou uma calça, uma blusa e um sapato pra ela. Na volta, passei na casa do Moisés, o coroa, pra cobrar meu radiogravador. Ele estava muito ocupado, me disse pra voltar à noite:

— Vem mais tarde que vou dar o dinheiro pra você comprar sua roupa de Ano-Novo.

Eu disse que voltava, mas não voltei. As outras meninas do bairro que também ficam com ele devem ter feito fofoca, porque ele está diferente comigo. Elas morrem de inveja de mim.

Terça-feira, 30 de dezembro de 2003

Acordei às 8:00 para pegar minha cesta básica na ONG. Combinei de voltar amanhã para ajudar a arrumar o estoque da lojinha que vende roupas com pequenos defeitos. Voltei pra casa e fui brincar de queimado com as molecas. A disputa do troféu valia R$ 20. Ganhamos, e deu R$ 2 pra cada uma do time.

Quarta-feira, 31 de dezembro de 2003

Fui arrumar o estoque da lojinha da ONG com a Marlene. Ela perguntou se eu não queria escolher uma roupa pra mim. Escolhi uma bermuda, uma blusa branca e um bermudão. Quando deu 14:00, ela mandou eu ir pra casa pra minha avó não ficar preocupada. Cheguei em casa, ela estava fazendo carne assada. Aqu em casa não tem esse negócio de ceia. Não tem nem almoço, quanto mais ceia. Minha avó estava chorando, dizendo que tinha mais de dez netos e cinco filhos e ninguém lhe deu uma roupa nova pra passar de ano. Só respondi uma coisa:

— Agora, a senhora entende quando falo a mesma coisa.

De tarde, fiquei em casa. À noite, fiz minha unha. Quando deu umas 23:30, fui me vestir. Coloquei roupa nova — a minha calça branca e o sapato vermelho — e uma blusa vermelha, tudo do jeito que eu queria. Quando deu meia-noite, ainda estava me arrumando para romper o ano. Minha prima passou querendo saber se eu ia pra festa. Disse que não porque não tenho dinheiro pra pagar o ingresso. Imaginei meu Ano-Novo numa festa com o Bebeto. Combinei de sair com ele, mas fiquei com vergonha de contar que estava sem grana. Como minha avó estava na igreja, não fui pra lugar nenhum. Fiquei na frente de casa. Meus amigos foram pra festa, e eu fui dormir umas 3:00. Estava com raiva de todo mundo, até de mim mesma. Meu Ano-Novo foi assim. Nem bom nem ruim. Não fiz nenhum pedido especial.

Quinta-feira, 1º de janeiro de 2004

Acordei 10:00, minha prima Letícia estava lá em casa e me chamou para passar uns dias na casa dela. Aceitei. Neste ano de 2004, quero ficar com o Bebeto, o meu amor. Quero também voltar a estudar. Vou fazer 15 anos em maio e já falei pra minha avó que quero ver se eles vão fazer alguma coisa. Ela disse que não vai fazer nada, pois não mereço:

— Quem mandou você dar o cabaço!

Todas as nossas brigas começaram porque não sou mais virgem. Antigamente, só podia dar o cabaço depois de casar. Minha irmã Keila também não era mais virgem quando fez 15 anos, mas teve festa. Se eu não tiver, vou ficar mordida com todo mundo.

Domingo, 4 de janeiro de 2004

Estou passando uns dias na casa da Letícia. Minha tia Marinete ligou contando que minha avó está muito doente, com uma dor na nuca que não passa, e quer que eu vá embora. Mas ouvi minha prima falar no telefone que não adiantava eu ir pra lá porque só ia dar mais dor de cabeça. Ela lembrou também que hoje é dia de baile no centro comunitário, e se eu voltar vou querer ir pra festa. Então, minha avó falou que era pra eu ficar até quarta.

Quarta-feira, 7 de janeiro de 2004

Voltei pra casa, e minha avó está realmente muito doente. Pensei, comigo: não vou sair hoje à noite. Passei na casa de uma vizinha pra costurar, e ela me deu ainda umas folhas pra eu fazer um chá pra minha avó. Fiz o chá, ela melhorou um pouco. À noite, fiquei vendo televisão.

Quinta-feira, 8 de janeiro de 2004

Voltei a escrever o diário, pois o meu gravador molhou. Deixei o gravador na cama, começou a chover e tinha uma goteira bem em cima. Agora, está chiando. Meu primo falou que é para eu deixar em frente ao ventilador para enxugar, mas continua o mesmo barulho.

Acordei às 9:00 com o barulho de um tiro. Da nossa varanda, vi que a polícia invadiu a casa da nossa vizinha. O filho dela fez um assalto, mas o garoto que ele roubou reagiu e acabou sendo morto. É o segundo que esse meu vizinho mata. Só que, agora, a vítima é o filho de um homem muito rico. Dessa vez, os policiais levaram o danado.

Sexta-feira, 9 de janeiro de 2004

O gravador ficou rouco de vez. Vou levar lá na ONG pra ver se dá pra arrumar. Começou a chover, fiquei em casa fazendo fuxico. À noite, fui falar com o Moisés, o coroa. Ele me disse que precisava muito conversar comigo. Outras meninas falaram muitas coisas de mim. Elas querem o dinheiro dele e sentem inveja de mim. Pedi pra ele não dar ouvidos às fofocas. Ele não comprou meu presente de Natal, mas me deu R$ 20. Dessa vez, não rolou nada. Foi presente. Com o dinheiro, comprei uma pasta de dente, uma escova, um sabonete, um creme para o cabelo, um creme para o corpo e um pacote de absorvente.

Domingo, 11 de janeiro de 2004

Acordei depois do meio-dia e sentindo muita cólica. Fui tomar banho, e meu tio ainda não tinha aparecido com a comida. Fiquei fazendo fuxico. Só fui comer às 10:00 da noite, quando minha prima levou um pouco de comida pra minha avó, que dividiu ainda comigo e com meu tio. Tio Sidney parou de me mandar fazer programa. Também já disse pra ele que minha mãe nunca jogou na cara dele que ele roubava. Ele vem com o papo de que fazendo programa eu teria como me sustentar, igual a minha mãe. Mas eu digo que ela fazia de besta que era. O problema é que agora ele está esticando o olho pra cima de mim. Não tentou nada, mas fica me olhando de um jeito diferente. Antes de ontem, peguei ele deitado na minha cama. Fico mordida, porque ele fuma e fica cuspindo no chão. Mas tenho que aguentar tudo porque se não for por ele a gente não come.

Sábado, 24 de janeiro de 2004

Hoje à tarde, voltei na casa do Moisés, aquele coroa do Natal. Transamos, e ele me deu R$ 30. Era o dinheiro que eu precisava para comprar o presente de aniversário do Bebeto. Saí da casa do Moisés direto para o supermercado. Ia dar ao meu grande amor um *kit* de perfume e desodorante. Mas não consegui me encontrar com ele à tarde, porque tinha saído pra jogar bola. Quando foi à noite, ele passou na minha frente de bicicleta com a namorada. Comecei a chorar e não dei o presente. Decidi ir para o baile com as meninas. Só tinham sobrado R$ 10. Bebi, fumei, dancei e fiquei o tempo todo com raiva e pensando no Bebeto. A festa acabou às 5:00 da madrugada. Fui embora. Bati na porta, minha avó abriu. Ainda bem que não me encheu o saco. Esquentei comida, comi e fui dormir.

Quarta-feira, 4 de fevereiro de 2004

Dei um tempo. Preguiça de escrever. Agora, só vou fazer o diário quando tiver novidade. No próximo dia 16, vou atrás de vaga em um colégio. Hoje, fui pegar minha transferência na minha antiga escola. Vou voltar na sexta série. Quero estudar à noite, mas pode ser que não queiram me aceitar por causa da minha idade. De dia, vou me ocupar na ONG.

Sexta-feira, 6 de fevereiro de 2004

Teve festa dos aniversariantes do mês lá da ONG. Rolou muita comida. Dançamos até as 2:00 da tarde. De lá, fomos numa turma para a casa da Mari, uma colega do projeto. Bebemos e fumamos tanto que eu já estava ficando tonta. As meninas me contaram que o Bebeto está firme com a Jucineia. Vou dar um tempo pra ver se ele realmente gosta de mim. Hoje, fingi que não estava ouvindo ele me chamar quando nos cruzamos na rua. Bem na hora, apareceu o Márcio, um menino de uma banda de *reggae* com quem tinha ficado no último domingo. Começamos a nos agarrar. Bebeto não se aguentou e veio falar comigo pra eu nunca mais ficar com ninguém na frente dele. Mandei ele procurar a namorada. Ele foi embora dizendo que, na próxima vez, ia bater em mim e no cara. Márcio não entendeu nada. Falei que era pra ele não ligar. Márcio me pediu em namoro, acho que estou começando a gostar dele.

Sábado, 7 de fevereiro de 2004

À noite, encontrei com o Márcio na praça. Quando voltei pra casa, minha avó mandou comprar espetinho de carne na esquina. Cada churrasco de gato custa R$ 0,50 e vem com quatro pedacinhos de carne. É bem gostoso. Comprei um pra mim e outro pra ela. Foi o nosso jantar. No caminho, encontrei o Bebeto, que veio me perguntar se eu estava namorando. Ele disse que ainda gosta de mim. Eu menti dizendo que não gosto mais dele. Ele repetiu de novo que eu podia ficar com quem quisesse, mas não na frente dele. Ficamos conversando até 1:30 da madrugada.

ELIANE TRINDADE

Domingo, 8 de fevereiro de 2004

Bebeto me viu novamente com Márcio na frente de casa e foi dizer para minha prima que queria avançar nele. Ainda bem que minha tia Marinete apareceu e mandou ele sumir. Ele saiu, mas não parava de olhar pra mim. Mandou as meninas chamarem o Márcio de corno.

Segunda-feira, 9 de fevereiro de 2004

Levei minha avó na ONG. É que tia Marinete está de olho na nossa casa e minha avó nem morreu. Ela quer passar a casa para o meu nome e o da Keila, só que não tem papel nenhum. A assistente social disse que vai levar a gente na defensoria pública pra resolver de vez esse problema dos documentos do terreno. À noite, fiquei jogando baralho. Perdi R$ 2. Depois fui dormir.

Quinta-feira, 12 de fevereiro de 2004

Marlene, minha educadora, veio falar comigo depois do almoço. Disse que tinha uma proposta de estágio pra mim. Mas eu teria que me matricular na escola e deixar de sair no final de semana pra não chegar na segunda-feira com cara de sono. Ela falou que eu teria que ter muita responsabilidade. Perguntou também se eu ia aguentar trabalhar e estudar ao mesmo tempo. Disse que sim. O estágio é só na parte da manhã. À tarde, vou para as oficinas e, à noite, estudar. Aceitei e fui pra casa. Contei pra minha avó e ela ficou contente.

AS MENINAS DA ESQUINA

Sexta-feira, 13 de fevereiro de 2004

Logo que acordei, fui lavar as minhas roupas e as da minha irmã. O sol estava bacana, e à tarde já estavam enxutas. Dormi e só acordei na hora de assistir a *Malhação*. Minha avó foi pra igreja. Tomei banho, me vesti e fui me encontrar com o Márcio. Fomos na casa dele pra eu ser apresentada aos parentes. Depois, a gente foi assistir ao ensaio da escola de samba. Quando ele estava me levando de volta pra casa, encontramos o Bebeto. Nos cumprimentamos. Márcio foi pra casa dele e eu fiquei conversando com uma amiga, quando apareceu uma outra menina dizendo que o Bebeto estava me chamando. Não consegui resistir e acabamos fazendo amor.

Terça-feira, 17 de fevereiro de 2004

Fui pra ONG ajudar a fazer fantasias na oficina de costura. Quando estava voltando pra casa, encontrei Bebeto e ele me chamou pra passar o Carnaval com ele. Falei que ia pensar. Fui pra casa, dormi um pouco. Acordei 8:00 da noite, quando Márcio chegou lá em casa pra pedir a minha avó pra me namorar. Ela aceitou nosso namoro e fiquei com ele na frente de casa. Quando ele foi embora, Bebeto estava lá na rua e veio me perguntar se eu tinha pensado na proposta dele. Disse que não ia dar, porque vou começar a trabalhar na lojinha da ONG e não posso faltar.

Quarta-feira, 18 de fevereiro de 2004

Acordei cedo pra ir fazer a minha matrícula. Tinha muita gente na fila. A minha senha era a de número 139. Mas tive sorte e uma

95

mulher desistiu de esperar e me deu a senha dela, que era a 24. Consegui me matricular na sexta série, no turno noturno. De lá, passei na ONG e fui pra casa. Márcio apareceu e ficamos namorando na frente de casa. Ele é legal, mas não estou apaixonada.

Sexta-feira, 20 de fevereiro de 2004

    Estava na frente de casa quando uma menina veio me perguntar se eu ia sair no bloco de Carnaval. Respondi que não, porque não tenho fantasia. Ela me emprestou uma. Saí no tal bloco e sambei horrores. Como Márcio não gosta de Carnaval, fui sozinha. Aprontei, logicamente. Como minha avó tinha ido pra igreja e já eram 9:00 da noite, fui pedir pro meu tio o dinheiro do ônibus. Ele mandou eu esperar minha avó voltar, porque ele tinha dado R$ 10 pra ela. Como ela não chegava, peguei dinheiro emprestado com tia Marinete. Fui para o Carnaval e ficamos esperando o desfile das escolas. Bebeto também estava lá, mas saiu em outra ala. No final, nos encontramos e acabamos ficando.

    Quando acabou o desfile, voltei pra casa. Assim que cheguei, a primeira coisa que minha avó falou era que sem os R$ 2 eu não ia comer amanhã. Respondi que já estava acostumada a passar o dia inteiro com fome. Hoje foi um desses dias. Ela começou a me bater com uma corrente e a dizer que, se ela passava fome calada, eu também tinha que aprender a fazer o mesmo. Foi quando eu disse pra ela que não aguentava mais aquela vida e ia contar tudo que estava acontecendo comigo lá na ONG. Ela disse que assim eles iam descobrir a que horas eu chegava em casa. Minha avó ainda ameaçou me dar porrada com martelo e disse que ia me mandar embora com a roupa do corpo. Gritou que eu sou uma praga na vida dela. Fiquei chorando até as 3:00 da madrugada. Acabou meu Carnaval logo no primeiro dia de festa.

Sábado, 28 de fevereiro de 2004

Ainda estou namorando o Márcio, mas não sei se vai durar. A gente ainda não transou. Estou enrolando ele, pois penso muito no Bebeto. Hoje à noite, aconteceu uma coisa muito diferente enquanto estava lá fora com o Márcio. Na frente dos meus parentes, ele é muito educado, mas quando estamos sozinhos, ele quer me bater. Até hoje ele só me ameaçou, sempre por causa de ciúme, mas ele não é doido de encostar a mão em mim. Eu me revolto com esse jeito dele, não vou apanhar calada de homem nenhum. Pedi um tempo a ele, mas não rolou. Ele disse que, se a gente se deixar, ele me mata. É só papo. Depois que ele saiu, encontrei com o Ricardo, um menino com que eu costumo ficar. Fiquei com ele bem na frente de casa pra todo mundo ver.

Quarta-feira, 3 de março de 2004

Já comecei o meu estágio, mas a lojinha ainda não abriu porque a nossa educadora, a Marlene, ficou doente. Por enquanto, estou arrumando o estoque. Vou trabalhar só pela manhã e estudar à noite, mas ainda não fui pra aula, pois não tenho material escolar. Não sei quando vou ter dinheiro pra comprar caderno, lápis e caneta. Minha avó vai receber a aposentadoria na segunda-feira, vamos ver se sobra alguma coisa. Vou receber uma bolsa de R$ 150 por mês aqui na ONG, mas o primeiro pagamento do estágio só sai final do mês. Com o meu primeiro salário, vou dar R$ 50 pra minha avó, que está muito doente. Com os outros R$ 50, vou fazer supermercado e os R$ 50 restantes vou ficar pra mim. As coisas estão melhorando na minha vida. Diminuíram as brigas lá em casa. Acho que mudei um pouco. Todo mundo diz que estou mais quieta. Não sei o que aconteceu comigo. Falaram que alguém jogou macumba pra fazer eu mudar. Não sinto mais tanta vontade de ir pra rua. Estou mais caseira, principalmente agora que vou me ocupar o dia todo. Quando não tenho nada pra fazer, vou pra *night* e apronto mesmo.

Ainda há pouco, estava beijando um menino com quem estou ficando, o Ricardo. É só curtição, ele é um moleque aqui da vizinhança. Ainda não desisti do Bebeto, mas a gente vive brigando por causa do meu ciúme. Continuo namorando o Márcio, mas tinha que *furar o olho* dele. É como a gente diz quando se trai o namorado em resposta a outra traição. Ele andou ficando com uma baranga e acha que eu não sei. Como ele *furou o meu olho* e só estamos juntos há um mês, eu tinha que fazer o mesmo.

Sábado, 6 de março de 2004

Dancei e bebi pra caramba na festa do clube. Foi bacana. Fui solteira, junto com os meninos e as meninas da minha rua que são de uma gangue legal. Estava indo embora quando anunciaram a última música porque a cerveja tinha acabado, mas as meninas falaram pra esperar mais um pouco. Fiquei. Na saída, os caras de outra gangue estavam lá na frente esperando a gente sair. As meninas me avisaram que, se alguém tirasse onda comigo, era pra dar neles, senão, eu ia apanhar. Começou a briga e um menino deu um soco nas minhas costas. Um moleque da nossa turma deu um soco nele e o cara desmaiou. Uma menina veio pra cima de mim, eu dei um soco na boca dela. Quando ela passou a mão na boca e viu sangue, se revoltou. Quando fui dar outro soco na boca dela, ela mordeu os meus dedos. Deixamos o lugar de táxi. Quando saímos pra essas paradas, já deixamos combinado com uns taxistas amigos nossos de eles esperarem na saída da festa pra tirar a gente rápido de lá quando a coisa pega. Os meninos foram no primeiro táxi e as meninas, no segundo.

Segunda-feira, 8 de março de 2004

Minha avó recebeu a pensão e foi pagar a prestação do magazine e me fez uma surpresa. Tirou a minha máquina de costura que ela tinha me prometido de presente de 15 anos, que só vou completar em maio. Ela me perguntou se eu queria um celular ou uma máquina, preferi a máquina. Custou R$ 300, ela parcelou em dez vezes. Hoje era o meu primeiro dia de aula, não fui porque cheguei tarde da loja.

Quarta-feira, 10 de março de 2004

A lojinha da ONG abriu as portas. Agora, tenho um trabalho. Minha vida está mesmo mudando. Finalmente, deixei o Márcio. Não suportava mais essa história e as ameaças dele. Estou gostando de estudar à noite.

Sábado, 13 de março de 2004

Fui de novo para o clube, pois queria encontrar a menina que mordeu o meu dedo, mas não encontrei. Dessa vez, fui com aquela minha ex-colega, a Valdirene, aquela que todo mundo diz que não presta, que é ladra, que é isso e aquilo. Mas é tudo fofoca. Um garoto da outra gangue que estava na briga da semana passada veio com conversa pro meu lado, dizendo que ia me pegar. Falei que não era de gangue, mas ele disse que quem anda no meio também é. Não ligo pra essas ameaças.

Domingo, 14 de março de 2004

Fiquei costurando o dia inteiro com minha máquina novinha. A primeira coisa que costurei foi um lençol pra minha avó. Nem fui pro baile. Não fiquei com vontade.

Segunda, 15 de março de 2004

Passo as manhãs na lojinha. Como estamos cheios de novidades, temos vendido bastante. Tem umas roupas bem legais. É tudo com pequenos defeitos, mas nem dá pra perceber. À noite, tenho ido para a escola. Quase não falto. Gosto da minha turma. Sou a mais nova dos 58 alunos. É muita gente, mas só na chamada. Todo mundo só aparece mesmo em dia de prova. Meus colegas são bem mais velhos, porque estou matriculada no supletivo. Os professores são bacanas. Só a de História é chata.

Terça-feira, 16 de março de 2004

Fui atrás do meu passe escolar, mas só vou receber no dia 7 de abril. Marlene me deu uma calça social pra eu trabalhar na lojinha. A partir da semana que vem, a loja só vai abrir segunda, quarta e sexta. Os outros dias, vou pras oficinas.

Sexta-feira, 19 de março de 2004

Fiz uma compra para descontar do meu primeiro salário: dois tênis, uma sandália, 12 calcinhas, duas bermudas, duas camisolas, dois *baby-dolls*, duas calças capri, duas meias, uma pantufa, um *short* e um *top*. A maior parte foi pra mim, mas a camisola e uma calcinha vou dar de presente pra minha avó. Estou levando umas peças pra minhas primas também. Tudo custou somente R$ 71,50. Marlene ainda vai dividir em duas vezes, pra descontar uma parte este mês e o restante em maio. Quando fui fazer a nota da venda, ela me explicou que eu tinha consumido o meu limite de R$ 30 mensais, pois senão vou gastar todo o meu dinheiro em compras. Acabei de arrumar a lojinha e fui embora pra casa. Minha avó gostou do presente, mas disse que não era pra eu gastar todo o meu salário. À noite, fui pro colégio. Não teve aula, eu e alguns colegas de classe fomos pra um pagode. Cheguei em casa meia-noite. Minha avó foi logo perguntando onde eu estava. Só respondi:

— Já vai começar?

Sábado, 20 de março de 2004

Acordei com os gritos da minha avó, pois o sogro da minha mãe tinha morrido de velho. Fui avisar minha irmã, Keila, e de lá fomos para o enterro. Voltei pra casa às 15:00 e fui dormir. Acordei no final da tarde e fiquei na frente de casa. O irmão de Bebeto veio falar comigo e me contou que ele deu uma mensagem que escrevi pra ele pra namorada, como se fosse ele que tivesse escrito. Fiquei com raiva por ele ter coragem de pegar uma mensagem de amor que escrevi no dia em que nos deixamos. Tirei tudo do meu pensamento, mas deixa pra lá. Fiquei chorando e nem fui ao baile. Minha avó disse que era benfeito, que sou uma abestada. Fiquei com tanta raiva que queimei a foto dele. Dizem que quando a gente queima a foto de uma pessoa passa a ter raiva dela. Ainda me lembro da mensagem que escrevi para o Bebeto. Era mais ou menos assim:

Saudade de um grande amor

Como dizer que te amo, se estamos separados.
Como dizer que te quero, se você não me quer.
Como dizer que vou te esquecer, se não vivo sem você.
Acho que te perdi, mas não te esqueci, porque por fora estou vivendo e por dentro estou morrendo sabendo que você não está mais aqui.
Se tudo terminou sem ódio e sem rancor porque vou te chamar de amigo se um dia já te chamei de amor.

Chorava só de pensar na outra lendo as minhas palavras. E pensar que eu disse pra Bebeto ler esta mensagem sempre que estivesse triste.

Domingo, 21 de março de 2004

Fiquei costurando a tarde toda, até que as meninas foram me convidar pra jogar queimado. Não gosto mais de jogar, mas fui ver, pois o jogo era contra as meninas da rua de cima, e a mocreia da namorada do Bebeto estava jogando. Fiz questão de dizer a Jucineia que a mensagem que o Bebeto deu pra ela no aniversário fui eu quem escreveu. Ela falou que ia devolver. Uma das meninas do time da rua furou o pé e me pediram pra entrar no lugar dela. Claro que eu entrei e ainda aproveitei pra dar uma bolada na Jucineia. Todo mundo começou a brigar, enquanto eu batia nela. Fui embora e estava com tanta raiva do Bebeto que decidi preparar uma vingança contra ele. Escrevi um bilhete e levei para o baile no centro comunitário. Quando estava dançando, Bebeto puxou meu cabelo. Parei de dançar. Ele ofereceu uma música pra mim, mas eu não liguei. Mandei um recado dizendo que minha praia era outra. Disse que tinha um recado pra ele. Ele nem desconfiava do que era. Escrevi estas palavras para ele:

> *Se um dia você disser que está arrependido, não vou acreditar. Vou dizer que tenho outro no seu lugar.*
> *Se você pedir o meu amor, voltarei a responder: já tenho outra paixão. Se numa noite fria desejares o meu calor, te darei o meu desprezo, nunca mais o meu amor.*
> *Se um dia me amares, perca as esperanças, pois nesse dia, executarei a minha vingança.*

Vou tentar fazer tudo o que escrevi nesse bilhete. Na festa mesmo, Bebeto mandou dizer que queria dormir comigo. Não fui, só mandei o bilhete. Ele colocou o papel no bolso e foi embora. Eu também saí de lá de madrugada e fui dormir. Bebeto é o amor da minha vida, continuo apaixonada por ele. Posso até ficar com outras pessoas, mas é dele que eu gosto. Nós namoramos quatro anos, desde que eu era pirralha. Depois passamos um tempo sem nos ver, mas aí o destino fez ele voltar a morar perto da minha casa novamente. Ficamos juntos mais um ano até que a gente se deixou e ele começou a namorar aquela outra menina de porta. Mas sempre ficamos. Às vezes, ensaiamos uma volta, mas nunca dura muito tempo. Minha avó não suporta o Bebeto, pois quando tirou a minha virgindade espalhou pra rua inteira.

Segunda-feira, 22 de março de 2004

Vendi bastante na lojinha. De tarde, voltei pra casa e dormi. Só acordei umas 19:30, já não dava mais tempo de ir pra escola. Fui tomar banho de chuva, encontrei os meninos daquela gangue rival, mas estamos ficando amigos e até fomos pegar manga na praça. Vimos uma casa que tinha acabado de ser pintada e os meninos combinaram de ir lá pichar. Falei que nem sabia mais fazer isso, mas eles disseram que o que a gente aprende nunca esquece. Tentei e deu certo. Fiz minha pichação, mas foi a última vez, pois não quero me prejudicar. A minha pichação era legal. Fiz uns desenhos e tatuei meu nome bem grande. Escrevi também o seguinte: "Foda-se (*sic*) as mordidas. Eu só faço por mim. Pichar não é contra a lei, é apenas uma arte proibida e curtida por jovens de cabeça perdida."

Sexta-feira, 26 de março de 2004

Esta última semana foi bem normal. Agora que estou trabalhando e estudando, não tenho tanto tempo pra escrever meu diário. Minha rotina é ir pra ONG pela manhã e à noite, para o colégio. Tem um cara lá da vizinhança, o Gil, que está me paquerando. Ele é mais velho, tem uns 22 anos. Como ele trabalha numa oficina e tem dinheiro, fica tentando me conquistar com presente. Ficamos juntos uma noite e, de manhã, ele me deu uma bermuda rosa.

Sábado, 27 de março de 2004

Tenho duas novas amigas inseparáveis, a Lucilene e a Marta. Elas são de gangue, mas são legais. Lu tem 17 anos e Marta, 13. Fomos pra casa do tio do Nelton, um colega nosso, e ficamos vendo *Big Brother Brasil* junto com uns carinhas. Acabei ficando com o Waltinho, um garoto que mora no beco. Quando deu 1:30, fui embora. Em casa, minha avó falou que o irmão do Bebeto estava atrás de mim. Nem liguei. Mas ele apareceu de novo dizendo que o irmão estava com uma virose. Fui curta e grossa:

— Se o Bebeto está doente, que vá chamar a namorada.

Ainda bem que não fui. Era mentira. Bebeto só queria saber se eu ainda gostava dele. Mandei dizer que, de agora em diante, ele só vai ter o meu desprezo. O irmão dele falou que eu tinha que fazer isso mesmo e aí Bebeto iria correr atrás de mim igual a um cachorrinho.

Domingo, 28 de março de 2004

Fui pro baile no centro comunitário. Meia-noite começou a chover, e eu, Lucilene e Marta fomos tomar banho de chuva. O Bebeto estava perto de mim e mandou um amigo me chamar. Falei alto que era pra ele escutar:

— Manda ele tomar no cu!

Ele ouviu e foi embora. Quando foi 4:00 da manhã começou a chover de novo, tomei mais banho de chuva. Cheguei em casa 5:30. Minha avó já estava acordada e disse que, se eu não acordasse cedo pra ir para a lojinha, ela me bateria.

Segunda-feira, 29 de março de 2004

Minha avó me acordou com um tapa no bumbum. Olhei o relógio, eram 8:00, tomei banho rapidinho, passei minha blusa de ir pra lojinha. Quando fui procurar a calça, não estava na corda. Perguntei pro meu tio se ele tinha pegado, ele falou que não. Minha avó e meu tio começaram a discutir e ele falou de novo que era melhor eu virar puta do que ser vendedora de loja. Comecei a chorar, peguei outra calça e fui pra ONG. Quando cheguei lá, a Marlene disse que não era pra eu ficar chorando por causa dessas coisas.

Terça-feira, 30 de março de 2004

Hoje foram duas mulheres lá na ONG falar sobre abuso sexual de crianças e adolescentes. Elas querem que a gente ajude a fazer uma campanha. Fizemos umas perguntas e respondemos outras também. Depois do almoço, Marlene distribuiu peixe pra gente levar pra casa. Peguei o meu e fui embora. Minha avó descobriu que tia Marinete tinha pegado minha calça pra ver se eu ia dar pela falta. À noite, fui pra escola.

Quinta-feira, 1º de abril de 2004

Acordei cedo, fui pra ONG. Pela manhã, fiquei nas oficinas de artesanato. À tarde, arrumei o estoque da lojinha, e a Marlene fez o meu primeiro pagamento. Saí cheia de orgulho do meu primeiro salário. Descontados os R$ 31,50 da primeira parcela das roupas que tirei pra mim, recebi R$ 118,50. Vou dar R$ 50 para minha avó comprar os remédios dela. Quando cheguei em casa, fui logo dando o dinheiro pra ela, que começou a planejar a compra de cimento pra poder fazer o piso lá de casa. Depois saí pra comprar o meu caderno. Não tinha o fichário que eu queria, então comprei um caderno mesmo. Depois, fui pro colégio. Quando cheguei, o menino com quem estou ficando, o Gil, me falou que tinha ido numa loja ver uns celulares. Ele me perguntou se eu queria um. Claro que eu falei que queria. A gente já transou, mas eu não estou apaixonada por ele.

Sexta-feira, 2 de abril de 2004

Gil me chamou pra ir com ele na loja escolher o meu celular. Minha avó deixou. Fomos eu, o Gil e minha irmã, a Keila, pra família dele não desconfiar que ele ia me dar o telefone de presente. O combinado era dizer que a Keila comprou o meu celular à prestação. Quando chegamos na loja, Gil ainda tinha que aprovar o crediário e fazer um cartão. O sistema ficou fora do ar e não deu pra gente comprar este mês.

Domingo, 4 de abril de 2004

Gil já percebeu que estou estranha e me perguntou o que eu realmente queria com ele. Dei uma enrolada, mas o cara é muito chato. Fico doida pra dormir e ele não se toca de ir embora. Faço cara de raiva, bocejo e nada. Não vai dar certo. Fiquei empolgada com a história do celular, mas não tem nada a ver namorar. Usei a desculpa de que vou começar um curso de recepcionista na ONG e não teria mais tempo pra ele. Minha rotina vai ficar mais pesada mesmo, já que vou fazer o curso pela manhã, trabalhar na lojinha à tarde e aula à noite. Depois disso tudo, só vou querer dormir. Disse pro chato que não ia ter tempo pra ele nem no final de semana, pois preciso lavar minha roupa e descansar. Ele continuou insistindo. Então, abri o jogo. Falei que não gostava dele, mas ele insistiu pra gente tentar mais um mês. Que saco! Concordei por causa do celular, mas não estou com vontade. Aproveitei pra falar ainda que minha avó não estava gostando nada do nosso namoro, porque quer ficar mais à vontade em casa. Depois de me livrar do Gil, fiquei passando meu caderno a limpo. Estava usando o caderno antigo da minha avó que ela ganhou quando fez um curso de alfabetização. Ela não usou muitas folhas, porque só aprendeu a fazer o primeiro nome.

Segunda-feira, 5 de abril de 2004

Acordei atrasada. Eram 9:30, e a loja deve abrir às 9:00. Minha avó pensava que eu já tinha ido e não me chamou. Cheguei atrasada e expliquei a razão à Marlene. Quando voltei da aula, Gil estava me esperando. Fiquei logo mordida. Sentamos no sofá e eu fingi que estava dormindo. Quando ele foi embora, vesti a roupa de dormir e fiquei vendo tevê.

Sexta-feira, 9 de abril de 2004

Meu aniversário de 15 anos é em maio, mas já ganhei o presente que eu mais queria: um celular. É igual ao da minha amiga, a Neiva. Um modelo pré-pago. Estou muito feliz. Quem me deu foi minha mãe e meu padrasto. Eles compraram dois aparelhos. O outro para Fabíola, a filha do Juarez, meu padrasto. Coloquei logo meu celular pra carregar por 12 horas e fui ver a malhação do Judas no centro comunitário com as minhas colegas. Despistei o "mala" do Gil. Terminamos, mas ele não larga do meu pé. Quando cheguei na festa, começou uma briga. Um menino puxou o cabelo da Lucilene e uma moleca veio por trás dando porrada. Quando iam quebrar uma garrafa na cabeça da Lucilene, pulei na frente e comecei a brigar também. Nessa hora apareceu um policial, saímos correndo e nos escondemos. Quando a gente ia embora, ainda vimos dois homens discutindo. Um deles deu uma paulada no outro, que desmaiou. Ficou lá caído no chão, só sangue escorrendo. Depois dessa, fui dormir.

Domingo, 11 de abril de 2004

Acordei às 6:00 pra ir pra praia. Passei o dia lá. Fui com a minha irmã e uma turma grande. Na volta, tinha um trânsito danado. Só chegamos em casa depois das 21:00. Só fiz comer e dormir. Meu dinheiro já acabou. Minha avó não comprou cimento coisa nenhuma. Comprou os remédios dela. Ainda fiz supermercado. Comprei principalmente leite, porque minha avó não toma café preto. Não sobrou dinheiro pra comprar o cartão do celular. Recebo o próximo salário no dia 1º de maio. Mas eles vão descontar um pouco mais esse mês, porque comprei mais duas saias. Não tenho tido tempo de costurar na minha máquina. Por enquanto, só fiz uns tapetes.

Segunda-feira, 12 de abril de 2004

Estou gostando do meu curso de recepcionista, que começou no início do mês. Hoje fiz novas amizades e estou aprendendo um monte de coisa. Já aprendi a enviar fax, tirar xerox. Também estou aprendendo coisas de ética, tipo sempre andar com postura e dar um bom-dia, um boa-tarde ou um boa-noite em qualquer lugar que chegar e falar com todo mundo, mesmo com pessoas que a gente não goste. Na área de recepção, tem que falar com todo mundo. Agora sei como atender um telefone. Na volta do curso, encontrei o Bebeto na rua, e ele foi logo dizendo:

— Você apareceu? Nunca mais veio por aqui!

Dei uma esnobada:

— Lógico, meu bem. Tenho que dar um tempo dessa rua triste.

Ficamos conversando e ele ainda perguntou se ia ter que me dar presente de aniversário. Disse que não porque quando ele dá alguma coisa quer outra em troca. Ele ficou uma fera:

— Lá vem você com sua ignorância. Ignorante!
Ele foi bem grosso mesmo.

Sexta-feira, 16 de abril de 2004

Cheguei atrasada no curso e fiquei com vergonha de entrar. O curso de recepcionista é um pouco antipático, porque tenho aula de Português e Matemática, apesar de ter estas matérias também no colégio. Mas o resto é bacana. Vendi horrores na lojinha. Quando deu 18:00, fui pra casa, mas deu preguiça e eu não fui pro colégio. Minha avó me deu umas tintas pro cabelo. É preta. Agora, vou ficar morena. Não quero mais ser ruiva.

Sábado, 17 de abril de 2004

Minha avó acordou hoje com o capeta. Quando ela está mordida, desconta em todo mundo. Terminei de lavar minha roupa rapidinho e fui pra casa da minha mãe. Como ela não estava, fui pra casa do meu irmão. Ficamos brincando de caraoquê com o meu sobrinho. Voltei pra casa da vovó e à noite fui com a Lucilene e a Marta para o baile. Os moleques do beco e da rua de trás estavam lá, cada grupo num canto. Rolou uma correria só, mas depois conseguimos voltar e dançamos horrores. Começou de novo a onda, os meninos se pegaram. Alguém deu um tiro na lâmpada. Ficou tudo escuro. Depois que a confusão acabou, voltei pra casa, só que levei uma queda. Estava de saia e tive que correr de novo porque começou a rolar mais tiros. Já eram 3:30 da madrugada quando cheguei na minha rua. Só que tinha uns moleques e eles ficaram tentando pegar a gente. Nos livramos deles porque eu disse que meus primos estavam bebendo no bar, que graças a Deus ainda estava aberto. Ficamos num canto esperando eles irem embora. As meninas ficaram comentando que o marido da minha irmã está metido com uma gangue. Vou jogar um verde pra ele amanhã. Ele nem é doido. A minha irmã está lá no hospital porque está grávida de um filho dele e não tem ninguém pra dormir com ela.

Domingo, 18 de abril de 2004

Ninguém me liga no celular. Estou arrasada! Eu também ainda não liguei pra ninguém porque não tenho dinheiro pra comprar crédito. Só vou comprar o meu primeiro cartão quando receber o salário deste mês. No primeiro mês, vou ganhar cinquenta torpedos grátis. Não vejo a hora. Estou ansiosa também pela festa dos meus 15 anos, dia 1º de maio. Minha mãe e minha avó resolveram comemorar a data.

Sexta-feira, 30 de abril de 2004

Finalmente chegou a sexta-feira. Já estou cansada desse negócio de curso. Não estudei pra prova de Matemática. Ainda bem que era só de marcar. Foram trinta questões. Só acertei oito. É que só tenho cabeça pro meu aniversário de 15 anos amanhã. Quando voltei pra casa no final da tarde, minha avó me mandou passar no mercadinho pra comprar trigo pra fazer meu bolo de aniversário. Comprei também filme e pedi a máquina emprestada pra minha prima. Só não deu pra comprar as pilhas, que têm de ser alcalinas e são muito caras. Custam R$ 5.

ELIANE TRINDADE

Sábado, 1º de maio de 2004

    Hoje é meu aniversário de 15 aninhos. Acordei com minha avó me abraçando e me desejando felicidades e um bocado de coisas boas. Fomos logo pra feira comprar tempero pra fazer um almoço surpresa pra mim. Já não era mais surpresa, mas tudo bem. Ela comprou também pilha pra máquina fotográfica. Ajudei a fazer o almoço e ainda pintei meu cabelo de preto. Teve churrasco, feijoada e caranguejo. Minha tia fez o bolo em cima da hora. Logo chegaram mamãe, meu padrasto e meus irmãos. Uma galera. Como sempre, minha mãe ficou estressada com minha avó. Depois, ela estressou todo mundo, até a mim.
    Fiquei sentindo falta de duas pessoas: do Bebeto e de meu pai. Minha mãe queria convidar meu ex, mas não deixei porque minha avó ia ficar falando besteira. Meu pai ainda não apareceu, talvez mais tarde ele apareça com meu tio Márcio. O melhor presente que eu podia ganhar era a chegada deles. No meio da festa, faltou água. Meu tio mandou um cordão de ouro pra mim e ganhei um sabonete da filha do meu padrasto. Foram os únicos presentes que ganhei hoje. Como minha mãe tinha trazido o DVD da casa dela, brincamos de caraoquê. Bem nessa hora, ouvimos um barulho. Caiu uma parte da parede do banheiro em cima da mulher do meu tio, a Rosário. Fizeram um curativo nela. Só que ela estava no maior porre e foi se apoiar na parede de novo e caiu mais um pedaço em cima dela. Colocamos ela pra tomar banho. No fim da tarde, fui tirar uma soneca.

Sábado, 1º de maio de 2004 (segunda parte)

    Já é noite, tomei banho e fui tirar o restante das fotos. Fui deixar minha mãe na parada e no caminho ela ficou discutindo com o meu padrasto. É um estresse, ela e esse homem. Na volta, meu celular tocou. Eram eles. Meu padrasto esqueceu a carteira no banheiro. Meu pai não apareceu mesmo e olha que minha mãe ligou convidando ele pra minha festa. Sinto muita falta dele, sabe? Apesar de tudo o que minha mãe fala. Ela diz que é pra eu não gostar dele, que ele queria me matar quando eu era pequena. Mas é meu pai mesmo assim.

Para compensar, estava conversando na porta de casa quando peguei uma mensagem que minha irmã deixou gravada no meu celular. Ela não veio pra festa porque está internada por causa de problemas na gravidez:

Britney, hoje você está completando 15 anos, viva está fase maravilhosa da sua vida com muita sabedoria. Busque caminhos novos, pessoas novas e namorados novos. Vê se deixa o Bebeto e o seu passado. O seu presente está com outro cara. Busque seus ideais e não esqueça de estudar. Sem estudo você não vai chegar a lugar algum. Escute o que a vovó tem pra dizer, pois ela não quer o seu mal. Saiba que tudo o que você faz hoje, independente de serem coisas boas ou más, causará efeito no seu amanhã. Por isso, viva sempre em busca do que for melhor pra você. Sua irmã, Keila.

Gostei muito da mensagem. Keila tem razão quando diz que é pra eu deixar o Bebeto no passado. Todo mundo fala isso. Ainda amo muito ele, mas estou cansando dessa história e pouco a pouco começo a dar o desprezo que ele merece. Ele mandou a seguinte mensagem de aniversário:

Onde você está? Tenho saudades. Até mais.

Não dei o número do meu celular pro Bebeto mas, como o irmão dele também me ligou desejando Feliz Aniversário, eles descobriram com alguém. São 21:30 e papai não veio mesmo. Fico pensando como um pai pode esquecer dos 15 anos de uma filha. Vamos ver se daqui pra mais tarde ele aparece. Se ele não vier, vou ficar um pouco chateada.

Domingo, 2 de maio de 2004

Lavei minha roupa e fiquei escrevendo poesias. Depois fiquei na frente de casa, lógico e evidente, esperando a hora de ir pro baile. Lá, encontrei o bonitinho do Bebeto. Ele queria ficar comigo porque agora a pivete dele vai embora para o interior. Ele que vá se danar, não sou mais besta. Passei com o David, um menino que ele não suporta, bem na frente dele. Comecei a beijar o David, e ele veio me perguntar se eu queria fazer graça com a cara dele. Mandei ele à merda e disse que não estava mais nem aí. Quando deram umas 4:00, vim embora.

Quarta-feira, 5 de maio de 2004

Meu pai não apareceu nem mandou notícia. Ele não lembrou mesmo dos meus 15 anos. Acordei cedo, mas fiquei com preguiça de ir para o curso, mas fui para o colégio.

Sexta-feira, 7 de maio de 2004

Esta semana inteira fui pro curso e pra aula. Hoje, conhecemos a professora de Ética. A aula é muito bacana, mas ela é um pouco antipática. Ela faz dinâmica, brinca com a gente. É divertido, só que um pouco doido. Fui pra loja e tirei algumas coisas: duas saias pra minha avó e uma saia pra minha mãe. Vou dar de presente no Dia das Mães. Para mim, tirei um camisão, uma meia-calça, uma bermudinha e três blusas.

Domingo, 9 de maio de 2004

Logo que acordei, fui dar um abraço bem forte na minha avó pelo Dia das Mães. O Barney, um amigo nosso que está passando uns dias aqui em casa, fez um almoço carioca pra gente: bife à milanesa, batata frita e arroz, uma comida muito gostosa. Meu tio também comprou peixe, comi muito. Minha mãe verdadeira também veio. Keila contou pra todos os nossos familiares que está grávida. Estou feliz porque vou ganhar outro sobrinho. Quando deram umas 20:00, tomei banho e fui no bingo que estava acontecendo na nossa rua. De lá, fui para o centro comunitário. Eu estava toda de rosa — sapato, blusa e até a capa do celular. Só que o baile estava chato, e decidimos ir pra outra festa onde todas as gangues se encontram. Logo na chegada, eu e minhas amigas encontramos umas pivetes que não gostam da gente. Fomos dançar no meio dos meninos de outra gangue. Foi muita onda, muita porrada mesmo. Mas eu tive sorte de encontrar o Fuinha, um amigo meu que é taxista. Saímos correndo, entramos no táxi e fomos embora. Ficamos num canto mais escondido da rua esperando os meninos da nossa turma até amanhecer. Só então, voltei pra casa.

Segunda-feira, 10 de maio de 2004

Minha avó me acordou pra ir pro curso de recepcionista, mas menti dizendo que não ia ter aula hoje. Estava morrendo de sono e com ressaca. De tarde, também não fui pra ONG abrir a loja. Fiquei dormindo. Foi o primeiro dia que faltei ao estágio. Acordei às 21:00, comi e dormi de novo.

Terça-feira, 11 de maio de 2004

Disse pra Marlene que tinha faltado por causa de uma dor de dente. Inventei essa mentira pra ela não ficar chateada.

Domingo, 16 de maio de 2004

Fui com meu irmão Rodrigo, que tem 19 anos, atrás do nosso pai. Ele e eu somos filhos do mesmo pai, mas os meus outros dois irmãos, a Keila e o Rafa, são mais velhos e ninguém sabe quem é o pai deles e minha mãe também não conta. Aceitei o convite de Rodrigo pra ir atrás do papai, porque ainda quero saber por que ele não apareceu no meu aniversário e nem sequer me deu um centavo. Quando chegamos lá, papai estava trabalhando na construção de uma outra casa, pois a antiga era de madeira. Fiquei pensando que ele não foi no meu aniversário porque ficou com vergonha de não levar nada. Construção gasta, né? Fiquei até assim meio envergonhada. Ele não tocou no assunto dos meus 15 anos, também não falei nada. O que passou, passou.

Sexta-feira, 28 de maio de 2004

Último dia de curso, finalmente! Esta semana, fomos ao salão aprender os tipos de amarrar o cabelo e passar maquiagem. Hoje, eu me sinto mais alegre, pois consegui completar um curso de recepcionista e agora tenho quase uma profissão. No começo, pensei em desistir, tinha muita coisa chata. Consegui ir até o final. Aprendi muita coisa e posso dizer que o curso de recepcionista abriu muito a minha mente. Estou mais calma mesmo. Até digo pra minha avó que ela tem que conversar mais, ser mais simpática com todos.

Terça-feira, 8 de junho de 2004

Comecei a namorar o Douglas, um garoto que é de uma gangue rival do Bebeto. Agora, me livro dessa história enrolada com o Bebeto. Conheci o Douglas na festa do Dia das Mães. Desde essa época, começaram a falar que eu, Lucilene e Marta mudamos de lado. Acho que meu namoro com Douglas vai ser sério. Ele é alto, tem 16 anos, é branquinho e tem os olhos iguais aos de um japonês. Também é muito ciumento. Tem ciúme até dos próprios amigos. Muitos dão em cima de mim, falam que eu sou um bebê, começam a me abraçar. Ainda não transei com Douglas porque não encontramos um lugar. Não sou bicho pra transar na rua. Ele não tem dinheiro pra me levar ao motel e nós também somos de menor. Na minha casa não rola, por causa da minha avó. Mas isso não é importante. O que importa é que estou me apaixonando de novo.

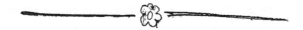

"Querido diário,

Gostei muito de escrever e de gravar sobre a minha vida. Eu me empenhei muito, pois não sou de me abrir e de falar dos meus problemas. Diário é uma coisa muito íntima. No começo, tinha medo de minha avó descobrir tudo sobre os coroas. O mais difícil foi contar aquela parte do roubo da loja e dos programas. Pensei muito sobre minha vida enquanto escrevia. A relação com a minha avó e com o meu tio melhorou muito desde que estou trabalhando e tiro R$ 50, um terço da minha bolsa no estágio na ONG, pra ajudar em casa. Não preciso mais fazer programas pra comprar minhas coisas. Mas um travesti da minha rua vive falando que tem um monte de coroa querendo curtir comigo. O papo dela é que eu posso andar toda chique, cheia de dinheiro. Como sou bonitinha, aparece sempre alguém com essa conversa pra cima de mim. Não tenho ido mais nessa. Se o pessoal da ONG descobre que voltei a fazer programa, vão me tirar da loja. Não vale a pena. Essa oportunidade de trabalhar está me segurando. Outra coisa é que vi o destino da Valdirene, a menina que me colocou nessa. Ela ganhou muito dinheiro, mas não investiu em nada. Agora teve filho de um traficante, leva muita porrada dele e nenhum coroa quer saber dela. Mas, por outro lado, tem uma menina daqui que viajou pra França com um coroa. Lá ela conheceu outro cara e foi morar na Alemanha. Ela era prostituta de bordel, mas hoje é riquíssima. De vez em quando ela aparece, toda fina mesmo. Ela era feinha e agora com dinheiro ficou até mais bonita. Não dá pra saber qual seria o meu destino nesse tipo de vida. Mas já sei que carreira de modelo não dá certo pra mim. Não cresço mais, sou muito baixa pra desfilar e não sou mais magrinha como antes. Meu outro sonho, que era fazer faculdade de veterinária, também é impossível. Ainda bem que gostei da área de recepção. Tenho um sorriso bonito e estou pensando em fazer outros cursos, de informática e de inglês. Se Deus quiser vou conseguir um trabalho de recepcionista no hotel mais luxuoso da cidade. Nunca entrei lá, mas dizem que é cheio de vidro e é muito bonito. Lá na rua se comenta que a Carla Perez ficou hospedada lá. Parece maravilhoso."

Brasil, agosto de 2004

CAPITULO 3

O DIÁRIO DE MILENA
"A poesia virou pó"

"Querido Diário,

Sou baixinha, morena de cabelo comprido e pintado de ruivo. Meus olhos são castanho-claros, e peso 49 quilos. Tenho quatro tatuagens. A última, que acabei de fazer, é a de que mais gosto. Tatuei a expressão 'Carpe Diem' nas minhas costas, que quer dizer viver o dia de hoje. Desmaiei quando fiz. Não tinha comido nada naquele dia e me deu um branco. Sou um pouco triste. Minha diversão é baile *funk*. Gosto muito de escrever. Ganhei uma agenda de um coroa que sai com uma amiga minha e já escrevo muito, principalmente poesia. Por isso, estou adorando essa ideia de ter um diário. As meninas que vão ler o que escrevo e que, por acaso, estiverem entrando nesse bagulho de prostituição, vão ver que é tudo ilusão. Essa coisa de ganhar dinheiro pra caramba é só no começo. Depois, os caras só querem zoar e acontece um monte de coisa ruim. Hoje, tenho 19 anos, e os coroas só procuram meninas mais novas. Quando era garotinha, chegava a ganhar R$ 400 numa noite. Não aceito fazer um programa por R$ 10, R$ 20. Mas o que quero contar no meu diário é o que falo nas minhas poesias: eu já amei e tenho medo de amar novamente e a pessoa morrer. Meu primeiro amor foi assassinado, não quero perder de novo. A gente foi morar junto quando eu tinha 15 anos e estava grávida de quatro meses de um outro cara. Vou falar também do meu filho, Alisson, que tem 3 anos e 9 meses, e graças a Deus tem um pai que eu arrumei pra ele. Ele não é o pai de verdade, mas vai ser enquanto der. Moro com minha mãe, meu padrasto, meu filho e seis dos meus oito irmãos em um barraco na favela. No momento, tem mais uma amiga morando lá. Somos 11 pessoas dividindo cinco cômodos — sala, dois quartos, cozinha e banheiro. Só fiz até a sexta série e pretendo voltar a estudar. O que eu mais gosto de fazer no momento é um curso de dança lá na ONG que ajuda a gente. Nas aulas de dança, me sinto muito bem. Só tem mulher, homem não entra. A gente pode ficar do jeito que quiser e não sente vergonha de nada, nem das minhas estrias. Estou descobrindo meu corpo. É legal."

Quinta-feira, 4 de setembro de 2003

São exatamente 10:54 da manhã. Acabei de chegar da rua. Estou sentada no sofá e tentando escrever, pois meus irmãos estão me enchendo o saco e irritando minha mente. Meu dia não começou nada agradável. Voltei andando de uma praia bem longe até a favela. Andei tanto que meus dedinhos estão cheios de bolhas. Tudo começou mais ou menos assim. Ontem à noite, duas das minhas melhores amigas, a Norma e a Nina, passaram aqui. Quando vi, eu já estava na praia.

AS MENINAS DA ESQUINA

Chegamos lá umas 3:00 da manhã. Pegamos carona com um senhor muito legal em um caminhão. Estávamos morrendo de fome. O caminhoneiro comprou pão, mortadela, refrigerante, bolacha, cigarro e água de coco. No final ainda deu cigarro e dinheiro para a volta, mas não fez nada com a gente. Quando chegamos na praia, não tinha carro nenhum nas ruas. Saímos com a intenção de encontrar um coroa com dinheiro pra fazer programa. Senti dor de barriga e fiz necessidade embaixo de um caminhão parado. Foi quando apareceu um cara e a Nina foi falar com ele. Demos o número do meu celular porque ele disse que ia chamar uns colegas para ficar com a gente. Só que os caras eram muito feios. Conversamos entre nós e decidimos não ficar com eles. Saímos dali e paramos perto do orelhão, onde tinha uns moleques de moto. Pedimos carona. Fui numa moto com um deles e as meninas foram na outra com o outro cara. Eles começaram a dar ideia de ficar com a gente, mas nem eu nem a Nina ficamos a fim. Paramos num posto de gasolina e pedimos a uns caras um pouco de refrigerante. Um deles ficou nervoso, gritou comigo, achando que eu estava tirando onda com a cara dele. Me xingou de vagabunda e me deu um empurrão. A gente já estava saindo quando um deles veio me pedir desculpas. O outro babaca estava bêbado e cheio de droga na mente. Nessa hora, Norma reapareceu com dois daqueles outros caras, agora de carro. Nós entramos em um dos carros e fomos pra praia. Paramos no calçadão. Foi quando vi o carro da frente pulando. Desci pra pedir fósforo, vi duas embalagens de camisinhas e a Norma fazendo sexo oral no cara. O outro queria fazer o mesmo com a gente. Saí fora. Ele dava ideia e a gente dizia que só beijinho na boca. Foi quando ele travou as portas do carro e disse que a gente ia ter que fazer. Tiramos par ou ímpar para ver quem ia. Eu perdi e acabei beijando o cara, que ficou no maior fogo. Peguei nas coisas dele, mas não deixei ele transar comigo. Não era um programa, foi curtição. O outro cara, com certeza, deve ter dado dinheiro pra Norma, mas ela não falou nada. Só decidimos voltar pra casa umas 5:00 da manhã. Mas antes passamos na casa do Getúlio, um coroa que é apaixonado por essa amiga minha, a Norma, mas vive no meu pé também. Tomamos café da manhã no apartamento dele, que é todo arrumado. Apesar de ser rico e ser um velho de 60 anos, ele é tipo um colega nosso. Saio de vez em quando com ele e sempre rola grana. Nem preciso pedir dinheiro. Ele me dá R$ 40, R$ 50. É coisa de anos. Hoje em dia, frequento a casa dele e até levo meu filho.

Segunda-feira, 8 de setembro de 2003

É 1:30 da manhã, e estou me sentindo muito mal. Tenho tanta coisa pra dizer e nem sei por onde começar. Não sei se é amor o que sinto pelo Juninho, um cara aqui da favela, mas nesse exato momento ele está transando com uma amiga minha na casa dele. Está doendo muito, sinto vontade de chorar. Sei que ele não merece o meu amor e sofro pra tirar esse cara da minha vida. Ele tem 25 anos, não é bonito, mas é um moreno simpático. Tenho vontade de dizer muitas verdades na cara dele. Cometi ainda um grande erro e me sinto péssima. Fiquei com o marido de uma amiga minha pra fazer ciúmes no Juninho, que chamo de meu Anjinho. Ela descobriu e não fala mais comigo. Não sei o que fazer pra ter a amizade dela de volta.

Quinta-feira, 11 de setembro de 2003

Meu dente está doendo muito, estou muito nervosa. Tenho um furo que dói às vezes, mas nunca fui ao dentista. Morro de medo. Começou a doer de repente. Não conseguia nem mexer o pescoço direito e meu ouvido inflamou também.

Fui ao centro e passei na loja do Libanês, um cara com quem uma amiga minha transa. Conversei com ele e descolei um dinheiro pra comer. Fui buscar meu filho na casa do pai dele, o Goiano, mas ele estava dormindo. Alisson vive lá e cá.

Segunda-feira, 15 de setembro de 2003

Estou muito mal, tomei duas injeções pra dor ontem. Desmaiei quando foram aplicar a segunda. Não consigo nem andar direito. Fui sozinha ao pronto-socorro e a médica não queria deixar eu vir embora. Pra piorar, depois que jantei, usei um palitinho e veio um pedaço do dente junto. Já melhorei um pouco, mas sempre dói. Comprei o remédio que a médica passou, mas quando o dente dói coloco um pouco de creme dental em cima até passar.

Mesmo assim fui pra boca vender pedra [*crack*] e maconha. O movimento não está muito bom. Cheguei em casa quase 2:00 da madrugada. Entrei logo, pois estava cheio de polícia na favela. Estou muito preocupada com as fofocas e com o que possa me acontecer. Na boca, são várias pessoas vendendo. Quando chegou a minha vez, o movimento estava fraco. Antes, não entrava nesses bagulhos de vender droga. Até que sumiram com umas pedras na casa de umas amigas minhas e falaram que eu roubei. Não fui eu. O cara que era dono do bagulho disse que eu tinha que dar conta porque senão ia me matar. Foi quando comecei a vender. Faz uns nove meses. Com meu lucro fui pagando o cara. Dá uma boa grana. Tipo assim: a sacaria é de 25 pedras, cada uma a R$ 5. No final, R$ 100 é da dona e R$ 25, meu. Dependendo de quantas sacarias eu vender, ganho entre R$ 60 e R$ 90 por semana. É com essa grana que eu pago minhas dívidas. É bem melhor traficar do que fazer programa. Ultimamente, não tenho mais tanta coragem de ficar procurando cliente. Não tenho medo de vender droga. Só sinto um frio na barriga quando a polícia entra na favela. Mas eles passam batido por mim porque sou mulher. Pegam mais os moleques, eu escondo o bagulho. Penso em arranjar um trabalho, mas ninguém quer dar serviço pra mim. Já tentei, mas tem que ter currículo e eu não tenho nenhum. Queria trabalhar pra fazer uma casa pra mim e meu filho.

Terça-feira, 16 de setembro de 2003

Acordei cedo, dei o dinheiro pra Gabriela, a minha vizinha que controla a boca no lugar do marido que está preso por tráfico. Depois fui pra aula de dança lá na ONG e voltei pra casa. Dei R$ 1 pro meu irmão lavar minha louça. Ontem, fui ao correio colocar uma carta para o meu bofinho. É que tenho um marido na cadeia. Não é meu marido de verdade, mas é um cara que é amigo do marido dessa menina, a Gabriela. [*Trata-se de um membro de uma popular facção criminosa que recebe ajuda dos companheiros de fora da prisão para conseguir companhia feminina.*] Ela é casada de verdade. O marido dela e o meu de mentirinha cumprem pena na mesma prisão. Eles trocaram uma ideia sobre mim e eu passei a falar com esse cara pelo celular durante um tempo em que ele estava numa cadeia que não tinha bloqueador. Só conheci o Ricardo pessoalmente há oito meses. Ele tem 28 anos, é moreno escuro, forte, baixinho, mas diz que é alto, embora só tenha dois dedos de altura a mais do que eu. Ele tem tatuagem e um sorriso bonito. Fez bagulho de peso — está preso há sete anos por causa de um esquema de roubo de carga e outros crimes. O dente dele é encavalado na frente, mas é da hora [*legal, maneiro*]. No primeiro dia em que fui visitar o Ricardo já ficamos juntos. O começo foi estranho. A minha amiga estava brigada com o marido, pois encontrou outra mulher lá dentro. Enquanto os dois discutiam, um cara já chegou pegando na minha mão. Mandei me largar. Foi quando ele se apresentou e vi que era o bofinho do telefone. Levei o maior susto. Subimos as escadas, ele me levou pra dentro da cela e veio logo com o papo de que estava o maior calor. Não sabia o que falar. Também reclamei da temperatura e ele se saiu com essa:

— Tu não tá com calor? Então, tira a roupa.

Disse que não e ele começou a fazer massagem em mim. Quando vi já tinha acontecido tudo. Na hora que terminou a transa, ele gritou:

— É minha mulher!

E virei mesmo a mulher dele. Os cunhados [*membros da facção que bancam as idas de Milena ao presídio*] daqui de fora depositam R$ 200, R$ 300 na minha conta pra eu poder visitar o Ricardo nos finais de semana. É muito melhor ter um cara fixo, até mesmo um velho, do que fazer programa com um monte de desconhecidos. O problema é que não posso ficar com ninguém nos bailes *funk* porque os cunhados contam pra ele. É muito chato namorar na cadeia. Na hora de entrar, tenho que tirar toda a roupa e me abaixar. As policiais revistam tudo e ficam olhando pra gente com cara de nojo. Nas visitas íntimas, levo muita coisa pra ele, principalmente comida. É o maior peso. Não sou apaixonada, mas se não for mais na cadeia, ele já disse que me mata. Gosto dele, mas amar é outra coisa.

Agora são 11:00 da noite, vou dormir. Não estou me sentindo muito bem. Não sei o que é, mas meu coração dói.

Quarta-feira, 17 de setembro de 2003

Hoje acordei cedo, arrumei a casa e saí pra rua, fui na casa da Josilene, uma menina aqui da vizinhança que tem uma central de telefone clandestina em casa. É um esquema pra falar dentro dos presídios, mas a gente também usa pra telefonar de graça. Fiquei a tarde inteira ligando para os números que o Ricardo me passou, mas não consegui falar com nenhum cunhado. Os celulares estavam todos desligados. Depois, minha vizinha, Lena, veio me chamar pra fumar uns baseados com as meninas, mas não estou com muita vontade de sair. Agora mesmo, estava lá na esquina quando dois amigos, brincando de jogar pedra um no outro, acabaram acertando minhas costas. Na hora doeu, mas logo passou. O que está doendo realmente é o meu pé. Nasceu um machucadinho, já passei pomada, mas não melhora. Nesse exato momento, estou escutando uma música linda!

A letra de Milena é bonita, arredondada, daquelas treinadas com esmero nos repetitivos exercícios de caligrafia. Não economiza palavras para descrever sua condição de adolescente eternamente apaixonada. Gosta de ler, embora o hábito não tenha sido estimulado e esbarre na dificuldade de ter acesso a livros. Ainda assim, seu vocabulário é rico, mesmo tendo desistido da escola tão cedo. A possibilidade de fazer um diário escrito foi aceita de imediato por esta menina sonhadora que já adorava jogar no papel suas ideias e emoções. O resultado é um diário denso, cheio de detalhes e feito com o espírito de quem precisa desabafar.

Quinta-feira, 18 de setembro de 2003

Acordei cedo, arrumei a casa, lavei minhas roupas e esperei a Nina pra gente ir pra aula de dança lá na ONG. A gente se reúne na casa da professora, em um lugar da hora. Tem um monte de tapete e umas cortinas, tudo feito pra gente entrar no clima da música e no espírito dessa dança que é muito bonita. Hoje, a aula foi muito legal, aprendemos passos novos, mas alguns são muito difíceis. Vou precisar treinar muito pra dançar tão bonito quanto nossa professora Joana.

Quando estava voltando pra casa, comecei a passar mal. Ainda bem que encontrei no caminho um colega que estava de bicicleta e me trouxe até a casa da minha irmã. Assim que cheguei, fui dormir. Quando acordei, tomei um copo de leite e vomitei tudo. Cheguei em casa, tomei um banho e fiquei melhor. Ainda há pouco, comi um prato de comida na casa da vizinha. Estava muito boa. Já é 1:00 da madrugada, estou com muita dor de cabeça. Vou dormir pra ver se passa.

Domingo, 21 de setembro de 2003

São exatamente 11:55, estou deitada e vou contar como foi meu final de semana. Na sexta-feira à tarde, fui na cidade, roubei várias coisas numa casa muito bonita. Peguei tinta de cabelo e um monte de outras coisas que estava precisando, uns hidratantes para o corpo e para o rosto. Passei também no médico para pegar o resultado de um exame da minha colega. Fui também ao banco buscar dinheiro, os cunhados depositaram a grana pra eu viajar este final de semana. Voltamos, nos arrumamos e fomos viajar para encontrar nossos bofinhos na cadeia. [*Um presídio de segurança máxima no interior do estado.*] Saí de casa às 5:00 da tarde e chegamos no presídio às 3:00 da manhã. Logo na chegada, fomos pra fila pegar a senha para entrar na manhã seguinte e só então voltamos pra pensão. Às 7:00 da manhã de sábado, eu e minha colega, a Gabriela, já estávamos de pé e prontas para ver nossos amorzinhos.

Adorei ver meu amor, estava morrendo de saudade. A gente não se via há três semanas. Ele estava todo bobo, tadinho. É carinhoso, está apaixonado, mas só estou começando a gostar dele agora. Dessa vez, só ficamos eu e ele na cela. Mas, quando tem outras visitas íntimas, eles colocam lençóis dividindo as várias camas. Não dá pra ver nada, a cela é grande. Só não pode é ficar gritando muito. Algumas pessoas não são nada discretas. Entrei às 8:00 e saí por volta de 15:30, pra poder pegar uma senha mais baixa e voltar no dia seguinte. Fui pra pensão. No quarto, estávamos eu, a Mara e a Tina [*colegas da favela que também arrumaram marido de mentira na cadeia*], que dessa vez levou a filhinha dela, a Marcela, de 3 anos, para conhecer o bofe dela. A Tina tingiu meu cabelo com a tinta que roubei. Fiz uma macarronada muito gostosa para levar pra meu amorzinho amanhã. Às 3:00 da manhã de hoje, saímos pra pegar a senha de novo. Peguei a de número 11, e às 7:30 da manhã já estava dentro do presídio novamente. Fiz tanto amor com meu bofinho que até agora está tudo doendo. Antes de sair, ele me deu vários telefones pra falar com os cunhados e poder viajar na semana que vem. Saímos do presídio às 4:00 da tarde e só fui chegar em casa à 1:00 da manhã. Cheguei com fome, comi dois pães com bife e fui dormir. Esse foi o meu final de semana.

Segunda-feira, 22 de setembro de 2003

Acordei às 8:00, arrumei a casa, desfiz a mala. Gabriela veio aqui em casa e me contou um babado. Ela disse que o Juninho, que é casado, largou a outra ficante dele além de mim, pois não gosta de ninguém. Ela acha que ele também não vai ficar comigo. Tenho de cumprir a promessa que fiz a mim mesma de não ficar mais com ele. O problema é que ele é tipo irmão do Ricardo, um dos cunhados do mundo do crime que me dão dinheiro para eu visitar o bofe na cadeia. Ricardo não faz a mínima ideia de que nós temos um caso. Os outros também não podem descobrir. Hoje, Juninho me chamou para ir na casa dele, mas não fui. Ele me disse que uns caras daqui da favela iam fazer uma fita [*um assalto*]. Eu sabia do lance porque um dos meninos me chamou pra ir junto. Não fui, e acabei não levando nada. Eles fizeram o tal assalto e pegaram R$ 100 mil. Agora, estão de boa e com muito dinheiro no bolso. Já é mais de meia-noite, estou cansada. Sinto uma coisa estranha. Vou dormir pra ver se passa.

Terça-feira, 23 de setembro de 2003

Meu dia foi um pouco agitado. Acordei às 7:50, tomei um copo de leite, fumei um cigarro e voltei a dormir. Acordei de novo às 10:00 e fui pra casa de uma colega tentar ligar para os cunhados. Passei a tarde inteira ligando para um monte de celular e não consegui falar com ninguém. A Nina veio em casa, e fomos encontrar o Osvaldo. [*Um caminhoneiro que é cliente da melhor amiga de Milena. Ela marca o programa, acompanha a amiga, fica no caminhão esperando e ganha parte da grana.*] Deu tudo certo. Ele é louco pela Nina e deu uma grana legal pelo programa de hoje, uns R$ 100. Fiquei com R$ 30.

Deu o maior bochicho na favela. Várias coisas aconteceram, mas não estou com pique de escrever hoje. A polícia entrou na favela, mas não levou ninguém. Os moleques saíram para roubar, mas não pegaram nada. À noite, fui no hospital com a Gabriela e a Amélia levar uma colega nossa, a Jussara, que estava vomitando e passando mal. Enquanto ela era atendida, conversamos com uma crente. Foi muito bom conversar com essa senhora, estou me sentindo muito bem. Agora vou dormir.

Quinta-feira, 25 de setembro de 2003

Fui pra ONG, passei pela entrevista, depois fui na casa daquele coroa, o Getúlio. Almocei com ele, fumei um baseado e vim pra casa. Arrumei o barraco e agora estou acabada, mas feliz porque chegou uma carta do meu amor que está preso, o Ricardo. Minha casa está muito bonita. Estão colocando azulejos nas paredes. Ficou da hora.

O barraco em obras vai ganhando dois cômodos extras em uma reforma que se arrasta lentamente ao ritmo de um dinheirinho incerto que nem sempre sobra ao final de cada mês. A pequena cozinha, que mais parece um corredor, leva aos outros quatro cômodos. O quarto maior serve também de sala de visitas. A mãe de Milena prepara o almoço, enquanto na porta da casa o atual e o segundo dos seus dois ex-maridos conversam tranquilamente. Em mutirão, eles ajudam a ampliar o espaço do barraco. Entre filhos, netos e agregados, Marlene abriga 11 pessoas. Dois dos sete irmãos menores de Milena brincam livremente na rua de terra batida, nem sempre se desviando do esgoto que corre a céu aberto. Um deles é louro, de olhos amendoados. O outro é mulato, a mesma tez da mãe. Milena não está em casa e, diante de visitas que perguntam pela filha, a mãe desenrola um novelo de reclamações: "Ela não cria juízo. Tem esse cara na cadeia, que é um homem bom, mas fica atrás desses moleques daqui que não assumem nada." Marlene tem apenas 38 anos, mas a falta de cuidados e o excesso de filhos fazem do seu corpo e do seu rosto o retrato de uma mulher bem mais velha. É gentil e articulada, mas não esconde um jeito prático de comandar a vida. Vangloria-se de saber lidar com todos os seus ex-companheiros e administrar a precária economia doméstica com pensões informais de todos eles. Não trabalha mais. Já foi doméstica, mas optou por cuidar da prole, que não para de crescer. São 23 anos a separar a primeira gestação, aos 15, da última, que já torna sua silhueta mais robusta aos três meses. "Dessa vez, vou tentar ligar as trompas", garante, sem passar muita convicção. Suas duas filhas mais velhas — Milena, a segunda, e Marcela, a primogênita — também engravidaram na adolescência e vão enchendo a casa de Marlene de netos — já são dois, ambos com a mesma idade do irmão menor. Uma escadinha de três crianças com idades por volta de 4 anos, numa diferença que não ultrapassa dois meses.

Sexta-feira, 26 de setembro de 2003

Acordei tarde e fui ao correio. Voltei e vi o Juninho com a filha dele. Adorei ver a filha do meu anjinho. Fui na casa da minha irmã e meu filho estava lá, gostei mais ainda. Mais tarde, fui para o baile *funk*, dancei e tirei fotos dos MCs [mestres de cerimônias]. Vários bofinhos queriam ficar comigo, mas não tive coragem. Também ando sem coragem de ir pra avenida. Conheço muita gente. É muito feio ficar andando por ali. Todo mundo sabe o que você está fazendo. Quando você faz programa, ganha fama de bagulho. Todo mundo te discrimina. Como arranjei um cara preso, ninguém pode saber que continuo me prostituindo. Estou numa linha perigosa. É mais fácil ficar com um marido na cadeia do que com essa molecada que só quer te comer. Penso até em parar de vez de fazer programa. Mas, de vez em quando, estou precisando muito de dinheiro e saio com a Nina. Só que vamos pra bem longe. O problema é que agora os caras são todos safados, só querem pagar mixaria. Então, a gente não faz. Muitas vezes, passamos a noite inteira andando e nada. Os caras só querem dar dinheiro pouco: R$ 10, R$ 20. Começo a xingar, mando eles limpar aquele lugar com esse dinheiro. Xingo mesmo, deixo falando sozinho. Pra transar, cobro no mínimo R$ 50. Sexo oral, não faço mais. É muito nojento. Já fiz muito, mas não vale mais a pena. Comecei a fazer programa quando morava com minha mãe em outra favela. Eu era pequenininha e tinha um velho que enchia a casa de menina. Menina mesmo, tipo criança. Era um cara bem safado, que ficava me seduzindo, passando a mão em mim e chupando meu corpo. No final, dava uns trocados e balinha. Até que um dia, ele tirou minha virgindade. Na hora, eu não queria fazer aquilo, doía muito. Então, ele ficava dizendo que não ia doer mais, enquanto amarrava minhas mãos e meus pés e botava o bagulho na minha boca. Eu tinha uns 12 pra 13 anos, nem tinha namoradinho ainda. Na favela, todo mundo chamava ele de Papa-anjo. Ele gostava de tirar fotos nossas peladas e transava também com as próprias filhas. Depois que mudei daquela favela, nunca mais vi esse cara. Já tentei encontrar ele pra pedir minhas fotos de volta. Tenho medo de que ele coloque minhas fotos nesses bagulhos de internet, filme pornô. A única notícia que tive dele é que está com uma menina de 13 anos que engravidou.

Sábado, 27 de setembro de 2003

Não consegui dinheiro pra viajar. Já fumei vários baseados. São exatamente 22:00, vou dormir.

Domingo, 28 de setembro de 2003

Até agora não aconteceu nada de importante no meu dia. Fiquei vendendo pedra, mas o movimento continua ruim. Dos R$ 200 que os cunhados depositam para eu ir visitar o bofinho na cadeia, não sobram quase nada. Só a passagem de ônibus até lá custa R$ 70, fora pensão, táxi pra ir até o presídio, e ainda tenho que fazer supermercado pra levar comida. No final, fico com uns R$ 50. Às vezes, quando eles mandam o dinheiro, eu não viajo e aproveito pra comprar coisas pra mim e o que está faltando em casa.

Quinta-feira, 2 de outubro de 2003

Acordei cedo, arrumei a casa e fui pra aula de dança. Foi muito legal, dancei muito. Estou tentando arrumar vaga na escola, pois quero voltar a estudar de novo, parei na sexta série. Não tinha a mínima paciência de ficar na sala de aula. Eu era até boa aluna, mas me incomodava ficar parada e a professora só falando, falando. E o pior é que na minha turma só tinha retardado. Se estudasse de verdade mesmo, podia até virar médica. Ia adorar cuidar de feridos. Tenho coragem, não ia amarelar na hora de ver sangue.

Sexta-feira, 3 de outubro de 2003

Estou com muita raiva. Não vou ver o meu amor novamente neste final de semana. Já não sei o que fazer com tanta saudade.

Domingo, 5 de outubro de 2003

Depois que voltei do baile, dei uns beijos no irmão da Nina. Ele beija muito!

Segunda-feira, 6 de outubro de 2003

Recebi recado do meu amor. Tina foi visitar o marido dela na cadeia e me falou que Ricardo está morrendo de saudade de mim e mandou dizer que me ama. Ela me deu outro número de celular pra falar com o Ricardo na cadeia.

Terça-feira, 7 de outubro de 2003

Acordei cedo e fui pra aula de dança. Depois, passei na praia, fumei um baseado e voltei pra casa. Escrevi uma carta para o meu amor e vou dormir melhor hoje.

ELIANE TRINDADE

Quarta-feira, 8 de outubro de 2003

Teve uma festa na favela. Foi legal, mas seria melhor se não tivesse chovido. Não fiquei com ninguém, mas estava cheio de gatinhos. Fumei vários baseados e troquei de roupa três vezes por causa da chuva.

Sexta-feira, 10 de outubro de 2003

Até chorei porque a Tina foi viajar de novo e eu, não. Já estou bem louca com esses cunhados que dizem que vão depositar dinheiro e chega na hora não tem nada no banco. Perdi até a vontade de ir pro baile. Vou dormir!

Sábado, 11 de outubro de 2003

Peguei um sol na laje. Estou ficando toda queimada. Quando for visitar meu amor, ele vai gostar. Já arranjei vários gatinhos no disque-amizade. Vou pra central clandestina e fico horas ligando para esses serviços. Eu me divirto muito conversando com os chuchus. Sou mal-educada, xingo todos. Sinto a raiva deles saindo pelo telefone.

Domingo, 12 de outubro de 2003

Ultimamente, estou me sentindo muito sozinha. Não consigo ficar com ninguém. Sinto falta do meu amorzinho. Sei que ele também está com saudade de mim lá sozinho na cadeia. Estão me chamando para ir pro baile, mas estou sem disposição. Fumei vários baseados, vou dormir. Nem estou conseguindo ficar de pé.

Segunda-feira, 13 de outubro de 2003

Tina trouxe vários números de celular dos cunhados pra mim. Disse que meu amor está bem e com saudade. Acabaram as pedras. Não estou mais vendendo, vou dar um tempo. Também não estou a fim de fazer programa. Decido quando quero. Não rola essa coisa de agenciamento, exploração. Isso é coisa de zona, de mulher velha que virou bagulho. Eu e as minhas amigas somos todas jovens. Nós saímos pra pegar cliente mais na bagunça, quando não temos dinheiro. Também é aquela coisa de não ter trabalho. Outro dia, um cara me prometeu arranjar um serviço como vendedora numa loja, mas até agora nada. Deixei meu telefone e inventei um currículo, pois eu nunca trabalhei. Acho que consigo ser vendedora de loja. Disse que já tinha trabalhado numa padaria e ganhava R$ 250 mais o passe. Por esse salário, largaria a boca.

Terça-feira, 14 de outubro de 2003

O sol está muito bom. Estou indo para a laje pegar um bronze todos os dias. Estou ficando preta. Aposto que Ricardo, meu amorzinho, vai gostar.

Quarta-feira, 15 de outubro de 2003

Liguei para os cunhados e até agora nada. A cada dia que passa, fico com mais raiva. Tem um carinha querendo ficar comigo, mas não estou a fim. Os bofinhos que conheço estão todos vencidos, fora do prazo de qualidade.

Quinta-feira, 16 de outubro de 2003

Fiquei na laje a tarde toda, escutando música e entrando no disque-amizade usando o meu celular. Aprendi a fazer o sistema diretinha, que é um jeito de ligar sem pagar nada. Por incrível que pareça, hoje não fumei maconha nenhuma. Juninho pediu pra eu ficar com ele. Dei um perdido nele [enrolar] e vou dormir.

Sexta-feira, 17 de outubro de 2003

Nem eu nem Tina vamos viajar este final de semana. Estou muito triste. Fui ao enterro do marido de uma colega, que foi assassinado. Foi péssimo, pois lembrei do meu ex, o Adailton. Passei na casa da minha ex-cunhada e vi umas fotos dele. Estou mal, bateu uma saudade imensa. Fui muito apaixonada por esse moleque, mas mataram ele. Adailton namorava minha irmã. Quando desmancharam, ele começou a namorar comigo. Adailton era trabalhador, mas acabou entrando para o tráfico de drogas. Logo, fez um monte de tatuagem. Eu estava grávida de outro, mas ele me chamou para morar com ele mesmo assim. No início, ficamos na casa da avó dele. Não deu certo, então ele construiu uma casa rapidinho e fomos morar juntos. O problema era que ele tinha um monte de mulher na rua. O safado me deixava sozinha em casa. Pra completar, começou nessa vida de vender droga e era aquela coisa de um matar o outro. Matavam gente pra caralho. Ele morreu numa dessas. Tinha 17 anos. Foi em março de 2001, um mês depois do aniversário de 1 ano do meu filho. Adailton foi muito importante na minha vida. Foi com ele que comecei a sentir prazer numa transa. Foi o meu primeiro namorado sério. Antes dele, namorei um outro menino, mas não tivemos relações. A morte do Adailton me deixou muito revoltada. Foi quando comecei a roubar.

Sábado, 18 de outubro de 2003

Fui pra praia e pela primeira vez depois que tive filho fiquei de biquíni. Como engordei uns 15kg na gravidez, apareceram umas estrias na minha bunda. Meu corpo é da hora, mas não gosto dessas marcas. Estou bem queimada, o que disfarça as estrias. Comi um doce muito gostoso que uma mulher passou vendendo. Gostei tanto que pedi o número do telefone da vendedora, mas ela disse que tinha esquecido e estaria amanhã no mesmo lugar.

Domingo, 19 de outubro de 2003

Fui pra praia novamente, e a vaca da vendedora de doce não apareceu. Fiquei a tarde toda, e nada da mulher. Estava com o Juninho, e logo chegaram uns moleques. Um cara olhou pra mim, e o meu anjinho ficou com raiva e deu vários caldinhos nele. À noite, fumei vários baseados. Todo mundo foi pro baile, menos eu. Comecei a ir para baile com 14 anos. No começo, não fazia programa, ia mais pra zoar. Zoava com as prostitutas, fumava maconha. Depois de um tempo, comecei a fazer programa, via que dava dinheiro. Ficava fazendo programa a noite inteira. De manhã, nem voltava pra casa, ia direto comprar roupa. Antigamente dava uma grana boa. Só que eu era burra, gastava tudo em festa e roupa. Ganhava R$ 300, R$ 400 numa noite. Isso durou dos meus 14, 15 anos até uns 17 anos. Quando se é mais jovem, não se quer saber de nada. Você acaba gostando daquilo, de ficar toda madrugada na zona, ganhar muito dinheiro e comprar coisas e mais coisas. Naquela época, não escolhia cliente, pegava quem pagava melhor. Já fiquei com muito cara que não quer pagar, por isso hoje saio sempre com uma amiga e pego dinheiro adiantado. Outro dia, um cara levou a mim e a uma colega para o motel e deu R$ 10 pra cada uma só pra olhar pro nosso pé e ficar batendo punheta. Nós ficamos com o pé pra cima e ele lá, doidão. Ganhamos uma graninha brincando. Só tem louco. Com moleque, a gente transa porque está com tesão. Com esses velhos, é pra arranjar dinheiro. Não suporto sentir aquela coisa velha em cima de mim. Enquanto eles estão lá se matando, viro a cara e fico falando:

— Vai logo, vai logo!

Nunca é bom. Depois que fiquei mais velha, só transo com camisinha. Mas não faço sexo oral, nem com camisinha. Não gosto de chupar ninguém. Principalmente aqueles pintos fedidos. Não faço nem com "meu marido" na cadeia. Muitas vezes, os coroas vêm com ideia de transar sem camisinha, mas corto logo. Saio do carro na hora. Geralmente, transo em motel ou no carro mesmo. Mas já fui em muita mansão. Tinha um japonês com dinheiro pra caralho e que morava numa casona linda, perto da praia. Já fui também em hotel chique. Quando era mais pequenininha, ia para os hotéis com as meninas só pra roubar os caras. Entrava no porta-malas, mas os caras não me pegavam porque eu era muito magrinha. Enquanto minhas amigas transavam, ficava brincando na banheira de hidromassagem. Mas sempre tinha um papa-anjo que ficava passando a mão em mim. Eu deixava, mas recebia algum também.

Segunda-feira, 20 de outubro de 2003

Escrevi uma carta muito bonita para o meu amor, o Juninho. Vai chegar na quinta-feira, espero que ele goste. Chegou uma carta pra mim, com o papel daquele bagulho da Bolsa-Escola [*programa governamental de transferência de renda para famílias carentes que mantenham seus filhos na escola*]. Fui hoje mesmo atrás e, daqui a 15 dias, vou voltar pra saber quanto vou receber. Acho que vou ganhar uns R$ 50 por mês. Com esse dinheiro, vou poder comprar coisas para meu filho e ajudar lá em casa. É mais para a cesta básica, pra comprar leite, mas ajuda. Nunca recebi nada do governo. Eu já estava tentando entrar nesse bagulho desde o começo do ano. Fiz o cadastro em fevereiro. Como minha mãe não podia mais entrar nesse novo programa, porque já recebe R$ 30 do Bolsa-Escola por dois dos meus irmãos menores que estudam, então fui na vaga dela e vou receber pelo meu filho. Lá em casa tem um monte de menino. Minha mãe tem 38 anos e teve filho com três maridos. Filhas do meu pai somos somente eu e minha irmã mais velha, que tem 21 anos. Ela teve mais quatro filhos com o segundo marido. Agora, está com esse meu padrasto há oito anos e eles tiveram mais dois filhos e ela está grávida do terceiro dele. Eu, minha mãe e minha irmã mais velha ficamos grávidas todas ao mesmo tempo. Não tenho muito contato com meu pai. Ele tem 42 anos, trabalha como taxista, casou de novo e teve outros três filhos.

Continuo vendendo pedra e não tenho feito programa. Não estou conseguindo mais ficar com ninguém, nem vou mais para os bailes *funk*. Agora, estou ficando uma menina decente. Mas continuo fumando maconha. Hoje à noite, nossa turma estava na favela fumando quando chegou um bofinho dizendo que os vermes [*policiais*] estavam invadindo. Estava sem sono, mas fui dormir rapidinho.

Quinta-feira, 23 de outubro de 2003

Meu dia começou péssimo. Logo que acordei, bati minha cabeça no cano da bicicleta, que estava encostada na minha cama. Quando fui tomar café, já tinham comido todo o pão. Fui na casa da minha irmã e ela veio me dizer que está sonhando toda noite com o finado

Adailton, que é também meu ex. Fiquei de cabeça quente, voltei pra casa e enrolei um baseado e comecei a ler um livro legal, *Eu, Christiane F., 13 anos, drogada, prostituída*... Um colega me emprestou, ainda estou no meio, mas ela viveu uns bagulhos pesados, tipo os meus.

 Gabriela, minha vizinha, fez a minha unha e ficou muito bonita, cheia de florzinhas. Logo depois, a Nina chegou e fomos pra dança. Chegando na ONG, fomos filmadas. Adorei. O curso está sendo da hora. Mas é muito difícil aprender os passos, tem que treinar em casa. A professora dança pra caramba. É muito lindo, mas também são anos e anos praticando. Nós começamos agora, vai demorar, mas vou chegar lá. São duas aulas por semana. Até hoje só faltei uma vez. Hoje, foi o dia que mais dancei. As lacraias ficaram todas recalcadas. Depois, ainda passamos na ONG e fomos filmadas novamente. Dessa vez, falando sobre tudo de bom que a gente faz lá. O Vicente [*psicólogo, responsável pela ONG*] é um cara que já me ajudou muito e sempre esteve do meu lado quando a barra pesou. Depois das atividades na ONG, cada uma foi pra sua casa e agora vou lavar louça, pois minha mãe está falando um monte. Eu me dou bem com ela, mas não gosto do meu padrasto. Ele é mais novo que minha mãe, tem 34 anos. É faxineiro e coloca dinheiro em casa, mas já deu uma facada nela no meio de uma briga, quando a gente morava na outra favela. Minha mãe quase morreu, mas continua com ele até hoje. Ela não deixa faltar comida em casa. Faz bolo e doce pra vender.

 Minha mãe vive mandando eu parar de vender droga, mas tenho contas pra pagar. Tirei fotos do meu filho para pôr em um quadro na parede e tenho três prestações de R$ 21. Comprei também um perfume. Disse pra ela que tinha parado de fazer programa. Ela não aceita esses bagulhos. As coisas que compro com dinheiro de prostituição, ela joga fora. Os bagulhos que roubo também. Eu apanhava pra caramba. Ela gostava de me bater com uma planta conhecida como espada-de-são-jorge. Não adiantou nada. Minha mãe não tinha muito tempo para os filhos. Coitada, trabalhava muito para sustentar a gente. Fiquei solta muito tempo, e desde criança comecei errado. E assim foi indo.

Sexta-feira, 24 de outubro de 2003

Dei banho no Alisson para levar ele pra casa do pai. Meu filho mora comigo, mas no final de semana deixo com o Goiano, que mora em outro bairro. Lá também era favela, mas agora está tudo asfaltado. Ele tem uns 40 anos, e cuida direitinho dele. Alisson fica melhor com ele do que comigo. Ele é viúvo e tem um filho grande. Comecei a sair com o Goiano porque ele é dono de um bar e me deixava pegar coisas lá. Fiquei grávida nessa época em coisa de programa, mas não tenho certeza de que ele é o pai. Vários moleques com quem fiquei falam que são o pai do meu filho. Alisson nem se parece com ele. É loirinho, bem branquinho e tem o olho claro. Mas, como ele é o melhor pai, o que tem mais condições, então ele é o pai. Mas não coloca dinheiro na minha mão, porque diz que gasto tudo. E gasto mesmo. Ele não paga pensão, mas ajuda minha mãe. Compra comida e roupa pra Alisson. Os dois se amam. É ótimo pai. Já tentamos viver um tempo juntos, mas não deu certo. Ele saía pro serviço e me deixava trancada em casa. Fui embora para a casa da minha mãe e hoje a gente nem troca mais ideia, mas sei que ele vai dar um futuro digno para meu filho. Ele vai poder estudar e já tem uma casona superbonita, que vai herdar quando o pai morrer. Por isso, não quero desfazer esse pai dele. Daqui a pouco, ele vai fazer 4 anos, e vejo um futuro bem diferente do meu. Mas quero que ele saiba de tudo que aprontei. Para ele não enfrentar os mesmos obstáculos. Foram muitos.

ELIANE TRINDADE

Sábado, 25 de outubro de 2003

Ontem à tarde, corri atrás de dinheiro para ver meu amorzinho. Dei vários telefonemas, usando meu celular mesmo. Agora ficou mais difícil ligar, porque a central da Josilene caiu. A polícia descobriu, deu uma batida na casa dela e por pouco ela não foi presa. Às 8:00 da noite, saí de casa pra pegar o ônibus para o presídio. Quando eram 4:00 da manhã, ficamos paradas umas duas horas na estrada por causa de um pneu furado. Pegamos outro ônibus e chegamos bem tarde na cadeia. Fiquei muito feliz ao ver o meu amor. Só saí às 15:30 e passei o resto da tarde batendo perna pela cidade. Fomos ao mercado comprar várias coisas que os bofinhos estão precisando. Agora, são exatamente 8:26 da noite. E daqui a pouco vamos fazer comida assim que a cozinha da pensão estiver mais desocupada. Soube por um bofão que uma mina vai entrar com celular na cadeia e até hoje ninguém conseguiu entrar com celular nesse presídio. Agora, eles estão numa penitenciária de segurança máxima. Vamos esperar até amanhã pra ver no que vai dar. Já é meia-noite, fiz a comida, vou dormir um pouco. Estou muito cansada e às 3:00 da manhã tenho que estar na porta da cadeia pra pegar a senha.

Domingo, 26 de outubro de 2003

Entrei na cadeia às 10:00. Tina e o marido foram almoçar no nosso raio [*cela*]. Depois, eles foram pra cela deles. A menina conseguiu entrar com o celular, mas não adiantou nada. O bloqueador funciona. Meu bofinho deu uma saída do *raio* e, como sempre faço, comecei a mexer nas coisas deles. Encontrei uma foto de umas galinhas. Quando ele voltou, começamos a discutir. Ele jurou que as fotos não eram dele, até chorou. Fingi que acreditei, mas sei que mentiu. Estava quase entrando na dele e Ricardo me apronta essa. Fiquei muito magoada. Eu e Tina fomos as últimas a sair da cadeia. Pegamos o ônibus e estamos na estrada. Agora, são 21:15. Estou escrevendo enquanto espero a troca do pneu do ônibus, que furou novamente. Estamos parados há meia hora. Enrolei um baseado e fui fumar na quebrada. Como sempre, deu bochicho. Nem liguei, pois estava mais preocupada com o que meu bofinho fez comigo. Chegamos à estação de metrô morrendo de preocupação de não encontrar mais lotação, pois já eram 23:30. Tina está roendo as unhas, a Mara, tirando um cochilo, e eu, morrendo de calor, pois estou com uma blusa que cobre até o pescoço. Detalhe: estou sentindo que amo o bofinho. Chegamos na parada meia-noite, um cara falou que ia nos levar, mas quando viu a gente fumando maconha entrou em choque e acabou caindo fora. Conseguimos outra lotação, mas só chegamos na favela à 1:30 da madrugada. Quando estava quase entrando em casa, vi os vermes na esquina. Eles pararam a mim e ao moleque que estava me ajudando a carregar a mala. Nos revistaram e mandaram a gente ir embora. Fiquei sabendo que o Juninho terminou com a namorada. Deu um chute na bunda dela e mandou sair andando. Acho que esse bofe é louco e alguma coisa ele está aprontando.

Segunda-feira, 27 de outubro de 2003

Acordei muito tarde e estou com o corpo todo quebrado. Fiquei o dia e a noite inteira em casa. Não saí pra rua nem pra fumar um baseado de tão cansada.

Terça-feira, 28 de outubro de 2003

Acordei às 10:00, arrumei a casa e fiz o que tinha que ser feito. Logo depois a Nina chegou pra gente ir pra dança. Não fui, porque não tinha condições de andar. O bofinho acabou comigo. Fumei um baseado na esquina com a Nina e ela foi sozinha para a aula de dança.

Quinta-feira, 30 de outubro de 2003

Acordei cedo, estava arrumando a casa, quando a Gabriela chegou me chamando para fazer as bolsas de maconha. Separamos o bagulho e fizemos R$ 1 mil de bolsa. À tarde, fumei uma bombona com as meninas. Caiu um depósito de R$ 100 na minha conta para eu ir visitar meu bofinho.

Sexta-feira, 31 de outubro de 2003

Saí com uma turma para o baile *funk* que mais gosto, mas estava muito chato. Chegamos às 2:30 da manhã. Além de vazio, tinha umas frangas de fora dançando. Por volta das 4:30, eu, Leda e Rogerinho, um colega meu que é traficante, fomos para outro baile. No caminho fomos enquadrados pela polícia. Mandaram a gente descer do táxi, todos na maior farra. Ficaram nos segurando um bom tempo. Deixaram a gente ir embora porque não acharam nenhum bagulho. Pegamos outro táxi, mas logo em frente o carro bateu. Ainda bem que ninguém se machucou. Quando chegamos no outro baile, já tinha acabado. O Juninho estava lá e voltou com a gente. Chegando na favela, eu estava indo embora quando ele veio atrás de mim. Uma tentação. Fui pra casa dele e ficamos juntos. Transamos e foi muito bom.

Sábado, 1º de novembro de 2003

O Dida, um garoto com quem eu fico de vez em quando, me chamou pra gente ir numa praia mais distante com uma galera. Saímos da favela às 20:30. Fomos em quatro homens e três mulheres. Passamos no posto para encher o tanque de gasolina, mas não quiseram aceitar o cheque. A mulher de um dos caras pagou. Incrível, mas rolou outra batida de carro comigo em menos de 24 horas. Machuquei o braço e comecei a passar mal. Quis vir embora. Antes, paramos em um rodízio de pizza. Fui direto para o banheiro vomitar. Quase desmaiei e não consegui comer nada. Na hora de pagar, ficaram com medo porque o cheque não valia nada. Mas o Dida conseguiu passar o cheque frio. Os outros desistiram do programa, mas nós dois decidimos ir para a praia. Chegando lá, não conseguimos vaga em nenhum hotel. Dormimos no carro, o da batida mesmo, que não sofreu muito dano.

Domingo, 2 de novembro de 2003

Logo que acordamos, eu e o Dida tomamos café na padaria e fomos procurar vaga em um hotel. Encontramos um lindo. Jamais tinha ido como hóspede em um lugar tão chique. Só fui em hotel de luxo em coisa de programa. Logo que chegamos no quarto, tomamos banho de banheira. O hotel tinha piscina, hidromassagem, sala de fazer ginástica... Depois fomos passear nas lojas, compramos algumas coisas e voltamos para o hotel. Almoçamos e voltamos para o quarto. À tarde, fomos embora. Estava morrendo de medo na hora de pagar a conta. Mas, graças a Deus, deu tudo certo. Passamos um cheque que o Dida tinha roubado no valor de R$ 500 e poucos.

ELIANE TRINDADE

Segunda-feira, 3 de novembro de 2003

Acordei com muita dor de ouvido. Vou para a boca. A Gabriela está esperando quarenta quilos de maconha. O Rogerinho também foi buscar um quilo de pedra.

Sexta-feira, 28 de novembro de 2003

Já faz tempo que não escrevo e hoje me deu vontade de escrever. Não sei nem por onde começar. Estou louca para ficar com o Juninho pra valer. Não consigo tirar ele da minha cabeça. Mas é uma história impossível, por causa do Ricardo. Se ele por acaso souber dos meus pensamentos, arranca minha cabeça. Às vezes, fico morrendo de ciúmes do Juninho, me dá vontade de dar vários tapas na cara dele. Sofro ao ver ele com outras. Sinto que ele também gosta de mim, mas nosso relacionamento não pode ser. Apesar de todas as minhas confusões amorosas, vou levando a vida. Já faz três semanas que não vou para o presídio. Não é por falta de vontade, mas de dinheiro. Ricardo também tem um cantinho no meu coração, me preocupo muito com ele. Sei que deve estar enlouquecendo de tanta saudade. Espero que ganhe logo a liberdade, pois já não estou aguentando mais esse sofrimento. Às vezes, penso em desistir desse amor. Digo que ele é meu amor também, porque comecei a ter carinho por ele e não tenho coragem de deixá-lo, sabendo que ele vai sofrer.

Milena é desbragadamente romântica e movida a paixões. Gasta muita tinta e papel em poemas que falam de um profundo desejo de ser amada. É capaz de gestos nobres e de se sacrificar por um namorado, mas também sabe ser fria. Encara a relação com um marido arranjado como uma história de amor. Narra seus pecados e dores de uma forma quase impessoal. Nunca julga os próprios atos. Tem uma postura segura, de líder, de quem sabe exatamente o que quer. Mede cada passo, sabe os riscos que corre. Faz apostas arriscadas. Mesmo se julgando tão safa, vive aprisionada numa vida miserável, condenada a ser refém de um amor bandido. Mas é inteligente e dissimula bem. Seus lindos olhos de gata — de um tom de mel claro — sabem ser gelados. Seu meio-sorriso diz muito. É sapeca, é sarcástica, é sagaz. Sabe contar histórias, é detalhista. Dá valor a amizades, anda rodeada de manos, é popular na favela. Desperta desejos e medo. É esperta, no melhor e no pior sentido da palavra. Tem a sabedoria, a manha e uma escala de valores de quem cresceu no lado selvagem da vida.

Segunda-feira, 1º de dezembro de 2003

Acordei às 8:00 para levar Alisson ao médico. Nesse final de semana, fui a todos os bailes. Fui ao cemitério acender vela para o Adailton, meu grande amor. Outra coisa que não posso esquecer de contar: telefonei para os cunhados pedindo dinheiro pra ver meu amorzinho na cadeia. Falaram que iam depositar e na hora não depositaram. Fiquei muito triste. Soube que uns caras foram de bonde para o anexo [*presos que foram punidos e transferidos para um setor do presídio onde perdem o direito às visitas íntimas*]. Meu coração disparou e liguei imediatamente para saber se meu amor tinha entrado nessa fria. Graças a Deus, ele não se ferrou. Mas uma das minhas colegas da favela ficou arrasada porque o marido dela aprontou na cadeia e eles não vão poder mais se ver. Ela está sofrendo muito e não para de chorar.

Também tenho outras preocupações com o meu amor daqui de fora. Juninho está com uns pensamentos errados. Quer se mudar e eu não consigo suportar a ideia de ficar longe dele. Dói na alma quando imagino que algo de ruim vai acontecer com ele. Não suportaria perder Juninho para a morte. Do jeito que ele vem levando a própria vida, a única certeza é que alguém vai fazer mal a ele. Sinto também que nunca iremos ser felizes juntos. Ele não é capaz de ficar com uma mulher só. Às vezes, me dá vontade de bater muito nele. Penso em fazer macumba para o pinto dele não levantar com nenhuma outra mulher, só comigo.

Terça-feira, 2 de dezembro de 2003

Estou tomando conta do Nicolas, filho da Gabriela. Ele tem 3 anos, é lindo e muito terrível. Amanheci com saudade do Ricardo, meu outro amor. Meu coração está despedaçado e minha alma, cansada de sofrer. Amo somente pessoas erradas. Mas, apesar de tudo, estou firme e forte, levando a vida do jeito que posso. Uma das coisas que mais me incomodam é a falta de carinho. O que adianta a boniteza, pois, hoje em dia, os homens não querem namorar e muito menos casar. Só pensam em ficar com as meninas e, depois que comem, saem falando: "Caralho, moleque, ela é a maior galinha." Eles comem qualquer uma, não usam camisinha. Estou revoltada com os homens, vamos falar de outra coisa.

Pensamentos

"Pensar em você é tudo o que mais faço. Cada passo que você dá, você nem deve saber, mas eu te vigio. Observo cada segundo seu, sinto seu cheiro, te sinto no meu corpo, sua boca beijando a minha. Daria tudo o que tenho para estar fazendo amor com você agora."

Música: *Gata da praia*
Autora: Milena

Andando pela praia, eu me lembro dos momentos que contigo ao lado fazia juramentos.
Eu sonhava no futuro te trazer felicidade, mas ia me esquecendo da cruel realidade.
Realidade que vivemos.
Nada deu certo. Agora, eu errei. Agora, eu conserto.
Eu sou a MC Milena, vim aqui pra te dizer: minha paixão é muito grande, não consigo te esquecer.
Quando estou em casa, fico só pensando onde está você, com quem está andando.
O destino afastou você da minha vida, hoje só tenho sua foto.
Ela jamais será esquecida. Mas um certo dia, eu pude ver você com uma mina ao lado, tentando se esconder.
Fiquei triste, percebi que acabou.
Com uma lágrima caindo, eu percebi o que é o amor.
Depois daquele dia já basta. Foi fatal. Juro que um dia vou ter você do meu lado.
Sou da favela, estou mandando meu recado.
Tá lindo, gato, você se afastou.
Hoje só tenho sua foto. Foi tudo que restou.
Tá lindo gato, você é minha paixão.
Hoje tenho uma coisa e essa coisa é solidão. Fim

Sábado, 6 de dezembro de 2003

Estou muito mal. Meu coração está apertado. Ontem, estava com o Dida, que é um amigão, mas em quem dou uns beijos de vez em quando. Ele me chamou para fazer uma fita, mas até ali eu estava de chapéu, sem saber de nada. Chegando lá, a cena era numa outra favela muito perigosa. Desistimos do assalto na hora, fomos para o baile. De madrugada, acabamos em um hotel e até que foi legal. No quarto, dava para escutar CD. Fiquei dançando e me olhando no espelho parecendo uma doida. Transamos e só fomos embora ao meio-dia. Cheguei em casa e fui arrumar as coisas, peguei o rádio na cozinha e levei pra sala pra escutar *funk*. Meu irmão ficou enchendo meu saco, queria escutar forró. Discutimos e, para não quebrar o rádio na cabeça dele, quebrei no chão. Escutei muito e por horas. O que mais me deixou mal foi minha mãe falar que a porra do rádio vale mais do que eu. Para não discutir, chorei. Até agora, só de pensar nisso, choro de novo. O Dida vai sair pra fazer outra cena — um roubo noutra favela. Espero que dê tudo certo.

Uma coisa que está me deixando supermal é a falta que o Ricardo está me fazendo, apesar de o Juninho continuar mexendo com meus pensamentos. Quando ele chega perto de mim, meu coração dispara, meu sangue ferve e a vontade que me dá é de correr para seus braços, de dar um forte abraço e muitos beijos. Não sei o que vai acontecer, só sei que não estou aguentando mais esta situação.

Quinta-feira, 11 de dezembro de 2003

Nem sei por onde começar. Tenho muito bafões [*fatos da pesada*] para contar. A primeira coisa prova que Deus é muito bom e está presente em nossas vidas. No momento em que tudo aconteceu, eu não estava na favela. Eu e a Nina chegamos por volta das 21:00 em casa. Assim que coloquei o pé na favela, fiquei sabendo que o Juninho tinha levado uns tiros. Foi um choque, saí correndo. Como minha mãe detesta ele, começou a gritar comigo e disse que ia dar na minha cara se eu continuasse falando o nome do Juninho. Ela diz que prefere me ver morta do que ficar com um bandido como ele. Saí de casa com a cabeça quente e fui falar com o pessoal na esquina. O bagulho foi o seguinte: o Juninho, o Dino e o Rogerinho foram roubar uma moto. Só que a moto era de um policial. Quando tentavam subir na moto, levaram um monte de tiro. Acertaram a espinha do Rogerinho, que caiu lá mesmo. Ele foi pego pelos vermes e levado para o hospital, onde morreu. Tinha 20 anos. Meu anjinho também foi baleado, mas conseguiu fugir. Assim que terminei de ouvir isso, peguei uma lotação e corri para a casa dele. Fui rezando e pedindo a Deus que não levasse ele. Chegando lá, Juninho estava mal, perdendo muito sangue. Levou três tiros: dois no braço e um na perna. Entrei em desespero. Ele estava sentindo muita dor, mas não queria ir para o hospital, pois seria preso. Acabamos indo para o hospital na cidade vizinha. Chegando lá, ele foi atendido. Uma das balas estourou no braço, ficou horrível. Nós combinamos uma história pra contar pra polícia. Inventamos que ele tinha vindo há pouco tempo do Norte, era meu namorado e morava com um primo. Justificamos os tiros dizendo que a gente estava na praia e um garoto de moto passou e mexeu comigo. Quando ele foi tirar satisfação com o moleque, levou os tiros.

 De madrugada, os policiais foram ao hospital e já chegaram dizendo que foi ele quem roubou a moto. Ficamos debatendo várias horas. Eles me levaram para a praia e queriam saber onde tinha ocorrido o tiroteio e se tinha sangue pelo chão. Fiquei andando pela areia com os policiais fingindo procurar as marcas de sangue. Claro que não achei nada, mas continuei firme na nossa história. Queriam que eu confessasse que tinha sido ele o assaltante da moto. Os policiais também tinham levado a irmã e o primo do Dino e feito as mesmas perguntas, mas não tiraram nada. Por volta das 6:00 da manhã, assinei a internação do Juninho, que tinha recebido os primeiros socorros na emergência. Quando os policiais foram embora para a troca de plantão, ligamos para o Dida nos buscar. Combinamos tudo e sequestramos o Juninho do hospital, com medo de que ele fosse preso. Levamos meu anjinho para uma toca [*esconderijo seguro*].

Sábado, 13 de dezembro de 2003

Estou muito mal, sem saber o que fazer e sentindo muito raiva. Ontem, vieram três companheiros do Juninho, que são também da turma do Ricardo, e levaram meu anjinho para outro esconderijo. A franga da mulher dele foi junto. Ela é uma safada e, claro, vai me tirar da jogada. Se ela precisar de mim, está fodida. Nunca mais vou falar com ela. O *irmão* que ficou de me levar até Juninho já inventou uma desculpa. Tenho certeza de que não vai rolar.

Quarta-feira, 17 de dezembro de 2003

Depois de tudo o que aconteceu, não consigo acreditar que Juninho voltou com a mulher e me esqueceu. E olha que ontem ainda fui buscar as roupas dele, pois ele não podia voltar no lugar da primeira toca porque um tempo atrás matou um cara por lá. Cheguei em casa às 5:00 da manhã. Fui dormir, acordei às 11:00. Fui na feira e acabei de arrumar a casa. Só de pensar que ele está com aquela vaca, fico triste. Agora tenho certeza de que ele realmente não gosta de mim. Ele já está bem melhor, graças a Deus. Queria tirar esse cara do meu coração, mas o que sinto é maior do que tudo que vi e não consigo lutar contra esse sentimento.

Acho que esta semana vou viajar pra ver o Ricardo na cadeia. Tenho muita vontade de sair fora dessa, mas não é possível. Já me falaram que ele fez um tanto de coisa horrível. Ele deve ganhar a liberdade,

AS MENINAS DA ESQUINA

depois de nove anos, em março de 2004. Ricardo quer ir morar em São Paulo e disse que vai comprar uma casa pra gente. Vou ver como é que vai ser. Se ele começar com a safadeza de ficar comigo e com outras, já falei que vai ser só uma vez. Seria um bom motivo para me livrar dessa história. Minha vida vai ser um inferno. Sabe o que ele já falou pra mim? Escuta só:

— Quando eu sair da cadeia, vou te deixar bem gatona. Você vai na frente e eu vou atrás. Aí, eu mato quem mexer contigo.

Olha a ideia do cara. É louco e o pior é que estava falando sério. Queria passar uma borracha na minha vida e esquecer todos os momentos ruins.

Quinta-feira, 18 de dezembro de 2003

Agora são exatamente 12:30. Minha mãe está fazendo almoço. Meus irmãos estão aqui na sala, um zoando com o outro. Ainda não comprei minha roupa de Natal. Meu anjinho virou diabinho. Juninho está descontrolando a minha cabeça. Meu coração está destruído. Gostaria de saber realmente o que é o amor, para entender o coração dele e saber se ali existe um pouquinho de mim. Não importa se existem várias em sua vida. O importante para mim é saber que fui a única que marcou a sua vida. O começo de tudo foi inesquecível. Todos os momentos que tivemos juntos estão dentro do meu coração. Nem o tempo é capaz de apagar o nosso louco amor.

Quinta-feira, 25 de dezembro de 2003

É Natal, estou em casa sentada na minha cama. Meu Natal está sendo bom, estou com saúde e com a minha família. Tive alguns problemas este ano, mas resolvi quase todos, só não consegui grana para comprar roupa nova. Ganhei uma saia da Nina, que morou de favor um tempo aqui em casa. Estou também com um tamanco novo que roubei na cidade. Silvana, uma vizinha que tem um monte de roupa que ganha do marido, me emprestou uma blusa. Fui ver Alisson na casa do Goiano, mas não achei ninguém. Cheguei em casa com muita fome. Passei primeiro na Gabriela, comi por lá e depois comi em casa de novo. Comi e dormi. Estou triste porque não vou viajar para ver o meu bofinho na cadeia este final de semana. Outra coisa que me deixa mal é que o anjinho também não me deu Feliz Natal.

Domingo, 28 de dezembro de 2003

Estou muito preocupada com o Juninho, pois seu braço está inflamado e ele é tão idiota que bebeu no Natal. Na sexta-feira, fui ao baile, e foi uma merda. Só vinha a imagem do Rogerinho, o nosso amigo que foi morto no assalto à moto, na minha cabeça. Não me entra na cabeça que ele faleceu. A favela ficou muito triste sem ele. Fiquei ainda pior com a morte dele porque não pude ir ao enterro me despedir. Justo no dia, tive que viajar para o presídio. Outra coisa que fiquei sabendo é que sequestraram quatro crianças esta semana.

Quinta-feira, 1º de janeiro de 2004

Entramos em 2004. Hoje é um dia muito especial. Desejo Feliz Ano-Novo pra você, meu diário. Estou muito feliz porque meu pai passou o fim de ano com a nossa família. Ninguém lá em casa gosta muito dele, mas a gente tem que aguentar. Afinal, ele é meu pai e de vez em quando ajuda com algum dinheiro. Minha mãe não perdoa ele. Na época que os dois viviam juntos, ele era viciado em jogo e vendeu a casa com todos nós dentro. Apesar de tudo, estou feliz. Ontem à noite, eu e a minha vizinha Silvana fomos para a praia, levamos uma garrafa de champanhe e um baseado. A queima de fogos foi muito linda. Desejei liberdade, saúde, paz e muito amor no coração para todos. Vimos uma menina só de calcinha e com os peitos de fora igual uma louca no meio de todo mundo. Fumei meu baseado e depois fui embora. Quando fomos pegar a lotação, não tinha lugar. Voltamos andando e no caminho encontrei meus irmãos. Chegando na favela, fui pra casa da Silvana. Fiquei um tempo lá, comi e dancei um pouco. Juninho pediu para meu irmão me chamar, mas o moleque não veio. Não ficamos juntos, mas nos encontramos na rua e ele estava lindo. Até se enroscou no meu pescoço. Senti um arrepio diferente. Não posso sentir esse barato estranho, pois sei que jamais serei feliz com ele. Quando penso que estou começando a esquecer, ele volta e deixa meu coração ficar descontrolado. Estou sentindo uma vontade louca de beijar, abraçar e fazer bastante amor com ele. Mas só vou ficar na vontade. Amanhã, acho que vou viajar. Tenho saudades do Ricardo e queria ficar do lado dele nesse começo de ano. Ele está muito triste, precisando muito de mim na cadeia. Vou fazer de tudo para poder amar o bofinho, colocar ele no meu coração. Mas hoje meu coração está batendo muito forte, desejando profundamente ficar com o Juninho. Se acontecer, fique despreocupado, meu diário, virei correndo contar.

 Juninho me chamou pra ir para a casa dele. Chegando lá, eu arrumei a cama e ele começou a tirar a roupa e falou que queria fazer amor comigo. Quebrou a cara, pois estou menstruada. Ele queria porque queria transar, eu também estava com uma vontade imensa, mas não deu. Ficamos deitados, e ele falou que, se eu não fosse mulher de um irmão como o Ricardo, ele iria se casar comigo. Disse também que gostava muito de mim e até jurou por Deus que me amava e que morria de ciúmes de mim. A minha cabeça ficou confusa, sem saber o que pensar. Deixei ele lá dormindo e daqui a pouco vou voltar pra ficar do ladinho dele. Vou fazer muitos carinhos e beijar todo o seu rostinho.

Quinta-feira, 1º de janeiro de 2004 (segunda parte)

Quando voltei para a casa do Juninho, ele ainda estava dormindo. Deitei do seu lado e fiquei viajando nele. Cheguei até a dormir. Depois de um tempo, ele acordou e deitou com a cabeça no meu colo. Parecia um sonho. Ele ainda está com o braço machucado, não dá para mexer muito. Ajudei ele a colocar a camisa, a bermuda e até o tênis. Quando ele estava sentando, me puxou e me deu um abraço bem gostoso. Ficamos um tempão abraçados. Estou muito feliz, fico até dando risada sozinha. Boa-noite, meu querido diário.

Sábado, 3 de janeiro de 2004

Ontem, eu ia viajar, me arrumei, fui para a entrada da favela esperar a lotação. Lena ia me entregar o dinheiro na penitenciária, mas eu não tinha grana nem pra chegar na metade do caminho. Passei no coroa de uma amiga minha com quem já transei e ele me deu R$ 15. Voltei pra casa, me arrumei e fiquei lá na frente plantada, esperando uma lotação. Até passou uma, mas contei pra todo mundo que a lotação tinha quebrado. Só você, diário, sabe que a lotação não quebrou.

À noite, fui pro baile com a Silvana e a Madalena. Até que foi legal, deu pra curtir. No baile, encontramos a mulher do finado Rogerinho. Todo mundo está achando que ela está errada e não teve consideração nenhuma por ele. Quando o baile acabou viemos pra casa. Lá pelas 4:00 da madrugada. Levantei no começo da tarde, arrumei a casa e fiquei de boa. À tardezinha, fui na casa do meu anjinho. Juninho e eu ficamos um tempão conversando e quando fui perceber já havia acontecido. Fiz amor com ele, matei toda minha saudade e estou muito feliz.

Domingo, 4 de janeiro de 2004

Dormi a tarde inteira. Já fumei vários baseados e agora vou tomar um banho. Meu dia começou agitado. Como sou muito louca, dormi com o Juninho e acabei ouvindo um monte da minha mãe. À noite, fui ao baile com a Lena e a Silvana. O marido da Silvana estava muito louco e queria bater de qualquer jeito na Lena. Fora isso, uma mina também tomou um tapa na cara de um bofinho e quando estávamos indo embora outro bofinho bateu a moto no nosso carro. Viemos embora, cada um foi pra sua casa e eu fui pra casa do Juninho. Fizemos amor até amanhecer e depois dormimos bem agarradinhos.

Esqueci de contar uma coisa. Só agora vou passar a receber o bagulho do Bolsa-Escola. O primeiro pagamento sai esse mês. São somente R$ 15. Peguei o cartão, a senha e vou entregar tudo pra minha mãe. Senão, gasto essa mixaria com besteira.

Segunda-feira, 5 de janeiro de 2004

Uma coisa está me deixando preocupada. É que o meu anjinho foi armado para uma favela vizinha. Ele é louco e não pensa nas consequências. Meu coração está apertado e morrendo de medo que aconteça alguma coisa. Juninho me pediu para ir com ele ao hospital onde vai operar o braço atingido pelos tiros. Vou, com toda certeza.

Outra coisa que aconteceu é que fui na ONG, e o Vicente me disse que chegaram os papéis do fórum e eu não devo mais nada à Justiça. Estou muito feliz. Fiquei presa 18 meses na Febem, cumprindo pena por ter feito um assalto. Éramos eu e mais uma colega, cheias de bebida e maconha na cabeça. Roubamos a bolsa de uma mulher na rua mais movimentada da cidade. Chegamos perto, apontamos a arma e mandamos ela passar a bolsa, ela disse que não ia entregar e a minha colega bateu nela e saímos correndo. Dentro da bolsa só tinha um maço de cigarro, um isqueiro e dois passes de lotação. Mal deu tempo de chegar no final da rua, a polícia pegou a gente. Nos ferramos por causa da arma. Nunca tinha sido presa antes. Fomos para a delegacia e o delegado de lá era o maior safado. Ele comprou comida na padaria pra gente e ficou jogando cantada. Depois de umas seis horas, eu e minha colega fomos para a Febem. O pessoal da ONG, que nessa época estava tentando me tirar da rua e me convencendo de que essa vida de fazer programa não ia dar em nada, me ajudou muito. Depois da internação, fiquei em liberdade assistida por um tempão. Tinha que ir sempre para o projeto e eles mandavam relatório para o juiz. Mas, depois de um tempo, parei de ir, agora não preciso mais.

Li esta frase hoje e achei muito bacana: "Dizem que há mundos lá fora, que nem em sonhos eu vi, mas que importa todo o mundo, se o meu mundo é aqui."

Quarta-feira, 7 de janeiro de 2004

Posso dizer com toda a sinceridade que não estou mais aguentando. Estou com o coração estraçalhado. Minha vida acabou. Juninho foi preso. Nem posso imaginar que durante um bom tempo não vou poder ver nem tocar o meu anjinho. Na noite passada, ele pediu para ser acordado cedo, pois ia fazer a cirurgia do braço. Acordamos e ele me pediu para passar uma bermuda. Ainda fizemos amor bem gostoso. Ele me disse que tinha passado a noite acordado e chorando. Fui pra casa e depois de um tempo ele apareceu e pediu o meu celular emprestado e sumiu. Eu e a Nina fomos pra casa dele, ficamos lá escutando CD. Depois, fomos pra ONG. Quando estava voltando, vi a mulher do Juninho na rua e já fiquei revoltada. Quando cheguei na esquina, um moleque veio me dizer que os policiais tinham cercado o Juninho. Parecia uma mentirinha sem graça. Fui pra casa sem saber o que fazer. Deitei no sofá e dormi. Passado umas horas, acordei e fui ver o que tinha acontecido. Os policiais tinham realmente prendido o Juninho e fizeram ele assinar um 12 [*prisão por tráfico de drogas*]. Eu me revolto só de pensar nos policiais machucando o meu anjinho. Estou com as ideias descontroladas. À noite, fui pra casa de um amigo e ficamos fumando e escutando CD. Fomos pra praia e ficamos andando de um lado para o outro e eu chorando o tempo todo e viajando com os meus pensamentos no meu anjinho. Voltei pra casa, fumei mais maconha e fiquei chorando até as 5:00 da manhã. Demorei a dormir. Acordei cedo e estou aqui perdida. Não tenho vontade nem de comer. Queria tanto abraçar o Juninho, ver com os meus olhos como ele está, o que está sentindo.

Quarta-feira, 7 de janeiro de 2004 (segunda parte)

São exatamente 20:35, ainda estou muito agoniada, com o coração na mão e com os pensamentos a mil por hora. Não consigo deixar de pensar no Juninho preso, preciso dar um jeito de me encontrar com ele apesar dos colegas do Ricardo. Não estou mais conseguindo ficar nessa solidão. Estou fumando muita maconha pra ver se esqueço, mas a cada minuto meu desespero aumenta. Sofro, pois Juninho pode estar com frio e com dor, precisando de muita força nesse momento difícil. Mas sei que Deus existe e sabe de todo o sofrimento que estou passando. Tenho muita fé e sei que Ele vai iluminar nossos caminhos. Se realmente for da vontade de Deus a minha união com Juninho, não importa a distância e muito menos o tempo, eu vou ficar esperando e amando ele mais e mais. O amor que sinto pelo meu anjinho me completa em todos os sentidos. Só de ele me tocar, parece que fico nas nuvens. É tão bom fazer amor com a pessoa que a gente ama!!! A saudade não me deixa em paz. A tristeza tomou conta da minha vida. Não quero acreditar na realidade, prefiro ficar em outro mundo, na viagem da maconha. Meu coração não para de doer, às vezes sinto umas pontadas fortes e choro como uma criança. Como dói amar... Não imaginava que fosse passar mais uma vez nesse jogo do amor. Meu coração é frágil e não quero perder outro amor, já sofri tanto. Sempre me apaixono pela pessoa errada e quem sofre sou eu. Mas insisto nesse amor e pretendo de todo coração fazer dessa história um lindo final feliz. Boa-noite, Juninho. Fica com Deus. Te amo. Estou com saudade. Um beijo na boca e sonha comigo.

Quinta-feira, 8 de janeiro de 2004

Estou me sentindo muito sozinha. Mesmo com tantas desilusões, gostaria de estar ao lado do Juninho. Sinto que dependo do seu amor. Preciso ver, tocar e beijar a sua boca. Como isso não vai acontecer, fico aqui deprimida. Amanhã, vou viajar para ver Ricardo na cadeia, mas não é o que eu quero. Se eu largar ele, pode acontecer desgraça. Não aguento mais ficar com ele, sinto que amo o Juninho. Mas tenho carinho pelo Ricardo. Não é só dinheiro, sinto pena dele. Minha situação é muito séria. Mas o amor que sinto pelo Juninho é forte, guerreiro, e no final desse pesadelo, nós vamos ser felizes. Agora são exatamente 21:30, cheguei a pensar em ir ao baile, mas estou triste.

Agora é mais de meia-noite, e decidi não ir para o baile. Estou sem sono e nesse momento olho a foto do meu anjinho. Ele está tão lindo! Nem parece que está preso e hoje já faz três dias que não o vejo. Parece uma eternidade. Ainda sinto ele me abraçando e dizendo que me amava. Acredito no seu amor, mas não entendo por que ele não fica só comigo. Todo mundo acha ele feio, mas pra mim ele é lindo. É perfeito, mesmo errando. Quando estou com ele, parece um sonho. Meu corpo treme, meu coração dispara. Tenho certeza de que esse sentimento é amor e é mais forte do que eu. Posso estar aqui na rua, mas meu coração e meus pensamentos estão presos com ele. Volta logo, anjinho. Te amo.

Sexta-feira, 9 de janeiro de 2004

Acabei de almoçar, quero fumar um cigarro e meu irmão foi buscar. Não vou viajar, pois só depositaram R$ 100, e com esse dinheiro vou passar fome. Imagina se eu, no maior veneno, vou passar fome naquele fim de mundo. Não posso viajar com meu anjinho no sofrimento. Acho que vou enlouquecer.

Quarta-feira, 14 de janeiro de 2004

Juninho continua preso e meu coração fica cada vez pior. Sábado, fui para o baile, foi legal, mas estaria melhor se meu anjinho estivesse também. Domingo não saí para lugar nenhum. Terça-feira, fui pra ONG, mas não consegui ficar lá de jeito nenhum. Estava sem paciência para participar das atividades. Além do que, minha vida está toda errada. Voltei para casa e minha vizinha veio me contar que o Juninho tinha ligado da cadeia. Fiquei muito triste, queria ter falado com ele.

Fiquei na frente de casa fumando um baseado, feliz com a boa notícia de que agora Juninho já foi para uma cela onde consegue usar telefone. Acabei de fumar quatro baseados e coloquei a carta do Ricardo no correio. Este final de semana, não vou viajar, não estou com cabeça. A Tina, uma outra menina que está nesse esquema de ter marido na cadeia, me disse que também não vai viajar para o presídio. Não é isso que ela quer para a vida dela. Estou pensando muito e tomando coragem para terminar com o Ricardo. Tenho muito medo de morrer nessa bola dividida. Tento passar pra todos que sou forte e não sinto medo de nada nem de ninguém, mas a verdade é que estou em pânico. Escrevi também uma carta para o Juninho, mas estou sem coragem de mandar. Ele é louco. Vou esperar que ele chegue em mim primeiro para ver como está a cabeça dele. Depois, resolvo como vai ficar nossa situação. Enquanto isso não acontece, fico aqui sofrendo e sem saber o que fazer. Queria tanto escutar a voz dele, aposto que isso iria aliviar meu coração.

Mudando de assunto: as meninas da favela estão montando um time de futebol só para mulheres. Eu entrei no time, pois não vou perder essa por nada. Tem mulher de todo tipo — nova, gorda, magra, velha. Só estou imaginando o rolo que vai dar.

Quinta-feira, 15 de janeiro de 2004

É exatamente 1:05 da madrugada. Eu ia para o baile, mas desisti. Não estou ligando muito pra festa, estou preocupada com os R$ 45 que estou devendo para uma mulher aqui da favela. Não sei de onde vou tirar dinheiro. Os cunhados não depositaram nada na minha conta, pois não tenho viajado. Também não estou vendendo pedra nesse período. Dei um tempo da boca para não ficar marcada. Também estou sem cabeça para sair e fazer programa. Hoje, escrevi outra carta para o Juninho, espero que ele goste. Vou colocar amanhã no correio. Já estou enlouquecendo de tanta saudade e de vontade de dar vários beijos, sentir seu cheiro, tocar o seu corpo. Peço a Deus que todo esse sofrimento termine rapidamente. Será que ele está pensando em mim? Pelo menos, a última mulher com quem ele fez amor foi comigo. Juninho deve estar no maior veneno por ficar sem sexo dentro da cadeia. Logo ele que fazia amor todo dia, comigo e com aquela vagabunda também.

Voltando ao assunto do futebol, amanhã vou para o primeiro treino do nosso time. Estou adorando essa história de jogar bola, mas só quero ver na hora que levar um empurrão ou um chute. Sei que não tenho paciência. Boa-noite, diário.

Sexta-feira, 16 de janeiro de 2004

Agora são 14:30, e já estou estressada. Acordei cedo, estava chovendo e continuei deitada. Levantei e fui arrumar a casa. Ainda há pouco, encontrei a Josilene e ela me disse que tinha chegado uma carta para mim. Já sabia que era do Ricardo. Quando abri a carta, me assustei. Ele cortou o dedo e passou sangue na carta dizendo que era uma prova de amor. O bofe está ficando louco. Estou decidida a terminar essa relação, mas sinto que ele jamais vai aceitar. Tenho medo de morrer. Sou nova, tenho um filho, minha família e também meu anjinho. Sinceramente, não sei mais o que fazer. Queria tanto que o bofinho me largasse. Não quero e nem posso decepcionar o Ricardo. Não queria machucar ele com palavras. Sei que ele me ama, mas é um amor doentio. Também sou louca, mas não igual a ele. Não sei por que não consigo amar o Ricardo. Acho que, se ele estivesse do meu lado, eu aprenderia. Ele é muito carente e se mostra uma boa pessoa quando está do meu lado. Vai fazer um ano que estou com ele e durante esse tempo eu mudei seu jeito de pensar, coloquei amor no seu coração. Ele aprendeu a dar valor para as pessoas. Sinto que, se a gente se largar, ele vai ficar pior do que já era. Vou me sentir culpada se algo de ruim acontecer. Mas também não posso ficar com ele se não o amo.

O pior de tudo é que nem posso chegar perto da cadeia para visitar Juninho, pois tem muita gente conhecida no pedaço. Até hoje não escutei a voz do Juninho. Só fico olhando a foto, lembrando de nós dois juntos e começo a chorar. Estou com raiva porque não deu tempo de colocar a carta para o meu anjinho no correio. Agora, só na segunda.

Sábado, 17 de janeiro de 2004

Como todos os dias são péssimos, este não poderia ser diferente. Acordei na maior neurose. Já fumei vários baseados. Jogamos futebol pra caralho, estou com o corpo todo doendo e ainda vai ter outro treino. Se o Juninho me visse jogando, não ia parar de dar risada. Está sendo tudo tão difícil, já estou perdendo o controle da situação e ficando chata com os outros. Falando sério: estou perdendo todos os meus sonhos.

Domingo, 18 de janeiro de 2004

Estou triste e desanimada comigo mesma. Ontem fui pro baile e quem se apresentou foi um grupo de *rap* que adoro. O vocalista é lindo de todo jeito. Cheguei em casa às 6:00 e acordei às 11:00 para não perder a missa do finado Rogerinho. Minha mãe falou um monte no meu ouvido, mas acabei perdendo. Voltei a dormir, pois estava com muito sono e com o corpo quebrado do futebol. Estou triste porque

Juninho mandou uma pipa [*bilhete*] para Gabriela e nem se lembrou de mim. A mãe dele falou para os cunhados que não era pra dar o número do telefone que ele está usando na cadeia para mim. Não sei por que essa bruxa não me suporta. Amanhã cedo, vamos ter outro treino de futebol.

Quarta-feira, 21 de janeiro de 2004

Meu coração está ferido. Juninho vai conseguir destruir o meu amor por ele. Fiquei sabendo que ele mandou uma carta linda para a mulher, que fez até um desenho. Fiquei morrendo de raiva e rasguei a carta que eu ia mandar para ele. Estou magoada e, por enquanto, não quero mais saber dele. Se ele gostasse realmente de mim, faria de tudo para chegar até mim.

Quinta-feira 22 de janeiro de 2004

Louca de saudade do Juninho, acabei de lavar a louça e resolvi escrever um pouco. Ainda é cedo, são 12:17, minha mãe está fazendo almoço. Fiquei na frente de casa fumando uns baseados com a galera. Estou sofrendo muito, todo dia é péssimo. Ansiedade e desespero não faltam. Não entendo por que o amor é assim. Pensei que amar fosse tipo um sonho, mas só vejo meus sonhos destruídos no final de cada relacionamento. Sei que sou capaz de fazer o Juninho feliz, mas só aparecem obstáculos. Espero que meu coração não se canse de esperar por esse amor que nunca chega.

Segunda-feira, 26 de janeiro de 2004

Juninho finalmente mandou um recado para o pessoal aqui fora, e nele estava escrito que ele quer o meu telefone. Isso me deixou feliz. É capaz até que eu sonhe hoje à noite. Ontem fui pro baile e estava da hora. A única coisa chata foi que minha perna estava doendo. Fui e voltei andando. Ontem à tarde, jogamos bola contra um time de moleques aqui da favela. Perdemos. Eles jogam muito. Mas foi legal, deu para tirar uma onda.

Quarta-feira, 28 de janeiro de 2004

Estou de bem comigo mesma. Meu coração está calminho, com saudade do meu anjinho. Coloquei uma carta para ele no correio. Estou muito ansiosa para saber qual será a resposta. Até domingo, ele terá o número do meu celular novo e vai com toda certeza me ligar. Mas acabei de me lembrar que este final de semana vou ter que viajar até o presídio do Ricardo. Já fiquei triste.

Terça-feira, 3 de fevereiro de 2004

Na sexta-feira passada, viajei para encontrar o Ricardo no presídio e decidi levar meu filho. Eu já levei Alisson duas vezes para ele ver. Ele ficou todo besta com o menino, pois não tem filho. Passei mal no caminho. Foram 12 horas na estrada e eu vomitando. Nos encontramos no sábado e voltei no domingo mesmo. Cheguei em casa à 1:00 da madrugada. Na segunda-feira, passei mal depois de fumar um baseado e o Dida me levou para o hospital. Quando cheguei lá, desmaiei e levei uma bela de uma injeção. Voltei pra casa e passei o dia inteiro deitada. Já anoiteceu e estou me sentindo bem melhor. Finalmente, falei com o Juninho pelo telefone e estou muito feliz por ter escutado sua voz.

Quinta-feira, 12 de fevereiro de 2004

Fui ao dentista. Morrendo de medo, mas fui. O pessoal da ONG conseguiu tratamento de dente de graça pra mim. No sábado, meu filho faz 4 anos. Vou fazer uma festinha.

Domingo, 15 de fevereiro de 2004

Ontem foi a festa de aniversário do Alisson. Tirei várias fotos do meu filho. Fizemos um bolinho e cantamos parabéns. Tinha muita criança, mas foi ótimo. Tenho ainda um outro motivo para comemorar. Juninho me mandou uma carta. Achei muito bonito da parte dele e estou mais feliz ainda por saber que ele pensa em mim. Mandei duas cartas pra ele, uma delas com a foto do meu filho. Sexta-feira passada, teve uma festa na favela em comemoração ao finado Rogerinho. Foi um advogado que quer virar deputado que patrocinou tudo. Montou até palco e vários MCs se apresentaram. Minha mãe montou uma barraca e vendeu toda a bebida, doces e tortas que preparou. Vendeu tudinho mesmo. No bar do seu Juvenal também acabou tudo. A favela ficou cheia. Foi da hora! Tinha vários bofinhos, muita maconha. Tirei muitas fotos, fumei muito, mas não bebi. Começou de tarde e só acabou às 3:00 da madrugada.

Terça-feira, 17 de fevereiro de 2004

Falei de novo com Juninho, e ele me disse que mandou outra carta. Quando fui pegar a carta na casa do vizinho toda feliz pensando que era a do anjinho, era do bofe do Ricardo. Acho que nesse final de semana vou visitar meu "marido" na cadeia, em pleno Carnaval. Sorte dele que não gosto de Carnaval. Mas tudo o que eu mais queria agora era ter Juninho do meu lado. O amor que sinto por ele é mais forte do que os meus princípios. Ele está me deixando louca. Ontem, eu ia assistir ao *show* de um grupo de *rap* que eu adoro, mas como ele ligou pedindo para eu depositar um dinheiro, resolvi não sair para não gastar. Como trabalho na boca, a gente sempre ajuda um irmão na cadeia. Ninguém sabe a hora que também vai precisar. Outra coisa está me deixando muito triste. Vou fazer 20 anos no dia 19 de março e estou com muito medo, pois estou ficando velha. Boa-noite, diário.

Sexta-feira, 20 de fevereiro de 2004

Primeiramente, uma boa-noite para você, meu querido diário. Hoje, estou muito feliz. Fui buscar meu exame de HIV e graças a Deus não tenho nada. Fiz o último na gravidez do Alisson. Passei no ginecologista e quis saber por que nunca engravidei de novo. Estou pensando seriamente em ter uma menininha. Recebi uma carta do Juninho, mas a vagabunda da mulher dele está grávida e fala que é dele. Sempre acontece alguma coisa para nos separar. Mas o que ninguém sabe é que cada sofrimento que passo só me faz lutar mais por esse amor. Vou mandar uma carta-bomba para ele. Mas agora vou dormir, porque fiquei a madrugada inteira na boca. Mas firmeza. Arrumei a grana para pagar quem eu devia. Estou de boa.

Minha mãe está no maior veneno comigo. Descobriu que estou me correspondendo com Juninho na cadeia. Ela quer que eu me arrume com Ricardo, que logo vai sair da prisão e não tem filho nem mulher. Agora, ela fica me chantageando e diz que vai contar do Juninho para o Ricardo. Estou cansada de tudo isso. Sempre tem alguém querendo destruir minha felicidade. Mas tudo que é difícil e proibido é comigo mesmo. Nunca desisto e ganho sempre no final, mesmo não tendo conseguido ainda um lindo e verdadeiro amor.

Quinta-feira, 11 de março de 2004

Fui com duas colegas numa churrascada lá no morro. Aproveitei o embalo para comemorar o meu aniversário de 20 anos, que vai ser daqui a oito dias. Conheci um cara chamado Vágner. Ele e uns outros colegas tinham acabado de fazer um assalto a um carro forte e foram comemorar. Descolaram R$ 80 mil. Um deles chamou a gente para o tal churrasco. Vágner é lindo, e acabei ficando com ele.

Segunda-feira, 15 de março de 2004

Passei de quinta até hoje com o Vágner. Fomos para o litoral na sexta e ficamos em uma pousada bem legal de frente para a praia. Foram dias inesquecíveis e ele já veio com o papo de que vai comprar uma casa pra gente morar junto. Ele é bonitão, safadão, alto, todo gostoso. Fiquei tão apaixonada por ele que criei coragem de mandar uma carta para o Ricardo terminando tudo. A última vez que visitei meu "marido" na cadeia foi no dia 28 de fevereiro.

Terça-feira, 16 de março de 2004

Ontem, fui dormir na casa do Vágner. Conheci a mãe dele e tudo mais. Acho que a gente vai namorar. Mas vou passar uns dias sem encontrar com ele. É que vão rolar outras fitas e ele vai ficar muito ocupado. Ricardo respondeu a minha carta dizendo que tava firmeza acabar nossa história. Ele já está para sair da cadeia. Na carta ele me trata com muito carinho e diz que é para eu não me envolver com bandido. Que bom que ele reagiu bem e não me forçou a nada. Ricardo me deu conselho também para eu parar de vender droga. Mas, se eu não vender, como é que vou viver? Então, sempre vendi escondido dele. O dinheiro que eu pego é para pagar alguma coisa para meu filho e para mim. Juninho também continua preso. Ainda penso muito nele, mas estava desencanando daquela história. Antes mesmo de conhecer o Vágner, tinha ficado com um moleque aqui da favela, o Gil, que tem 17 anos. Foi só curtição.

Quinta-feira, 18 de março de 2004

Estou muito feliz, pois encontrei meu verdadeiro amor. Vágner é tudo que eu sempre sonhei. Ricardo já não é mais uma cruz na minha vida. Não quero também ficar nem um minuto longe do meu amorzinho. Faz duas semanas que estou com Vágner e ele dominou o meu coração. Adoro estar do lado dele, fazer carinho e ficar olhando para o seu rostinho lindo. O corpo dele é tudo de bom. Viajo nele. O amor que a gente faz me deixa no céu. Essa paixão me fez esquecer o Juninho. Não tenho mais tempo para pensar nele. Fico 24 horas ligada no Vágner. Estou completamente apaixonada e agora é de verdade. Fazia tempo que eu não sentia essa sensação gostosa de amar. O nosso amor é diferente de tudo que já senti. Amanhã, faço 20 anos e estou nas nuvens.

Terça-feira, 4 de maio de 2004

Já faz muito tempo que não escrevo, mas preciso contar como anda a minha vida. Já estava desconfiada, mas hoje tive certeza. Estou grávida de sete semanas. Peguei hoje o resultado do exame. O pai é o Vágner, mas ele ainda não sabe nem vai saber. Ele sumiu. Depois de um tempo sem contato nenhum com ele, fiquei sabendo através da Josilene que ele tinha voltado para uma ex-namorada. Disse que não ia ter coragem de falar comigo para não me magoar. Agora que descobri que estou grávida, também não vou contar nada pra ele. Sou muito tímida, não tive coragem de chegar nele. O pior de tudo é que não consegui tirar o Vágner da minha cabeça. Não queria esse filho agora. Estou pensando em tirar, pois não tenho condições de criar mais uma criança. Só que ainda não tive coragem e também não tenho dinheiro. Só tenho medo do Ricardo descobrir que fiquei grávida de outro enquanto a gente estava junto. Aí, eu me ferro de vez.

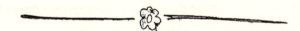

"Querido diário,

Queria contar para você como vai a minha vida. Estou com um barrigão de cinco meses. Ainda não fiz ultrassom para saber o sexo do bebê. Se for menino vai se chamar Michael. Se for menina, Jennifer. Ando com muita preguiça nessa segunda gravidez. Nunca mais passei na ONG, eles não têm nada lá para me oferecer. Até o curso de dança acabou por falta de verba. Apesar de adorar o Vicente e as nossas conversas, o que eu mais esperava ao participar dos projetos era arrumar um serviço. Mas ninguém me deu um trabalho antes, e muito menos agora na gravidez. Parei de vender drogas há uns dois meses. Não quero mais isso na minha vida, e ficar na boca estando grávida é ainda pior. Estou até feliz em ter outro filhinho, mas sem pai vai ser muito difícil. Minha mãe está grávida também. Vai ter o nono filho. Ela vive me enchendo o saco e fica me mandando ir atrás do pai e ameaçando me mandar embora de casa. Mas Deus sempre dá uma luz no final. O Gil, aquele garoto de 17 anos com quem fiquei pouco antes de conhecer o Vágner, está achando que é o pai do meu filho e deixei ele pensar. O problema é que ele andou aprontando e foi parar na Febem. Juninho continua preso e me mandou uma carta toda romântica. Respondi contando que estava grávida de outro. Nunca mais tive notícias dele. Continuo apaixonada. Penso no Vágner todos os dias, mas não tenho coragem de ir atrás dele, mesmo vendo nosso filho crescer na minha barriga. A vida é cheia de surpresas. A vagabunda com quem ele está namorando é a ex do meu finado Adailton. E o mais incrível é que ela também está grávida do Vágner. Estou tentando voltar para o Ricardo, agora que ele finalmente está deixando o presídio. Tenho esperanças de que ele me perdoe mesmo tendo engravidado de outro. Não o amo, mas ele pode ser um ótimo pai para o meu filho. Se ele aceitar o meu arrependimento, vai me ter para o resto da vida. Ricardo pelo menos não tem ruga nem pelanca como o velho que a minha irmã arrumou pra casar e dar um lar pra filha dela. É o que a minha mãe quer que eu faça também. Não suporto a ideia de conviver com um homem muito mais velho do que eu, aguentar aquela nojeira sem amar só para dizer que eu tenho um lar. Estou completamente cheia de problemas, mas tenho calma e acredito em Deus. Tudo vai melhorar. Enquanto este dia não chega, estou aqui com o coração partido. Minha vida está sempre dando voltas e as coisas vão se repetindo. Apesar de tudo, sou feliz."

Brasil, agosto de 2004

CAPITULO 4

O DIÁRIO DE YASMIN
"Uma vendedora brilhante"

"Querido Diário

Estou com 17 anos e sonho em fazer logo 18. Tenho a pele morena, os cabelos encaracolados na altura dos ombros. Sou a segunda de quatro irmãos. Minha irmãzinha mais nova tem 8 anos e graças a Deus não precisa ir pra rua como eu fui. Ela tem vergonha e minha mãe também não quer mais essa vida para os filhos. Consegui sair das ruas, mas sabe-se lá se ela teria a mesma sorte. Eu me sinto muito vitoriosa. As meninas de rua que andavam comigo quando eu tinha entre 6 e 9 anos são hoje garotas de programa. Trabalham em boate, têm muitos filhos, todos espalhados por aí. Aos 9 anos, entrei para uma ONG que atende meninas em situação de risco. Foi um passo grande na minha vida. Aos poucos, fui deixando as ruas e me afastando daquele mundo.

Minha mãe tem 37 anos, voltou a estudar, mas vive doente. Tenho três pais — o que me fez, o que me registrou e o que me criou.

Mas, na verdade, não considero nenhum deles como pai. Sou casada, ou melhor, amigada, faz mais de um ano. Conheci o Vavá em 2000, logo começamos a namorar, mas demorei a ter coragem de mudar pra casa dele. Ele tem 22 anos, nos damos superbem. A gente mora no antigo quarto dele. Colocamos uma parede separando o nosso cômodo da casa da minha sogra. Às vezes, acho que ele está comigo por obrigação, por tudo pelo que passei na vida. Diz que me ama, mas não sinto. Fui apaixonada, mas não sei se ainda sou. Já quis ter filho, mas agora pensei melhor e quero antes me formar, ter um emprego e uma casa.

Gosto muito de privacidade e nem sempre respeitam a minha. Sou também bastante detalhista e desconfiada. Gosto de cuidar da minha casinha. Acordo cedo, faço comida e vou pra ONG. Estou cursando supletivo à noite. Faço a quarta etapa, que corresponde às sétima e oitava séries do ensino fundamental. Não gosto muito de estudar, mas preciso, se quero ser alguém na vida. E quero muito."

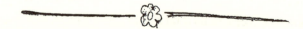

Sábado, 15 de novembro de 2003

Vou começar a gravar o meu diário. Acordei cedo, coloquei feijão no fogo e fui tomar banho para ir pra ONG. O projeto faz parte da minha vida desde os 9 anos. Eles representam tudo pra mim. Se não tivesse ido parar lá, poderia estar no mesmo caminho das minhas ex-colegas de rua. Fui encaminhada pra a ONG pelo Centro de Defesa da Criança e do Adolescente (Cedeca) da minha cidade. É uma longa história. Vou tentar resumir. Fui para as ruas quando tinha 5, 6 anos. Minha mãe levava a mim e ao meu irmão Kleiton, que é só um ano mais velho, para vender chiclete. Nós dois ficávamos na rua até de madrugada, e ela esperava o dinheiro em um lugar combinado. Quando não vendíamos, apanhávamos, pois ela dizia que só queríamos brincar.

Corri muitos riscos. Principalmente, com taxistas. Ainda vejo alguns deles por aí. Eles eram muito enxeridos. Um deles, quando eu tinha uns 8 anos, me agarrou e tentou me botar à força dentro do carro. Gritei por socorro e fui acudida. Comecei a ter medo daquela vida. Contei pra minha mãe que o taxista tinha pegado no meu peitinho que estava começando a nascer. Ela passou a ficar mais de olho em mim. À medida que fui crescendo, minha mãe mandava eu colocar roupas bem grandes e folgadas. Não podia usar roupa normal de menina para não mostrar meu corpo. Então, colocava a roupa que eu gostava por baixo e a outra horrorosa por cima. De qualquer jeito, ouvia coisas que me magoavam muito. Uns homens nojentos me chamavam de gostosa, de bucetuda. Isso acabava com meu dia. Fui crescendo ouvindo este tipo de coisa. Até os guardas municipais tiravam graça comigo. Nos bares, os garçons também me beliscavam e me colocavam pra fora.

Nessa época, brigava muito com meu irmão. A gente disputava pra ver quem vendia mais chiclete para ganhar o carinho da mamãe. Não era muito dinheiro, mas dava para juntar uns R$ 10, R$ 15 por dia. Grana apertada para alimentar cinco bocas, às vezes, seis, quando minha mãe estava amigada com algum homem. Só que muitas vezes não se fazia nem o dinheiro da passagem de ônibus para voltar pra casa. Além de voltar a pé, a gente apanhava da mamãe. Não gosto de lembrar dessas coisas. De bom, não teve nada. Apanhava também das outras meninas. Era a concorrência pra ver quem vendia mais. Tinha dia que acordava mal-humorada, sem querer ir pra rua. Fingia que estava doente. Outras vezes, me escondia, mesmo sabendo que ia apanhar quando mamãe me encontrasse. Minha mãe chegou a trabalhar em casa de família, mas largou o emprego porque começou a sofrer da coluna. Estava nesta situação quando os educadores da ONG conseguiram me trazer para o projeto. Minha mãe só concordou porque no começo recebia um auxílio-família de um salário-mínimo. Fui ficando e estou lá até hoje.

    Chega de falar do passado. Hoje, quando cheguei em casa à tardinha, fiquei fazendo fuxico [cerzidura] enquanto esperava meu marido voltar do jogo de futebol. Ele só chegou às 23:30, o que me deixou muito chateada. Além de chegar tarde, nem me ligou. Mas ele me agradou como sempre. Fomos passear e comemos batata frita.

Quarta-feira, 19 de novembro de 2003

    Não teve nada de importante nesses dias. Tudo que acontece num dia se repete no outro. Ontem, não fui pro colégio. Estava com muita dor de cabeça e enjoada.

Sexta-feira, 21 de novembro de 2003

    Não estou muito bem, sinto mal-estar e cansaço. Estou meio diferente também. Onde quer que pare, as pessoas dizem que estou gorda, feia e que meu cabelo parece uma peruca. Essas coisas me deixam muito pra baixo. Fico irritada por qualquer motivo. Ontem mesmo, uma vizinha falou que eu ia explodir de tão gorda. Estou pesando 55 quilos, engordei sete desde que me casei. Pra completar esse dia péssimo, quando cheguei no colégio não teve aula, e ainda por cima roubaram a bicicleta de uma amiga minha e bateram nela. Estou com minha autoestima lá embaixo, nem quero gravar mais o diário agora.

Sexta-feira, 21 de novembro de 2003 (segunda parte)

Preciso contar uma coisa. De vez em quando, brigo com meu marido. Eu me irrito, fico chata. Ao mesmo tempo, estou com frio, estou com calor. Não sei o que está acontecendo comigo. Esta semana, estou bem pra baixo mesmo. Minha sogra, dona Cremilda, está brigando lá na casa dela. Como só uma parede nos separa, dá para ouvir tudo. Tchau! Quando eu puder, conto mais.

Sábado, 22 de novembro de 2003

Ontem foi o aniversário de 2 anos da minha sobrinha, a Priscila, mas deixamos para comemorar hoje. Ela é a segunda filha do Kleiton, que só tem 18 anos, mas não para de fazer menino. Ele já tem outra filha, Patrícia, com 2 anos e 3 meses. O danado engravidou duas namoradas ao mesmo tempo. Acabou ficando com a Pâmela, que é garota de programa e sustenta ele. São dois loucos. Pâmela tem 16 anos e está grávida do terceiro filho. Além da Priscila e do que está na barriga, tem um menino de 4 anos, filho de outro garoto. Eles estão morando com a mamãe e meus dois irmãos menores, o Kleberson e a Kamila, em um cômodo nos fundos da casa do meu avô. Soube de coisas horríveis do Kleiton. É muito triste descobrir que um irmão está se metendo com drogas, roubando, bebendo e fumando. Ele faz tudo de errado. Pra começar, vive com o dinheiro da Pâmela. Só que agora ela não está podendo mais fazer programa porque o bucho já está enorme. É tudo o que eu não quero na minha vida. Mas as minhas sobrinhas são a coisa mais linda. Comprei uma roupinha e um sapatinho de presente pra Priscila e ainda ajudei a mamãe a preparar a festinha. Fizemos um bolinho e arroz com galinha, só para não passar em branco.

ELIANE TRINDADE

Domingo, 23 de novembro de 2003

Acordei tarde, entre 8:30 e 9:00, como sempre faço aos domingos. Fui pra casa da mamãe e fiquei esperando meu marido me buscar pra gente ir para o campo de futebol. Só que não teve bola. Na volta pra casa, um menino convidou a gente para ir para o festival esportivo, perto daqui. É uma festa que inclui jogo. Enquanto ele jogava bola, minha mãe foi tomar banho de piscina, pois lá é também um clube, e eu fiquei dançando. Tocou todo tipo de música: de pagode a *house*. Gosto de dançar. A festa foi até as 19:00. Aproveitei. Mas não acabou ainda o meu domingo maravilhoso. Do festival esportivo, fomos para outra festa perto de casa. Também tinha som e só saímos de lá às 21:00. Mais música, mais tudo. Meu marido só gosta de dançar quando está meio bêbado. Ainda passamos na sorveteria, ele comprou sorvete pra mim. Foi ótimo. Depois, ele ainda comprou um espetinho de carne, que eu adoro. Como pra caramba.

Terça-feira, 25 de novembro de 2003

Aconteceu uma coisa engraçada. Quando estava saindo pra ir para o projeto, a fechadura lá de casa deu prego e não queria trancar de jeito nenhum. Fiquei presa em casa, ou melhor, solta. Liguei pra Solange [*a educadora da ONG*] pra dizer que não ia poder ir. Quando estava ajeitando a porta, caiu um pedaço de telha em cima da minha cama. Começou a chuva, foi um tal de colocar panela de um lado pro outro para aparar a água. Fiquei estudando pra prova de História. Peguei o resultado de Ciências, tirei 9,5. A matéria de que mais gosto é Português. Repetia muito de ano quando trabalhava na rua. Nunca parei de estudar, mas não avançava. Naquela época, ia pra escola de manhã só para dormir. Muitas vezes, pegava ônibus e já dormia, nem chegava na aula. Ficava rodando horas pela cidade. Os motoristas até me conheciam. Alguns me davam bronca, mas deixavam eu ficar. Depois que saí da rua, não repeti mais de ano. Estou fazendo supletivo à noite. Mas não gosto do professor de Matemática, nem da matéria dele. Ele é muito ignorante. Tem uma fama horrível. Não se pode perguntar nada. Chama todo mundo de burro e nunca dá dez para ninguém. Não gosto também da falta de respeito com a gente. Os professores chegam tarde, já cansados. Tem professor que desconta toda raiva nos alunos. Minha escola não é boa, tem muito barulho. São 34 alunos na minha classe e meus colegas de turma também não se respeitam. Rola muita briga e muito nome feio. Uma baixaria só.

Quarta-feira, 26 de novembro de 2003

Levei minha mãe para o posto de saúde. Ela estava passando muito mal, mas não fizeram praticamente nada, só deram uma injeção. Acabei brigando com meu irmão mais velho. Kleiton não ajuda em nada, enquanto nossa mãe chora com muitas dores no corpo e febre. No final da tarde, quando estava me preparando para ir para o colégio, ela piorou. Teve uma dor de cabeça muito forte, gritava tanto que parecia uma louca. Ela mora de favor na casa do meu avô. Seu Nicanor não é o pai dela de verdade, mas casou com a minha avó Adelaide, que já tinha minha mãe e é uns vinte anos mais nova que ele. Eles tiveram outros três filhos. Agora que ele ficou muito velho, tem mais de 80 anos, eu chamo de avô, mas antes não. O velho safado vivia me oferecendo dinheiro para transar com ele. Nunca aceitei e corria dele. O velho reclama até de um prato de comida que minha avó dá pra gente. Mas hoje ele me ajudou a levar mamãe para o hospital. Pedimos carona para um rapaz e ele deixou a gente no pronto-socorro. Ela ficou tomando soro até umas 21:00. Voltamos pra casa e discuti de novo com meu irmão, sempre o Kleiton, que não fica na fila de madrugada para conseguir ficha para nossa mãe ser atendida no hospital.

Quinta-feira, 27 de novembro de 2003

Estou aqui de novo, esqueci de contar algumas coisas. Na segunda, dia 24, eu estava com muita dor de dente. Eu e meu marido resolvemos ir até o posto de saúde. Só que não tinha ficha para o mesmo dia. Dormimos na porta do posto para sermos atendidos na terça. Não adiantou nada o sacrifício, pois não tinha médico pela manhã. Resultado, só o meu marido conseguiu arrancar um dente à tarde. Essa foi uma semana de cão, só decepção. Depois de ficar de um lado pra outro com minha mãe pelos hospitais, ela está em observação. Os médicos não descobrem o que é. Ela sente uma dor de cabeça muito forte, se treme toda e não consegue nem ficar em pé. Pra completar meu baixo astral, meu avô mandou minha mãe embora da casinha dos fundos. Eles vivem brigando.

Ajudo minha mãe como posso. Quando eu e meu marido fazemos a feira, deixamos um pouco de alimento pra ela. Agora, às vezes, ela pensa em voltar com meu outro padrasto, o Edmar, depois de quase um ano separados. Não gosto dele, apesar de ele ser o pai do Kleiton. Edmar tentou me violentar quando eu tinha uns 12 anos, uma fase em que aconteceu muita coisa ruim na minha vida. Nesse dia, ele chegou de porre, pois bebe muito. Eu estava dormindo no corredor, ao lado do quarto deles. Eu tinha o costume de dormir só de calcinha, pois minha mãe confiava nele. Mas nessa noite ele passou a mão no meu corpo. Quando acordei espantada, ele estava em cima de mim. Levantei e fui pra rua de madrugada de tanto medo de ficar lá com ele. Mamãe ainda não tinha chegado. Tinha ido buscar meus irmãos que estavam vendendo chiclete nos bares. Nessa época, eu não saía pra rua com eles, porque eu já estava na ONG. Edmar ainda veio para o meu lado uma segunda vez. Ele chegou bêbado novamente e fingiu que ia pegar uma caixa debaixo da minha cama. Passou a mão de novo no meu peito. Acordei muito brava e contei pro meu tio, que é muito violento. Os dois estavam bêbados e foi uma confusão só. Minha mãe não acreditou em mim. Falou que ia conversar com ele, mas não conversou. Passei a não falar mais com esse meu padrasto, que não vejo há um tempão.

Dessa vez, eu já estava namorando o Vavá, contei tudo pra ele, que disse que um dia ia me tirar dali. E graças a Deus me tirou. Por causa dessas histórias é que acho que ele se sente obrigado a ficar comigo. Ele diz que não. Pode ser coisa da minha cabeça. Agora, vou dormir. Tchau! Amanhã, conto o resto.

Sexta-feira, 28 de novembro de 2003

Fui para a ONG, fiz minhas atividades normais. Faço parte de um projeto que trabalha com meninas em situação de risco. Hoje sou representante do grupo e frequento a oficina de costura. De terça a sexta, fico lá das 8:30 até o meio-dia.

Meu marido vai receber o salário na segunda. Ele ganha R$ 240 como entregador de uma loja de produtos elétricos. Se sobrar algum, a gente vai fazer umas compras de Natal. Estamos juntos há quatro anos. Três de namoro e um de casados. Quando nos juntamos, queria logo ter um filho. Ainda bem que fui orientada pela psicóloga e pelos educadores da ONG. Fui mudando minha cabeça, apesar de sonhar com uma família bem bonitinha e com um bebê para eu cuidar. Reconheço que sou muito nova, além do que a realidade do meu mundo não me permite ter um filho nesse momento. Demorou para cair essa ficha. Relutei em usar pílula, tinha medo de ficar com dificuldade para engravidar quando ficasse mais velha. No começo, só não peguei barriga por sorte. Com filho, tudo seria mais complicado. Já não sou mais tão apaixonada pelo Vavá. Agora estou acostumada. Ele me respeita, o que é o principal numa relação.

Yasmin encontrou nos educadores da ONG uma família substituta. Foi ali que aprendeu que a vida era mais do que aquilo que lhe era oferecido. Agarrou a oportunidade de sair das ruas e de deixar de ser explorada pela própria mãe.

Sua postura transborda dignidade. É digna como só poderia ser alguém que já derrotou inimigos imensos e sabe ser uma vencedora. É desconfiada. Não se deixa seduzir facilmente. Mas é amorosa e disciplinada — gosta de fazer tudo direito e com empenho. Seu diário é o mais didático possível — todo dia ela faz tudo sempre igual, mas não deixa de tirar da dura rotina o seu encanto. Sabe que tem qualidades ainda inexploradas e mostra uma vontade enorme de conduzir a própria vida rumo a um mundo mais glorioso. Seu horizonte vai muito além da miséria que sempre a cercou.

Sábado, 29 de novembro de 2003

Hoje à noite, fui passear com meu digníssimo e minha irmã mais nova, a Kamilinha. Ela gosta de ficar comigo. Não deixo ela ir para a rua de jeito nenhum, cuido dela como uma mãe. Faço ela estudar. Ela gosta tanto de mim que me toma a bênção. Quando voltamos pra casa, assistimos a um filme na televisão. Não aconteceu nada de muito interessante. Vavá me ajuda nas tarefas de casa. Enquanto almoço sempre na ONG, ele come as sobras do jantar que preparo antes de ir pra escola. Só jantamos na volta, antes de dormir.

Domingo, 30 de novembro de 2003

    Dormi a tarde toda. Quando acordei, fui passear e voltei a dormir novamente. Não teve nada de novo no meu domingo. Vou confessar uma coisa pra vocês. Tenho vergonha de falar quando faço saliência com meu marido. Fico imaginando que quem for ler meu diário vai pensar que já estou falando demais da minha vida. Mas sou uma mulher casada e faço sexo com meu marido, principalmente nos finais de semana. Nos outros dias, nossa vida é muito corrida. Gosto de transar com ele. Mais coisas sobre isso, não vou falar. Tchau!

Segunda-feira, 1º de dezembro de 2003

    Passei a manhã com muita dor de barriga. Fiz comida, mas fiquei a tarde inteira deitada por causa da dor. Tive que ir pra escola, pois tinha prova de Português. Não sobrou nada do salário do Vavá. Foi tudo para pagar dívida. Não sei como a gente vai comer este mês.

Quinta-feira, 4 de dezembro de 2003

    Fiquei sabendo de uma vaga de emprego em um supermercado. Amanhã, vou lá bem cedinho pra ver se pego. Voltei pra casa, almocei e de tarde fiquei vendo novela na casa da mamãe. Fui para o colégio fazer a prova de História. Amanhã, vou contar o meu primeiro dia de procurar emprego.

Sexta-feira, 5 de dezembro de 2003

Acordei bem cedo, esperei o supermercado abrir e conversei com a dona. Ela disse que não tinha nenhuma vaga, mas mandou eu passar de vez em quando pra ver se surgia alguma coisa. Quando fizer 18 anos, acho que vai ser mais fácil arrumar trabalho. Outra coisa que pode me ajudar é que, desde agosto, tenho carteira de trabalho. A ONG foi a principal ajuda pra eu conseguir arranjar meus documentos. Ninguém sabia onde estava minha certidão de nascimento. Uma educadora que é assistente social foi comigo no Ministério Público, que me deu uma força. Toda vez que eu ia tentar tirar documento ninguém acreditava em mim. Dessa vez, levou quatro meses para tirar tudo, mas agora tenho identidade, CPF, carteira de trabalho, título de eleitor. Tenho como provar quem eu sou.

Sábado, 6 de dezembro de 2003

Troquei tudo de lugar na minha casa. Adoro mexer nas minhas coisas. Lavei roupa de tarde e dormi. De noite, fui na praça com meu marido tomar um sorvete. Depois, fomos dormir. Amanhã, conto meu domingo glorioso. Tchau!

Foi com esmero que Yasmin transformou o antigo quarto de solteiro do marido em seu doce lar. Ela brinca de dona de casa e vive trocando os poucos móveis de lugar. A cama de casal divide espaço com o fogão e uma mesinha com duas cadeiras. O guarda-roupa foi improvisado. O banheiro e a cozinha, que na verdade só comporta a pia e uma prateleira com as panelas, ficam na entrada do cômodo principal, como um puxadinho. É tudo muito limpo e bem cuidado. A televisão quebrada espera sobrar dinheiro para reposição das peças. Yasmin *faz questão de mostrar aos visitantes o lugar reservado para o seu sonho de consumo: uma geladeira, que vai ocupar um espaço de destaque bem em frente à porta, para orgulho de sua futura proprietária. O sossego doméstico só é quebrado pelo barulho que vem da casa da sogra, uma residência relativamente confortável em uma rua que começa a ser asfaltada.*

Domingo, 7 de dezembro de 2003

Levei Kamila e meu outro irmão, o Kleberson, que tem 11 anos, para tomar banho de piscina no festival esportivo que acontece no clube de futebol aqui das redondezas. Enquanto as crianças brincavam, fiquei escutando um som e meu marido, bebendo. Ainda fomos para outra festa. Na volta, paramos num bar perto de casa e Vavá bebeu mais uma. Passamos na sorveteria, ele comprou um sorvete pra mim. Comprou também um churrasco, com farofinha, por R$ 2,50. Na hora que estava pegando o espetinho, roubou um outro [risos] e colocou dentro do bolso da calça. Chegando em casa, fritei o espetinho roubado e comemos juntos.

Segunda-feira, 8 de dezembro de 2003

Fui comprar comida fiado no mercadinho. Aproveitei e comprei também esmalte. Fiz as unhas tipo francesinha. Depois, fui no velório de um homem que foi assassinado aqui perto de casa. Não demorei muito. Tinha que estudar pra prova de Matemática.

ELIANE TRINDADE

Terça-feira, 9 de dezembro de 2003

Quando ia sair para a ONG hoje de manhã, a fechadura escangalhou de novo. Fiquei com medo de sair e deixar a casa aberta. Depois do almoço, fui estudar pra prova de Geografia. Meu marido não vai pra aula hoje porque foi convidado para um churrasco na casa do patrão. A filha do homem passou no vestibular. Fui para o colégio com a mamãe, que está cursando o penúltimo ano do ensino médio, mas falta muito. A vida dela está cruel. Tem dia que não tem nem um ovo pra comer. Não posso ajudar muito, pois não tenho nem pra mim.

Sexta-feira, 12 de dezembro de 2003

Agora que vocês já me conhecem um pouco, vou contar mais coisas do meu passado. Meu primeiro amor foi um menino que conhecia desde os meus 9 anos. Perdi minha virgindade com ele quando tinha 12. Ele não me dava bola, mas um dia resolveu me olhar e me levou pra uma casa abandonada. Foi lá que a gente transou. Ele usou camisinha, mas eu nem sabia o que era aquilo. Não foi muito legal. Não tinha ideia do que tinha que fazer numa transa. Ele foi logo me beijando e aconteceu o resto. Pensei que, se não fizesse o que ele queria, ele não ia mais ficar comigo. Só que não ficou do mesmo jeito. Para completar, meus primos me caguetaram para minha mãe. Ela foi me buscar, me puxou pelos cabelos e me bateu na frente de todo mundo. Ele foi safado. Nessa hora, já estava longe. Quando terminou a relação, ele saiu primeiro dizendo que ia ver se tinha alguém por perto e não voltou mais. Foi pra uma festa e me deixou lá. Dormi sozinha na casa abandonada, até minha mãe aparecer. Ela me bateu muito porque eu tinha dormido fora de casa, mas não desconfiou que perdi a virgindade naquela noite. Não contei pra ninguém. Depois disso tudo, o menino passava por mim e fingia que nem me conhecia. Tantos anos depois, quando volto no antigo conjunto habitacional, ele mexe comigo, mas nem olho. Tenho orgulho e muita raiva.

Meu primeiro namorado de verdade foi o Vavá, que virou meu marido. A gente começou a namorar escondido em 2000. Minha mãe era muito brava. Quando percebeu que eu já não era mais virgem, não me deixava sair. Vavá tinha medo dela, até que fui convencendo ele a me pedir em namoro. No dia que ele foi lá em casa, minha tia praticamente teve que empurrar ele pra dentro. Minha mãe foi logo me fazendo passar vergonha. Contou que me batia porque eu fugia para ir a festas e mandou ele ficar de olho em mim. Mas logo ela mudou de atitude. Ficava me jogando pra cima dele, porque Vavá é trabalhador.

Quarta-feira, 17 de dezembro de 2003

Fui para a ONG costurar uma saia para presentear minha amiga oculta. Fui para o colégio, fiz a prova. Ou melhor, mandaram resolver em casa e depois levar de volta. Terminei de fazer a prova de Matemática ainda há pouco e fui esperar meu marido em frente ao colégio dele.

Quinta-feira, 18 de dezembro de 2003

Fui novamente comprar uma peça da televisão que continua quebrada. Já gastamos R$ 40, e ainda falta comprar mais coisas. Passei na ONG para terminar o presente do meu amigo oculto. Fui pra escola, mas não teve aula. Os professores não apareceram para entregar o resultado das provas. Amanhã também não vai ter aula. O resultado só sai dia 26.

ELIANE TRINDADE

Sábado, 20 de dezembro de 2003

Acordei por volta das 8:00 e fui procurar os papéis de uma prestação da loja de roupa de cama. As contas daqui de casa sou eu quem cuido. Meu marido me dá o dinheiro, pago tudo e guardo os recibos. Estava pra ficar doida de tanto procurar o carnê desse mês. Vavá recebeu o 13º salário. Fui ao supermercado fazer umas comprinhas. Só deu para trazer o básico, pois só sobraram R$ 30. Meu sonho é um dia entrar em um supermercado bem grande e fazer uma comprona para o mês todo. Encher o carrinho e poder escolher tudo que gosto. Comida, lanche, hidratante, refrigerante, tudo mesmo. E, no final, colocar aquele monte de sacola no fundo do meu carro. Só compro de pouquinho. É meio quilo de arroz, meio de feijão, e ainda dou graças a Deus.

Sábado, 20 de dezembro de 2003 (segunda parte)

Não consigo dormir. Como estou sozinha, vou contar como me sinto lá no fundo. Este mês de dezembro, ando meio chateada. Não tenho dinheiro pra comprar minha roupa de Natal e de Ano-Novo. Dinheiro até tinha um pouco, mas meu marido teve que emprestar para o pai comprar uma peça do carro que estava escangalhado. Lá se foram R$ 50. Fiquei chateada porque a gente está devendo R$ 40 no mercadinho. Com o atraso, vamos pagar um juro lascado, correndo o risco de ficar sem crédito. Hoje, Vavá foi pagar o conserto da televisão. Tudo ficou em mais de R$ 150, incluindo as peças. Uma paulada. Ultimamente, temos brigado muito por causa da família dele. Vavá é muito besta. Meus sogros têm quatro filhos, mas ele é o único que apoia pai e mãe. E nem adianta. Minha sogra ainda fala mal de mim, acho que por ciúme e pelo dinheiro. Desde o começo, dona Cremilda me discriminou porque eu era menina de rua, dizia que eu não servia para o filho dela. Ainda sofro por causa disso. Ela não gosta da maneira como me visto, reclama quando coloco *short*. Na verdade, acha que fui garota de programa. O que ela não entende é que o fato de eu ter esse passado na rua não significa que eu seja uma prostituta. Isso é puro preconceito. O que importa é que eu sei o que eu fui e o que eu sou. Agora, vou dormir. Só quero ver como vai ser o meu final de ano. Tudo vai depender do dinheiro e da saúde. Graças a Deus estou bem, fora uma dor no estômago que sinto de vez em quando. Tchau!

Domingo, 21 de dezembro de 2003

Acordei às 6:30. Tomei banho, me arrumei — a mim e a minha irmã. Fomos para a parada de ônibus. O ônibus demorou que só. Fui cedo para a ONG ajudar Solange a arrumar as meninas que iam fazer a apresentação de Natal. Na festa, teve brindes e prêmios. Minha amiga oculta vai continuar secreta. A mal-educada não apareceu na festa. O pessoal da ONG me deu uma lembrancinha para não passar em branco. Troquei presentinhos com minhas amigas do projeto, tudo de coisas que fizemos nas oficinas de costura e artesanato. Quando cheguei em casa, meu marido estava de porre e pegou os meus presentinhos de dentro da sacola e jogou contra a parede. Fez um barulhão. Depois, deitou e dormiu. Quando parei de chorar, peguei minha irmã que tinha ido dormir comigo, catei o colchão que ela dorme e fui pra casa da mamãe. Quando contei o que ele fez, ela só disse:

— Já tá assim? Amanhã, conversa com ele. Se for pra continuar desse jeito, não vai dar certo.

Não é fácil falar dos meus problemas com minha mãe. Enfrentei a maior barra porque ela não queria que eu me casasse. Só que o jeito que ela me tratava me incentivava a ir morar com Vavá. A gente passava a maior dificuldade e ele me ajudava, dava dinheiro para comprar almoço. Minha mãe foi se acostumando com isso e pedia cada vez mais coisas para ele. Eu morria de vergonha. Até que um dia furtei dinheiro dela pra comprar um sapato e ela foi atrás do Vavá como se ele tivesse obrigação de pagar pelo que peguei. Esse tipo de coisa me fez sair de casa. Tomei a decisão e nem comuniquei a ela. Uma noite, quando voltava do colégio, simplesmente disse:

— Vavá, vou pra tua casa, vamos morar juntos.

Ele concordou. Quando passei com as minhas coisas dentro de uma sacola, minha mãe estava na casa da vizinha. Só disse que não queria que eu me arrependesse depois. Depois que saí de casa, nossa relação ficou legal. Minha mãe só tem 37 anos, é como se fosse minha amiga. Naquela época, estávamos virando inimigas, pois ela me batia muito. Eu era muito de festa, saía, bebia. Nunca me esqueço do dia que fiquei com o menino mais bonito da rua. Bem na noite que consegui ficar com ele, minha mãe me fez passar a maior vergonha. Ela me bateu no rosto. Ficou a marca por dois dias. Ela me batia por nada, mas nesse dia, meu primo de 3 anos tinha morrido, ela me mandou ficar em casa com meus irmãos pequenos. Só que eu tranquei as crianças, pulei a janela e fui pra festa. Às vezes, fazia por merecer. Depois que casei, amadureci e nossa relação mudou.

Yasmin encontrou em Vavá um bote salva-vidas. Enquanto sua mãe e os irmãos continuam naufragando em um mar de miséria, ela conquistou uma vida um pouco mais digna na condição de mulher de um jovem trabalhador. O orçamento apertado obriga o casal a malabarismos. Mas, em meio à falta de dinheiro, os dois ainda encontram tempo e espaço na massacrante rotina para se dar pequenas alegrias, como tomar um sorvete juntos no final da tarde de domingo. O idílio, no entanto, sofre a constante ameaça da falta de privacidade, uma vez que vivem

nos fundos da casa dos pais de Vavá. Ela também começa a sofrer os reflexos de um mal que acompanha a sua vida: o alcoolismo em família.

Segunda-feira, 22 de dezembro de 2003

Depois do que o Vavá aprontou ontem por causa da bebida, só voltei pra casa quando ele já tinha saído. Quando ele apareceu, fui logo dizendo que ia embora. Conversamos, ele pediu desculpa. Estava com receio de perdoar, mas perdoei. Afinal, foi a primeira vez. Ele voltou para o trabalho e eu fui lavar roupa. Depois, levei o material de manicure que eu ganhei de brinde de Natal lá na ONG e fui pintar a unha da mamãe e da minha irmãzinha.

Terça-feira, 23 de dezembro de 2003

Quando meu marido voltou do trabalho, fomos ao *shopping* pegar um sapato do meu sogro e comprar uma bermuda para Vavá. Tinha muita gente, aquela coisa de Natal, todo mundo querendo comprar. Pesquisamos e só encontramos as coisas meia hora antes de o *shopping* fechar. Passamos no mercadinho do bairro, que é o único da região e é caríssimo. Gastamos R$ 50, que o patrão dele adiantou do próximo salário.

Quarta-feira, 24 de dezembro de 2003

Meu marido chegou com uma cesta básica que o patrão dele dá todo ano. Minha melhor amiga da ONG, a Talita, veio me visitar. Meu marido levou a gente para lanchar na carrocinha de cachorro-quente. Na volta, Vavá decidiu cochilar um pouco, antes de passar na casa dos parentes para desejar Feliz Natal. Eu também dormi. Quando ele me chamou já era meia-noite, bem na hora dos fogos. Só que eu estava com tanto sono, que nem saí de casa. Ele foi desejar Feliz Natal aos pais. Minha mãe também apareceu. Quando ela foi embora, dormimos.

Quinta-feira, 25 de dezembro de 2003

Minha mãe convidou meu marido para almoçar na casa dela. Vavá foi meio emburrado, mas foi. Depois, fomos ver televisão. Choveu pra caramba. Quando terminou a novela da tarde, todos foram se deitar. Lavei a louça e fui embora. Dormi de novo e só acordei agora, às 20:30. Jantei e já vou dormir de novo. Meu Natal foi assim. Mas eu não estou arrependida de passar dormindo com meu marido. Tchau!

Sexta-feira, 26 de dezembro de 2003

Não ganhei nada de Natal nem dei nenhum presente. Hoje, eu e meu marido fomos para a festa de confraternização do colégio. Mas o professor não apareceu e não teve nada.

Domingo, 28 de dezembro de 2003

Logo cedo fui pra casa da mamãe pintar o meu cabelo, mas a tintura estava errada. Queria o tom chocolate, mas comprei castanho-claro. Voltei para trocar, mas no caminho cruzei com um motorista doido, que ainda por cima estava de porre. Eu estava na bicicleta junto com minha irmã e quase que ele nos atropela. O carro caiu dentro da vala, e depois ele veio com tudo pra cima de mim. Eu gritei:

— Tá doido, porra!

Ele começou a me chamar de vagabunda. Chamei ele de fodido e ele cuspiu na minha direção. O grosso saiu resmungando e eu continuei meu caminho até o supermercado. Chegando lá, o gerente não queria trocar a tintura, mas acabou trocando. Voltei pra casa, descolori meu cabelo. Uma menina da rua me avisou que a trambiqueira da Janete, uma garota que vende produtos de catálogo, vai viajar amanhã. Ela me deve R$ 35 de uns produtos que pedi, paguei e ela não entregou. Fui até lá esculhambar com ela. Dei o prazo até amanhã pra ela me pagar. Logo cedinho, volto lá.

Segunda-feira, 29 de dezembro de 2003

Fizemos a avaliação da festa de Natal na ONG. Nem todas as meninas apareceram. Solange deu uma cesta básica para cada uma. A minha estava pesadona. Peguei dois ônibus pra voltar pra casa. Parei na casa da minha mãe e pedi uma carona de bicicleta ao meu irmão. Dividi o quilo de arroz e o quilo de açúcar com minha mãe e minha sogra. Depois, fui ao supermercado comprar mais tintura pro meu cabelo. Uma caixa só não deu. Mas não tinha. Passei em outro, também não achei. Para não perder a viagem, comprei xampu para dar um jeito nesse meu cabelo. Ah! A trambiqueira da Janete foi embora sem me pagar.

Terça-feira, 30 de dezembro de 2003

Almoçamos e jantamos as sobras de ontem. Na hora do almoço, quando fui pegar as coisas na geladeira da casa da minha sogra, ela

ELIANE TRINDADE

ficou perguntando onde estava a comida. Pensei que ela estava falando com minha cunhada e só na terceira vez notei que era comigo. Minha cunhada já tinha dito que hoje a mãe tinha acordado de mau humor. Com certeza ficaram falando mal de mim quando saí. Meu marido tinha que voltar ao trabalho às 14:00, mas estava ardendo em febre. Fiz um chá pra ele.

Quarta-feira, 31 de dezembro de 2003

Minha televisão ainda está uma droga. Vamos precisar trocar mais umas peças, só que não sobra dinheiro. Pedi ajuda à mamãe para fazer galinha e salada. Já botei o feijão e o macarrão no fogo. Almoçamos e dormi a tarde todinha. Vavá jantou cedo e passamos na sorveteria. Como ele tava muito cansado, resolveu dar uma dormidinha até as 23:00 para estar bem na virada do ano. Coloquei o despertador, mas só acordamos com a mamãe batendo na porta perguntando se tinha sobrado jantar. Dei comida pra ela e para minha irmã e elas foram embora. Comecei a me arrumar, vesti meu vestido branco novo. Fui juntando um dinheirinho até conseguir os R$ 20 para comprar de um camelô. Fiquei chique, maravilhosa. Dei uma corridinha até a casa da mamãe para estourar o champanhe. Desejei feliz Ano-Novo para todo mundo, até para minha sogra. Fiquei vendo tevê, enquanto meu marido terminava de se vestir. Vavá enrolou muito e só saímos depois de meia-noite. Fomos para uma festa em um clube novo. Bebi pra caramba, fiquei tonta. Só viemos embora por volta das 6:30. No ônibus, já tava com vontade de vomitar. Estava completamente de porre. Meu marido e o colega dele que foi com a gente tiveram que ficar me segurando. Minha rua está sendo asfaltada, saí cambaleando, caí e sujei meu vestido todo de piche. Quando deitei na minha cama, vomitei que só e dormi.

Quinta-feira, dia 1º de janeiro de 2004

Não consegui levantar de tanta dor de cabeça e enjoo. Fiquei deitada. Não se ouvia um barulho. Dormi de novo. Cada vez que me levantava dava vontade de vomitar. De tardinha, meu marido apareceu de porre. Tinha ido pra casa de não sei quem beber e voltou caindo por cima das coisas. Caiu no chão e vomitou bastante. Me deu enjoo e fui correndo vomitar no banheiro. Quando me levantei, estava melhorzinha. Tomei um resto de sorvete que tinha na geladeira. Não demorou muito, vomitei de novo. Apesar desse meu primeiro dia de cão, o Ano-Novo foi melhor que o Natal. Quero que 2004 seja repleto de felicidade e de paz pra todos. Espero realizar todos os meus objetivos. Anotei em um papel meus planos para 2004. É praticamente a mesma coisa do ano passado. Quero arrumar emprego, terminar meus estudos, ter minha casa e saúde. Em 2003, tive duas vitórias: tirei meus documentos e passei de ano.

Sábado, 10 de janeiro de 2004

A ex-namorada do meu irmão Kleiton, a Cristiane, com quem ele teve a Patrícia, trouxe minha sobrinha pra eu ver. Dei R$ 5 para ela comprar um presentinho para a neném. Quando meu marido chegou, fomos passear. Paramos para comer batata frita e depois comi coxinha com refrigerante. Ainda passei na barraquinha de cachorro-quente. Comi dois mistos-quentes com Coca-cola e um *cheeseburger*. Quando cheguei em casa, comi um espetinho de carne. Hoje comi pra caramba! Gostei. Adoro quando meu marido me leva pra passear!

ELIANE TRINDADE

Domingo, 11 de janeiro de 2004

    Esta madrugada não dormi direito. Comi muito. Passei mal a noite toda. Era do banheiro pra cama. Fui dormir lá pelas 5:30. Eu e meu digníssimo. A gente acordou às 8:30. Vavá fez café e eu comi um misto que sobrou de ontem. Assisti televisão até meio-dia. Depois do jogo do meu marido, passei na casa da mamãe e encontrei minha avó chorando de dor no braço. Ela tem reumatismo. Fui na casa da vizinha pedir um remédio emprestado. Assisti à Sessão das dez com o meu marido na tevê. Foi a primeira vez que ele assistiu a um filme comigo. Ele sempre dorme antes.

Segunda, 12 de janeiro de 2004

    Busquei meus resultados na escola. Enfrentei uma fila enorme, mas passei de ano. A minha nota mais baixa foi 6. Agora que acabei o supletivo do primeiro grau, vou entrar numa escola regular para cursar o primeiro ano do ensino médio. Vou trocar de colégio e passar a estudar junto com a minha mãe e o meu marido. Ele vai fazer o segundo ano e minha mãe passou para o terceiro ano, mas vai fazer dependência. Estou feliz. Se Deus quiser vou terminar meus estudos. Quando cheguei do colégio, jantei e assisti à novela. À noite, quando vou fazer xixi, minha barriga dói. Fico do banheiro para a cama a noite inteira. Amanhã, vou marcar uma consulta. Passo a noite acordada e meu marido fica acordado também.

    Fui com meu irmão mais novo, o Kleberson, na casa do pai dele, o Jerônimo, que é quem chamo de pai. Minha mãe diz que sou filha do Valdemar, que foi quem me registrou. Mas só tenho o sobrenome dele, faz séculos que não nos encontramos. Não sei muita coisa dele. Quando eu nasci, minha mãe andava com os dois ao mesmo tempo. Nem ela sabe direito quem é o meu pai. Mas eu desconfio que é o Jerônimo, porque tenho o mesmo sinal no pé que o Kleberson tem. É uma marca dele também. No meu coração, acho que sou filha do Jerônimo. Sinto que ele tem um carinho de filha por mim. Ele passou um tempão separado da minha mãe, mas agora os dois estão meio enrolados. Passamos na casa dele para fazer uma visita e pedi dinheiro. Ele ainda não sabia que eu tinha me casado. Ele some, aparece uma vez na vida outra na morte! Aí tomei a bênção e ficamos conversando. Contei que passei de ano e ele me deu os parabéns. Pedi um presente de aniversário, pois vou fazer 18 anos em março. Não vejo a hora de ficar maior, vai ser bem mais fácil arrumar trabalho. A conclusão do ensino fundamental também vai ajudar. Posso trabalhar como caixa de supermercado, como vendedora de loja, qualquer coisa. Profissão certa não tenho, mas quero ganhar dinheiro para ajudar minha família. Voltei pra casa e assisti a um pedaço do filme *007 — O mundo não é o bastante*.

Quarta-feira, 14 de janeiro de 2004

Só consegui marcar consulta com um clínico geral do plano de saúde da empresa do meu marido para sexta. Apareceu também uma dor debaixo do meu seio muito forte. Toda madrugada sinto uma dor muito forte na barriga. Só que, quando a gente vai na merda desses médicos, eles passam bem uns cem remédios pra comprar. Com que dinheiro?

Quinta-feira, 15 de janeiro de 2004

Acordei às 6:30 para ir à consulta com a ginecologista lá na ONG. Chegando lá, tinha um bocado de mulher. A médica nem tinha chegado. Solange falou que tinha uma menina com um caso mais grave do que o meu. Minha dor já tinha passado, e deram preferência a ela. Fui a última a ser atendida. A médica descobriu uma inflamação no cólon do meu útero. Eles me deram creme vaginal e pílula. Falei também das outras dores, a doutora acha que é gastrite.

Teve uma surpresa hoje à tarde na ONG. A assessora de uma mulher que vai se candidatar a governadora apareceu para fazer doação de brinquedos. Ganhei um conjunto de porcelana pequenininho. Gostei.

Sexta-feira, 16 de janeiro de 2004

Fui me inscrever no centro de recrutamento e formação profissional para tentar conseguir um estágio. Lá é só para aluno de escola pública. Depois que meu marido voltou do trabalho, lanchamos e ele foi consertar a minha bicicleta. Tenho brigado muito com minha sogra e meus cunhados. Fico até com vergonha de gravar a baixaria. Ela mexe muito nas minhas coisas, sem minha permissão. Quando saio para o projeto, ela revira tudo lá em casa. Além de implicar com as minhas roupas. Quando estou em casa, uso roupa curta. Brigo com meu marido também porque ele empresta dinheiro e ela nunca paga. Fica endividado e passamos necessidade por causa dela. Minha sogra não tem aposentadoria, é mãe de santo. Não converso com minha mãe essas coisas, porque ela só sabe mandar eu me separar. Não tenho com quem desabafar.

Sábado, 17 de janeiro de 2004

Fui na casa da mamãe esperar papai chegar. Só para vocês não se confundirem, estou falando do Jerônimo. Ele tem dormido na casa da mamãe e trouxe um frango assado. Comemos e fomos à capela ver uma apresentação.

Domingo, 18 de janeiro de 2004

Fui levar o resto de frango que a mamãe tinha guardado na geladeira da casa da minha sogra. Ela mora a uns dois quarteirões de distância. Minha mãe me contou que papai foi embora de porre e tentou bater nela. Na verdade, eu odeio o Jerônimo por causa dessa coisa da bebida.

Segunda-feira, 19 de janeiro de 2004

Fui pegar minha transferência no colégio. Fiquei esperando um tempão porque tinha muita gente. Meu marido ficou bravo porque demorei.

Terça-feira, 20 de janeiro de 2004

Na ONG hoje assistimos a um vídeo sobre gravidez na adolescência. Gosto dessas atividades, porque foi assim que passei a ter os meus pensamentos de hoje. Tomo pílula ou transo de camisinha, não quero mais ter filho cedo. Depois passei para ver a confusão que estava tendo aqui na invasão perto de casa. A galera invadiu o terreno de um homem muito perigoso. A polícia tirou todo mundo de lá. Veio com escopeta, cachorro, cavalo. De lá, fui na taberna comprar farinha e tempero.

Domingo, 25 de janeiro de 2004

Acordei às 9:30, e só porque meu marido me chamou. Tomei café, escovei os dentes, arrumei a casa e fui na casa da mamãe ver como estavam as coisas por lá. Quando voltei, botei feijão, carne, macarrão no fogo. Troquei tudo de lugar: cama, fogão, guarda-roupa, ventilador... Lavei as louças, deixei tudo brilhando. Pendurei uns quadrinhos na parede. Meu marido tinha bebido e chegou bravo por causa das minhas dívidas. Ele tem razão. Faço muita prestação, compro roupa fiado. Sou viciada em catálogo. Estou devendo R$ 70.

Segunda-feira, 26 de janeiro de 2004

Meu marido acordou com dor de barriga e febre. Fui na casa da mamãe atrás de remédio. Peguei casca de caju, alho e boldo. Busquei a televisão no conserto, mas o homem disse que não teve jeito de ajeitar. Meu sogro foi comigo para trazer a tevê no carro. Ele tem um Fusca bem acabadinho, mas que ainda anda. Fui atrás de outra pessoa para consertar a tevê, mas é caro. Só a visita são R$ 35. O jeito é assistir à televisão na casa da minha sogra.

Quarta-feira, 28 de janeiro de 2004

Tive que ir ao colégio do meu irmão mais novo pegar a transferência dele. Depois, fiz o trabalho de escola do meu marido. Vavá ficou de recuperação. Levei a televisão do meu vizinho lá pra casa e fiquei assistindo. Ao tentar ajeitar a antena, quase caí do telhado.

Segunda-feira, 2 de fevereiro de 2004

Acordei às 6:30 para ir com uma vizinha procurar emprego. Era numa funerária. Não serviu pra mim e ela também não quis. Era pra vender plano na rua. Quem é que vai querer comprar uma cova antes de morrer? Fui comprar outra peça para nossa televisão. Passei no meu antigo colégio para pegar meus documentos para levar no outro onde quero me matricular.

Terça-feira, 3 de fevereiro de 2004

Aquela minha dor de barriga voltou. Fui com a mamãe no colégio e aproveitei para pegar o resultado do meu marido, que conseguiu passar raspando para o segundo ano [*do ensino médio*]. Minha mãe tinha ido renovar a matrícula, mas não conseguiu porque tinha perdido a identidade.

Sexta-feira, 6 de fevereiro de 2004

Acordei às 6:30 para chegar cedo para fazer a minha matrícula Mas chamaram primeiro as pessoas que tinham deixado o nome ontem. A diretora ia chamando de três em três. Só fui chamada às 13:00, e mamãe, às 14:00.

Sábado, 7 de fevereiro de 2004

Eu e meu marido fomos para o aniversário de 15 anos da filha de um colega dele. Vavá ficou bebendo, dançamos e comemos até de madrugada. Foi legal.

ELIANE TRINDADE

Domingo, 8 de fevereiro de 2004

Estou um pouco triste. Não me sinto muito bem. Mas vou gravar uma coisa que eu fiz no passado e que me arrependo até hoje. Penso sempre nisso quando fico deprimida, para lembrar que minha vida já foi pior. É uma coisa que ficou presa dentro de mim por muito tempo. Não tenho pra quem contar. Aconteceu quando minha mãe estava passando por uma dificuldade muito grande. A gente não tinha o que comer. Eu já estava na ONG. Minha mãe recebia um salário-mínimo, mas não dava para sustentar todo mundo e ela gastava dinheiro com meu padrasto. Então, tinha um velho que vendia bombom lá na minha rua e que mexia comigo. Ele sempre falava:

— Vem aqui comigo, que eu te dou tanto.

Até que um dia, nem sei onde estava com a cabeça, decidi sair com ele. Seu Francisco é daqueles velhos babões. Ele marcou de a gente se encontrar na casa dele. Eu tinha uns 12 anos, foi pouco tempo depois de eu perder a virgindade. Só não fiz saliência porque ele não conseguiu. O pênis dele não funcionou. Mas mesmo assim foi horrível ver ele mexendo no meu corpo daquele jeito. Desde esse dia, fiquei me sentindo imunda por dentro. Foi a única vez que fiz programa. Ele nem me deu a quantia que prometeu. Falou que ia me dar R$ 20, mas me deu R$ 10. Até hoje quando vejo ele na rua sinto vergonha dele e de mim mesma. Ele também ficou envergonhado na hora e disse:

— Isso nunca aconteceu comigo.

Eu pensei comigo: ainda bem que ele não conseguiu fazer o negócio dele funcionar. Ia ser muito pior. Saí da casa dele chorando. Entreguei os R$ 10 pra minha mãe e disse que tinha tomado emprestado de uma colega e ia pagar aos poucos. Quando a gente dava dinheiro pra ela, minha mãe ficava alegre, acabava na hora o mau humor.

A depressão faz Yasmin mergulhar em lembranças que prefere esquecer. Ela continua se sentindo profundamente envergonhada da primeira e única experiência no comércio sexual. Esse é um atalho que, tem certeza, não quer mais pegar. No fundo, não aceita a justificativa de que precisava muito do dinheiro para comprar remédio para a mãe. Tão logo começou a construir sua própria escala de valores e a discernir o que é certo do que é errado, Yasmin precisou encarar suas próprias contradições. Ela, que admite sem culpas ter roubado a mãe para comprar um sapato novo no passado, passa a condenar as atitudes do irmão mais velho, que continua fazendo o mesmo.

Terça-feira, 10 de fevereiro de 2004

Saí de casa às 6:30 para me inscrever na fila por um estágio. Não consegui, mas minha educadora, a Solange, disse que ia me cadastrar pela internet na casa dela. Passei no clínico. Ele mandou eu fazer uma série de exames. Acha que estou com gastrite, verme e anemia. Voltei pra casa e fiquei deitada. Só me levantei para ir na padaria comprar pão. Lanchei, assisti à novela, jantei e fui dormir. O médico disse que tenho gastrite justamente porque só como fora do horário, depois que chego da escola. Um outro médico disse a mesma coisa e passou um bocado de remédio, mas não tenho dinheiro para comprar. Não voltei mais naquele porque fiquei com vergonha de dizer que não comprei o remédio.

Quinta-feira, 12 de fevereiro de 2004

Minha educadora me chamou pra conversar um assunto sério. Já fiquei cabreira, mas Solange tinha uma proposta de um estágio de meio período numa loja de roupa para ganhar R$ 100 por mês. Adorei essa proposta! Nunca estive tão feliz! Era tudo que eu mais queria:

trabalhar, ganhar meu dinheiro e poder ajudar as pessoas. Passei na casa da mamãe para contar. Meu pai tinha deixado um lanche pra mim — um misto-quente, adoro pão com queijo, e refrigerante. Estou muito feliz com tudo que está acontecendo.

Sexta-feira, 13 de fevereiro de 2004

Hoje é sexta-feira 13! Fui ao médico fazer meu exame de sangue. Desde ontem estou muito feliz. Estou ainda mais contente porque meu marido está me ajudando a planejar meu aniversário. Vai dar tudo certo, se Deus quiser! E tem mais uma coisa: vou fazer 18 anos para poder me empregar.

Sábado, 14 de fevereiro de 2004

Estava cuidando da minha sobrinha Priscila, quando meu celular tocou. Era uma moça do curso de inglês perguntando se eu queria uma bolsa de estudo por indicação de uma amiga minha. Marcamos a entrevista para segunda. Vai ser ótimo aprender inglês. Desde quinta-feira, sou a pessoa mais feliz do mundo.

Segunda-feira, 16 de fevereiro de 2004

Fui marcar consulta pra mamãe. Passei na cidade pra comprar miçangas pra minha bolsa. Almocei, dormi e só fui acordar umas 15:00. Arrumei a casa, lavei a louça e o banheiro, limpei o fogão e fiquei assistindo à televisão. Depois fui ver meu marido jogar bola. Estou tão acostumada com minha rotina... A moça do curso de inglês não ligou.

Quarta-feira, 25 de fevereiro de 2004

Tive febre e dor de cabeça. Minha garganta tava muito inchada. Não levantei da cama nem pra beber água.

Quinta-feira, 26 de fevereiro de 2004

Não tive ânimo pra nada. Meu irmão veio deixar um remédio pra mim. Liguei pra Solange pra saber como estavam as coisas e ela me ensinou o nome de um remédio para garganta. Amanhã, vou conhecer o local onde vou trabalhar.

Sexta-feira, 27 de fevereiro de 2004

Acordei às 6:30, mas não adiantou muito porque o ônibus demorou a passar. Quando finalmente peguei o ônibus, desci na parada errada. Liguei para minha educadora e ela ficou me esperando no caminho para me apresentar à dona da loja onde tem vaga para estagiária. Já conhecia algumas das meninas que trabalham lá. Gostei do pessoal e elas, de mim. Vou começar a trabalhar no início de março.

Domingo, 29 de fevereiro de 2004

Minha garganta continua muito irritada, fico tossindo toda hora. Ontem, sábado de Carnaval, meu marido fugiu de mim. Não estava com ânimo pra festa, ele foi sozinho com os colegas. Não brigamos por causa disso.

Segunda-feira, 1º de março de 2004

Começou o meu estágio. Estava muito insegura. Não tenho certeza se vai dar certo. Saí bem cedo para o meu primeiro dia de trabalho. Só que preciso pegar dois ônibus. Cheguei 15 minutos atrasada. As outras vendedoras já estavam arrumando a loja. Elas me ensinaram a tirar a nota e logo fiz minha primeira venda no cartão, uma saia e uma blusa. A dona da loja ficou me elogiando, dizendo que eu chamo cliente. Quando deu meio-dia, vim embora. Chegando em casa, comprei ovo e fritei pra almoçar. Gostei muito do meu primeiro dia de trabalho e também das vendedoras, do gerente e da dona da loja. Acho que vou ser feliz como vendedora.

Terça-feira, 2 de março de 2004

Acordei às 5:30. Cheguei na loja muito cedo, umas 7:15. Peguei uns trocados para tomar café numa barraquinha. Fui a primeira a chegar na loja, às 7:40. Fiz umas quatro vendas hoje. Experimentei a calça que a Solange me deu para trabalhar. Comprei uma marmita no almoço. É que estamos sem gás desde domingo. Apesar de não usar o fogão, limpo ele todo dia. Mas não quero reclamar de dinheiro. Daqui a três semanas é meu aniversário. Não vou ter condições de fazer festa. Mas quero que vocês saibam que estou muito, muito feliz! Estou alegre de ter conseguido subir mais um degrau na vida. Ter um trabalho, mesmo que seja um estágio, é uma felicidade e tanto. Na escola, já superei o primeiro grau. Com 18 anos e meus estudos, posso conseguir muito mais.

Quarta-feira, 3 de março de 2004

Estou muito chateada. Quando voltei do trabalho ao meio-dia, meu marido contou que tinham mexido na nossa comida. A gente guarda tudo na geladeira da minha sogra, mas não se pode deixar nada lá que eles mexem. Chorei de raiva quando meu marido contou que não tinha mais comida pra mim. Para completar, pegaram minha sandália e me devolveram arrebentada. Chorei mais ainda. Nem jantei nem tomei banho. Só fiz me deitar na cama e dormi de tanta raiva. Continuo não gostando nada da minha sogra. Nossa convivência é cruel. Tem dia que ela chega a bater aqui em casa às 5:00 da manhã. Ninguém merece, muito menos eu. Ela é horrível! Acho que só faz tudo isso para me provocar.

Quinta-feira, 4 de março de 2004

Passei para ver a mamãe porque a coluna dela está muito inchada. Ela está com colesterol alto e gastrite. Toda noite eu vou lá dar uma olhada nela antes de ir pro colégio. Minha irmãzinha não fica mais comigo, porque não tenho tempo para nada. É a vida, né? Como estudo à noite, é um sacrifício acordar cedo, mas estou na luta. Quando tenho todas as aulas, só chego em casa depois das 23:00 e ainda vou esquentar a janta e tomar banho antes de dormir. Mas é bom ver que o meu tempo está sendo aproveitado. Tipo assim, minha agenda está superfechada. Não tem espaço para mais nada. A situação financeira continua do mesmo jeito. Estamos completamente sem dinheiro. O que meu marido ganha vai tudo para pagar dívida e para ajudar a mãe dele, que para piorar decidiu se separar do meu sogro. O salário do Vavá ficou apertadíssimo e eu só vou receber no próximo mês. Como continuamos sem gás, ele compra ovo e mortadela para a gente lanchar. E tenho que fritar o ovo na casa da mãe dele.

Sexta-feira, 5 de março de 2004

Fiquei feliz porque meu marido me deu dinheiro pra comprar caderno, lápis, caneta. Amanhã, vou comprar o uniforme. Na segunda, vão começar as aulas e eu não tinha providenciado nada. Tive que voltar na papelaria porque esqueci meu celular. Por falar em celular, minhas prestações estão atrasadas. Ganhei do meu marido no início de novembro do ano passado, uns 15 dias antes de começar a gravar o meu diário. Foi um presente de Natal antecipado. Mas não estamos conseguindo pagar as prestações. Só pagamos as duas primeiras até agora e três já estão em atraso. Ainda faltam cinco. Cada uma é de R$ 35, fora os juros.

Sábado, 6 de março de 2004

Vendi bastante. Só que fiquei um pouco chateada porque a outra vendedora chamou a minha atenção na frente do freguês. Morri de vergonha. Essa minha colega da loja pega as mercadorias, deixa tudo bagunçado e diz que fui eu, só porque sou novata. Pedi pra dona da loja descontar do meu salário uma calça de R$ 30 que eu tirei para ir para o colégio.

Segunda-feira, 8 de março de 2004

Hoje é o Dia Internacional da Mulher. Meu marido foi me deixar na parada. No serviço, vendi bastante coisa. De lá, passei na ONG para pegar meus vales-transportes. Eles estão me dando essa força, porque senão eu não ia conseguir fazer o estágio. Fui pra escola debaixo de chuva para meu primeiro dia de aula no primeiro ano, mas não tive nenhuma aula. Foi só uma apresentação. Aula mesmo só vai ter amanhã. Estava com muita dor de cabeça, mas estou alegre. Daqui a duas semanas é meu aniversário!

Quarta-feira, 10 de março de 2004

Hoje fiquei triste porque minha sobrinha Patrícia está muito doente. Ficou com febre e um bocado de bolinha vermelha pelo corpo. Ela chora e a mamãe não sabe mais o que fazer. Mamãe não pôde comprar remédio porque é caro. Fiz uma venda de mais de R$ 100. Fui pro colégio, não teve aula de novo. Esperei até 21:30, o professor não apareceu. Passei de novo na casa da mamãe e fiquei chateada de ver uma criancinha chorando e se coçando sem que a gente pudesse fazer nada para ajudar.

Quinta-feira, 18 de março de 2004

Estou triste de novo porque todo mês acontece a mesma coisa. Meu marido empresta dinheiro pra minha sogra e para os parentes dele, que nunca pagam. Quando eles emprestam dinheiro pra gente e não recebem logo, ficam de cara feia, cobram. Meu marido disse que preciso entender. A família do Vavá nunca gostou de ele ter se casado com uma menina de rua. Minha vida é cheia de altos e de baixos. A gente não passa fome, mas poderia comer melhor. Não vou chorar mais hoje!

Sexta-feira, 19 de março de 2004

Como o ônibus demorou muito, voltei pra casa. Liguei avisando que não ia trabalhar porque tinha médico. Menti. Em relação a minha chateação, é melhor esquecer. Vou fingir que não estou vendo. Só tive duas aulas de Matemática. Fiquei na frente do colégio esperando o Vavá, quando aconteceu um acidente com uma colega da minha sala. Uma moto bateu nela e parece que vai ficar paralítica. A ambulância demorou demais pra chegar.

Sábado, 20 de março de 2004

Vendi bastante hoje, mas depois do almoço teve um assalto na loja ao lado. Os caras foram direto no caixa. Quando deu umas 20:30, minha patroa mandou fechar a loja. Estou muito cansada. Meu dia foi dobrado para compensar a falta de ontem.

Domingo, 21 de março de 2004

Tinha feijão, arroz, macarrão e carne, preparei almoço e levei também para minha mãe e pra minha sobrinha Patrícia, que melhorou da coceira. De tarde, terminei de costurar o lençol da minha vizinha na máquina que ganhei do pessoal da ONG. Tinha que entregar a encomenda na segunda. Costurei até as 21:00. Meu aniversário é nessa sexta-feira. Não vejo a hora.

Segunda-feira, 22 de março de 2004

Levei um susto hoje quando cheguei na loja. Minha patroa me falou que não vou mais fazer o estágio em abril porque teria que me matricular em um curso lá na ONG. Ela mandou eu procurar a assistente social do projeto para ver se posso desistir do tal curso. Prefiro continuar no estágio. Estou contando com esse dinheiro para ajudar meu marido a comprar finalmente a nossa sonhada geladeira. Ainda não recebi, mas não vai sobrar nada do meu primeiro salário. Tenho que pagar a prestação do meu celular e metade ficou comprometida porque tenho que pagar a calça horrível de cara que tirei para ir para a escola. Eu me arrependi de ter comprado aqui. Devia ter procurado uma bem mais barata. Estou passando por sérias dificuldades financeiras. Como não sobra nada, meu marido pega vale e a situação só piora a cada mês. Sem falar que o feijão está caro pra caramba. Hoje, só tive duas aulas de Artes. A professora é enjoada, não olha direito na nossa cara. A matéria também é enjoada.

Terça-feira, 23 de março de 2004

Uma menina na loja está com um olhão pra cima de mim. Ela não gosta que ninguém venda mais do que ela, hoje eu vendi pra caramba! Não tenho ido tomar café da manhã porque não tenho dinheiro. Hoje, na aula de Sociologia, fizemos um trabalho sobre as mulheres e o desemprego. Legal essa matéria! Amanhã vou lá na ONG falar com a Solange sobre o tal curso. Preciso continuar trabalhando.

Quarta-feira, 24 de março de 2004

Acordei às 6:00 como sempre, fui tomar café com pão e queijo, que custa R$ 1. Só como quando meu marido me dá algum trocado. Suânia, aquela menina olhuda que é gananciosa, foi atrás de mim. Quis saber se eu tinha vendido muito, porque ela estava de folga. De tarde, fui na ONG conversar sobre o curso de balconista que eu só poderia fazer pela manhã. Expliquei minha situação e eles entenderam. Vou fazer o curso na próxima oportunidade, se for à tarde. Depois da conversa, fiquei despreocupada e fui fazer minhas atividades. Tive aula de Biologia e de História. Os professores escreveram pra caramba. Minha mão está doendo de tanto copiar matéria. Não tenho livro nem dinheiro para compras apostilas, que custam cada uma R$ 2. Os professores não querem nem saber, passam um horror de apostila. Vou juntando uns trocados e até agora só consegui comprar duas.

Quinta-feira, 25 de março de 2004

Fiquei meio chateada com minha sogra de novo. Acabou o gás da casa dela e ela veio esquentar comida aqui. Só que ela passou um tempão com o fogo ligado. Quando perguntei se podia desligar, ela ficou com raiva e saiu dizendo que não gostava de frescura pro lado dela. Essa fodida vai ver! Só quer ser bacana.

Sexta-feira, 26 de março de 2004

Vocês bem sabem como esperei por esta data. Hoje, faço 18 anos. Agora, tenho mais um motivo para arranjar um emprego. Já passei da fase da adolescência, as coisas começam a ficar mais a favor. Como estou estudando e fazendo estágio, vou poder ingressar no mercado de trabalho. Acordei às 6:00, meu marido não me abraçou nem me parabenizou. Ele me enganou dizendo que ia comprar manteiga e voltou com um bolão de chocolate do jeito que eu gosto. No serviço tive uma surpresa muito da boa. Liguei pra Solange do meu celular e as minhas amigas lá da ONG cantaram parabéns pra mim. Fiquei ainda mais alegre. Depois do estágio, fui ao projeto e as meninas cantaram parabéns de novo. Chegando em casa, a mamãe fez uma ótima surpresa. Preparou uma festa com bolo todo confeitado, mesa cheia dos babados, brigadeiro e também refrigerante. Nunca tinha tido uma festa como aquela. Presente eu não ganhei, mas foi ótimo. Só o fato de o pessoal lembrar já é um presentão. Foi um dos dias mais felizes da minha vida! Eu e Vavá e minha mãe comemos o bolo e fomos em seguida para a aula, agora estudamos todos na mesma escola. Nem teve aula. Viemos embora, mas no caminho tive dor de barriga. Não importa. Estou muito contente! O que importa é que meu marido e minha mãe fizeram uma ótima surpresa pra mim.

Sábado, 27 de março de 2004

Acordei às 7:00 e fui trabalhar. De tarde, encontrei o papai na casa da mamãe. Tomei a bênção dele e fui buscar um pedaço do meu bolo de aniversário lá em casa pra ele. Jerônimo não apareceu no dia para me dar os parabéns pelos meus 18 anos, muito menos o Valdemar, que me registrou e nem deve lembrar a data do meu nascimento. Mas é do Jerônimo que eu esperei alguma coisa. Ele não falou nada de presente. Eu tinha pedido uma máquina de costura. Não ganhei dele, mas vou receber uma velha que foi doada para a ONG.

ELIANE TRINDADE

Quarta-feira, 31 de março de 2004

Hoje o meu dia foi tão chato quanto o de ontem. As outras vendedoras não falam comigo. Contei a situação para a Solange. Ela disse para eu me acostumar porque o que elas querem é tentar me derrubar. Aqui em casa com minha sogra também é muita fofoca, um inferno. Meu dia hoje não foi legal. Mal cheguei da aula, minha irmã veio me chamar dizendo que o papai tinha chegado. Ele fez umas compras com a mamãe. Jantei com eles e pedi R$ 1 pra ir trabalhar amanhã. Mas acho que vou inventar uma desculpa e aproveitar para procurar outro emprego.

Quinta-feira, 1º de abril de 2004

Tenho uma coisa pra contar pra vocês. Estou grávida! E agora? O que eu faço? Quase pego vocês, hein? Hoje é o dia da mentira! Não estou grávida, me previno. Tomo pílula, que ganho lá na ONG, e uso camisinha. Se tiver que ficar grávida não vai ser tão cedo! Não fui mesmo trabalhar. Pedi pra mamãe ligar pra minha patroa e falar que estou doente. Fui atrás de outro emprego. Peguei o endereço na parada de ônibus. Só que é pra vender plano de saúde de casa em casa e ganhar por comissão. Não quis. Meu marido está com uma ferida no braço e sente muita dor.

Sexta-feira, 2 de abril de 2004

Fui com a minha mãe pegar a transferência do meu irmão de 12 anos, porque ele vai entrar pro projeto e precisa estudar pela manhã. Só tive aula no terceiro horário, mas não fui. Amanhã vou trabalhar e recuperar esses dois dias que faltei.

Sábado, 3 de abril de 2004

As outras vendedoras me trataram supermal. Trabalhei muito, mas vendi pra caramba! A loja ficou aberta até as 20:00. Só parei uma hora pra almoçar. Cheguei em casa cansadona. Vavá fez massagem na minha perna.

Domingo, 4 de abril de 2004

Fui trabalhar para recuperar a segunda falta. O movimento foi grande. As meninas só falam comigo na ignorância. Ainda não fui contratada, mas não quero trabalhar muito tempo nessa loja. Eles exploram muito.

Terça-feira, 6 de abril de 2004

Hoje à noite, tinha que apresentar um trabalho na aula de Sociologia. Fiquei morrendo de vergonha. Os meninos da sala ficaram caçoando do pessoal do meu grupo. Cheguei em casa e não jantei porque não tinha nada para comer. Tem dia que a gente almoça só ovo com arroz.

Quarta-feira, 7 de abril de 2004

Estou boa de vendas. Acho que sou uma vendedora brilhante! Minha patroa fez meu pagamento hoje. Recebi o salário de março. Dos R$ 100, só sobraram R$ 60, porque tirei duas calças. Ainda bem que minha patroa só descontou uma. Saí da loja direto para pagar a prestação do meu celular. São dez parcelas de R$ 35. Paguei R$ 40, por causa dos juros pelo atraso. Com os R$ 20 que sobraram, comprei comida e paguei R$ 10 para uma menina que eu devia. Mas ainda comprei, para pagar com meu próximo salário, um estojo de maquiagem pra mim e dois *shorts* e cinco cuecas de presente para o meu marido, que faz aniversário no final do mês. Comprei também sandália e calcinha para dar para minha irmã que também faz aniversário em abril. Um total de R$ 45.

Sexta-feira, 9 de abril de 2004

Comprei um ovo de Páscoa de R$ 2, bem pequenininho. Não deu pra nada. Não estou triste, mas também não estou alegre. Queria ir passear hoje, mas meu marido ficou com febre, gripe e a garganta inchada.

Sábado, 10 de abril de 2004

Não aconteceu nada de especial hoje. Só fiquei triste porque queria ir ao piquenique aqui perto de casa amanhã, mas meu marido não tem dinheiro. Meu salário também não deu pra nada. Meu marido comprou um ovo de Páscoa pra mim ontem. Eu queria sair, me divertir, poder dançar, pegar um sol, sei lá... Faz tempo que não sei o que é diversão.

Quarta-feira, 14 de abril de 2004

Tomei banho, fui trabalhar. Ultimamente, tenho vendido bem mesmo. Vendi mais de R$ 100 hoje. Cheguei em casa, nem tomei banho. Só fiz trocar de roupa e fui pro colégio. Teve aula de Biologia, depois de História.

Quinta-feira, 15 de abril de 2004

Hoje, quando fui trabalhar, um rapaz ficou me encarando no ônibus. Gosto do meu marido, mas não amo ele tanto assim. Além disso, estou mordida com a minha sogra. Emprestei meu dinheiro dos vales pra ela, que disse que não tinha comida. Ela não merece, mas emprestei mesmo assim. A maldita prometeu me pagar no sábado. Só tive aula de Espanhol e Matemática. Tenho um pouco de dificuldade em Matemática. Na volta da escola, meu marido me procurou pra transar de novo. Só que eu não transei, porque nasceu um furúnculo na beirada da minha vagina, mas ele não sabe. Fiquei com vergonha de contar. Vou procurar um médico.

Sexta-feira, 16 de abril de 2004

Encontrei o rapaz de ontem novamente no ônibus. Ele ficou me olhando. Fez sinal de que queria falar comigo. Eu fiz que não entendi. Pedi R$ 1 para minha mãe pra comprar farinha, mas ela não tinha. Meu marido não foi trabalhar para ir ao banco pedir um empréstimo e poder comprar nossa geladeira. Mas, quando soube dos procedimentos, desistiu de tirar o dinheiro. Os juros eram muito altos. No colégio, fui pra outra sala assistir aula porque a professora resolveu juntar as turmas.

ELIANE TRINDADE

Sábado, 17 de abril de 2004

Fui trabalhar como sempre, mas hoje não encontrei aquele rapaz no ônibus. Na volta, peguei R$ 5 dos R$ 20 que a patroa do meu marido adiantou para a gente este mês para comprar um pouco de feijão, arroz, óleo e mortadela. Quando cheguei em casa, meu marido brigou comigo. Estou muito triste, já chorei pra caramba. Estou com raiva dele e da família dele. Resmunguei por causa da televisão enquanto colocava a panela de feijão no fogo, e ele deu um chutão na panela. Disse que sou muito enjoada e que não me aguenta mais. Enquanto ele brigava, não falei nadinha, só comecei a chorar. Fui pra casa da mamãe. Quando voltei, ele me pediu desculpas e disse que só tinha feito aquilo porque eu estava implicando demais. Só fico assim por causa da família dele. Estou muito confusa ultimamente.

Tem outra coisa me incomodando. Emprestei dinheiro pra mãe dele na quarta e ela ficou de me pagar hoje. Estou esperando até agora. Depois da briga, foi meu marido quem fez o jantar. Quando me deitei, ele me procurou pra manter relação. Não sei se fiz a coisa certa, mas transei mesmo não querendo. Não consegui sentir prazer. Fiquei chateada por ele ter me procurado depois de tudo o que fez. Não foi legal. Me senti meio suja.

Domingo, 18 de abril de 2004

Meu marido fez café para a gente. Estamos de novo sem dinheiro. Já tem um tempão que a gente passa necessidade por causa da família dele. Só ele que não entende isso. Qualquer pessoa de fora vê. Fui lá na minha sogra cobrar os R$ 5, porque preciso pagar a minha passagem para ir trabalhar. Perguntei se ela tinha o dinheiro e ela disse que não. Aí, eu falei:

— E agora, dona Cremilda, como é que eu faço?

Ela mandou eu esperar o marido dela, seu Nicanor, chegar. Ela resolveu voltar para o meu sogro. O pior é que vendi meus vales para emprestar dinheiro pra filha da puta beber e agora ela enrola. Fui dar uma olhada no meu irmão Kleberson, que está doente da perna. Quando cheguei na casa da minha avó, ele estava chorando e resolvi trazer ele para minha casa. Fiquei doida atrás de dinheiro pra levar ele no hospital. Meu marido ficou bravo ao ouvir a mãe falando mal de mim para o pai. O problema é que ela me deve e ainda fica se fazendo de vítima. Inventou que eu tinha ido lá pela manhã e dado porrada nela por causa do dinheiro. Não foi isso que aconteceu. Ainda bem que dessa vez Vavá acreditou em mim. Pedi pra meu sogro levar o Kleberson no hospital, mas ele virou a cara. Resolvi ir atrás de um senhor pra rezar a perna dele. Ele rezou e meia hora depois Kleberson estava andando de novo. Conversei com mamãe se tinha possibilidade de a gente ir morar na casa dela. Só que lá é menor do que o nosso quarto e não tem banheiro. Meu marido não quer ir. Vou propor pra ele arrumar um quarto. Não quero mais ficar aqui. Arrumei R$ 1 emprestado com meu avô para pagar minha passagem de ida amanhã. O problema é que ele cobra juros. Vou ter que devolver R$ 3. Estou muito chateada. Já chorei pra caramba! Mas chorar não adianta nada, né?

Segunda-feira, 19 de abril de 2004

Não consegui ver o moreno do ônibus. Será que eu me interessei por ele? O tempo é que vai dizer. Na hora de ir embora, fui conversar com minha patroa pra ele me emprestar dinheiro pra minha passagem de volta. Ando muito chateada com o que está acontecendo. Estou quase deprimida. Vida de pobre é assim mesmo. E tem mais! O meu cunhado quase me bate, gritou comigo porque achou que eu tinha sumido com a conta de luz. Vavá nem me defendeu! Não quero saber de beijar e muito menos transar com ele.

Na verdade, sou muito vergonhosa nessa coisa de sexo, mesmo quando estou apaixonada. Esse negócio de sexo oral, por exemplo, não é comigo. É coisa de prostituta, sou casada. Acho que se eu fizer isso vou ficar me sentindo suja. Mas meu marido nunca reclamou, eu também não. Não estamos mais fazendo sexo como antes. Andamos os dois muito cansados. Faz um mês que a gente não transa. Mas, quando a gente fica junto e ele não está bêbado, é bom.

Terça-feira, 20 de abril de 2004

Acordei, fui trabalhar, vendi bastante! Hoje eu vi o moreno e ele ficou me encarando, só de longe. Suânia, como sempre, me tomando freguês. Não sei se devo falar com minha patroa. Como sempre não temos dinheiro nem pra comer. Já venceu a prestação do celular. Meu cartão vence segunda-feira que vem.

Quarta-feira, 21 de abril de 2004

Hoje é o aniversário de 15 anos de uma amiga minha lá da ONG. Pena que não tenho mais crédito no meu cartão do celular para ligar para ela e dar os parabéns. Hoje não fui trabalhar, minha patroa me liberou. Acordei às 10:00. Fui ao supermercado, comprei sabão em pó e água sanitária. Tinha muita roupa pra lavar. Tinha quase um mês que não lavava roupa. Lavei tudinho. Pedi a minha irmã pra ela me ajudar. Ela ainda trouxe um bocado de roupa dela e do meu irmão pra gente lavar. Meu marido fez a comida e arrumou a casa. Estudei para as provas que vão começar.

Quinta-feira, 22 de abril de 2004

Aconteceu uma pegadinha comigo. A hora do meu celular estava adiantada. Saí de casa achando que eram 6:50. Cheguei no serviço às 7:00 e meu horário é 8:00. Fiquei esperando abrir a loja e nem tinha dinheiro pra comprar café. Na volta, passei na casa da mamãe pra pedir R$ 3 emprestado e comprar feijão, arroz e farinha.

Sexta-feira, 23 de abril de 2004

Minhas provas começam na segunda, mas já estou estudando. Choveu que só na volta da escola e eu cheguei em casa toda molhada. Fiz café e fiquei esperando meu marido para a gente comemorar o aniversário dele. Esculhambei por ele ficar bebendo, em vez de estudar. Jantamos e depois ele queria transar. Eu não quis. Estou muito cansada! Mas dei os presentes que tinha comprado para ele no começo do mês. Acho que gostou.

Domingo, 25 de abril de 2004

Acordei às 9:30, tomei café, fui ao mercadinho com meu marido. Compramos frango, arroz, macarrão, feijão. Neide, uma amiga minha de quem eu nunca mais tinha tido notícia, me ligou na hora do almoço. Ela é muito bacana, estava com saudades. A gente ficou conversando um tempão, pois ela fez um plano que do meu celular para o dela no final de semana a ligação é grátis. De tardinha, eu e meu marido começamos a namorar. A gente transou, ele dormiu um pouquinho e depois foi comprar pão pra gente merendar.

Terça-feira, 27 de abril de 2004

Vi o moreno no ônibus. Ele fica só me olhando. Vamos ver no que vai dar. Depois do trabalho, fiquei estudando até a hora de ir para o colégio, tinha prova de Sociologia. Eu e meu marido acordamos às 5:00 no período de provas. Estudamos até as 6:00 na cama e então levantamos para ir trabalhar. A prova foi mais ou menos. O resto está tudo normal. Não falo com minha sogra nem ela comigo.

Quinta-feira, 29 de abril de 2004

Acordei, estudei, cochilei, acordei de novo e fui trabalhar. Vi o moreno de novo. Ele continua me olhando. Fiz bastante venda no cartão. Passei com uma colega minha no sindicato dos trabalhadores para pegar ficha para fazer consulta. Eu e meu marido não estamos muito bem de saúde. Marquei dentista para mim para o dia 6. Marquei com um clínico geral para o Vavá amanhã. Passei também na ginástica para saber quanto é que custa e qual é o procedimento. Ainda estudei para a prova de Espanhol.

Sexta-feira, 30 de abril de 2004

Encontrei com o gatinho do ônibus. Só que eu não quero mais paquerar. Vou parar de olhar. Agora, as coisas estão tranquilas com meu marido. Só acho que não gosto mais do Vavá. Não sei se sou fraca pelo fato de a gente passar por tantas dificuldades juntos. As brigas com a mãe dele, a falta de dinheiro, tudo isso mexe comigo. Estou um pouco confusa. Mas tem aquele ditado, ruim com ele pior sem ele. Voltar pra casa da minha mãe é complicadíssimo. E eu adoro privacidade e lá na casa dela fica difícil.

Tive prova de Matemática. Foi uma negação. Tudo o que a professora cobrou ela deu em sala de aula. Só que complicou muito. Não dava pra entender a prova. Com certeza vou tirar nota vermelha. Ainda bem que tem recuperação!

Sábado, 1º de maio de 2004

É Dia do Trabalhador, fui trabalhar, né? Pensei que minha patroa fosse me pagar hoje, só que não me pagou. Vendi muito, o movimento estava bacana. Voltei pra casa, arrumei tudo, lavei minhas roupas, fui ao supermercado, mas estava fechado por causa do feriado. Meu marido ligou a cobrar para o meu celular dizendo que era pra eu ir para o bar onde ele estava. Tomei banho, me arrumei toda e fui pra lá ficar um pouquinho. Vim embora porque tenho que trabalhar amanhã. Queria muito que Vavá não bebesse nem gastasse dinheiro com bebida.

Segunda, 3 de maio de 2004

Minha patroa me convidou para trabalhar em horário integral aos sábados e pela manhã aos domingos. Ela está inaugurando outra loja e vai precisar de mais funcionários. Vai me pagar R$ 5 a mais pela tarde de sábado e R$ 10 pela manhã de domingo. Aceitei.

Terça-feira, 4 de maio de 2004

Preciso contar uma coisa. Hoje, na hora em que eu estava varrendo a loja, achei R$ 50 no chão. Não devolvi. Paguei o que eu estava devendo na cantina da escola e merendei. Pedi pra mamãe fazer dois trabalhos da escola pra mim, porque não tive tempo de fazer. Papai estava lá, ela não foi pra escola.

Quarta-feira, 5 de maio de 2004

Fiquei na loja só até meio-dia, porque pedi pra minha patroa para sair um pouco e poder pagar umas contas com o dinheiro que eu achei. Deixei meu celular na assistência técnica. O aparelho já está dando prego e eu nem acabei de pagar. Voltei logo e vendi bastante. Pedi para dona Vitória fazer as contas de quanto eu devo na loja e ver se dá para comprar uma roupa de presente para minha mãe, apesar de ela não ter conseguido fazer todo o trabalho para eu entregar na escola. A professora aceitou mesmo assim. Fiz prova de História e vai ter prova de Biologia amanhã. Não estou estudando nada.

Quinta-feira, 6 de maio de 2004

Depois do trabalho, fui ao dentista obturar um dente e fazer um curativo de uma extração antiga que está com problema. No colégio, teve aula normal de Espanhol e Matemática. Com aqueles R$ 50, paguei uma prestação do meu celular. Deu quase R$ 40. Lá na loja, tirei roupa pra mamãe e pra minha tia. Estou um pouco chateada com meu marido. Sábado ele bebeu! Ficamos sem nada! Ah! Meu avô está muito mal no hospital. Mandou buscar os filhos dele. Tá faltando muito pouco pra ele ir. Fiquei triste, chorei por ele! Se for da vontade de Deus, ele vai, né? Mas espero que seja só um susto. São os problemas da vida! Vocês são meus "ouvidores intelectuais". É bom desabafar. Tchau!

Segunda-feira, 10 de maio de 2004

Meu marido chegou ontem de madrugada completamente de porre. Não se aguentava em pé. Hoje, ele não foi trabalhar por causa da ressaca. Já eu vendi quase R$ 300 no cartão. Minha patroa ficou contente. Não fui para a aula, estava com preguiça.

Terça-feira, 11 de maio de 2004

Fui com minha mãe fazer inscrição na ginástica. Chega de ser gordinha, quero voltar ao meu corpinho de antes. Vamos pagar R$ 3 por mês e fazer aula duas vezes por semana. Busquei minhas fotos e ficaram lindas. Levei as fotos da carteirinha do colégio. Comprei um lanche fiado e voltei de carona de bicicleta com uma colega, porque meu marido ainda está mal e não foi para o colégio. Ainda estou com raiva dele. Precisamos conversar e conversar muito.

Quarta-feira, 12 de maio de 2004

Perdi o ônibus e tive que pegar dois para nao chegar atrasada na loja. Quando cheguei, as meninas já estavam discutindo, comecei a passar mal. Estou sentindo frio e calor ao mesmo tempo, como antigamente. Parece que a minha cabeça vai sair do lugar. Pedi para dona Vitória me deixar tomar um banho.
Passei na ONG para pegar meu vale-transporte. Conversei o que tinha que conversar com meu marido. Ele prometeu não beber mais. Se ele não parar, já sabe a atitude que eu vou tomar. Voltei tão cansada da aula que nem jantei. Não estou mais brava com meu marido, mas nunca mais transei com ele. Estou só chateada.

Quinta-feira, 13 de maio de 2004

Minha patroa acertou os dias extras que eu trabalhei. Deu R$ 15, de três sábados e mais 10 do domingo do Dias das Mães. É muito pouquinho, né? Pensei que ia ser R$ 10 cada dia a mais. Passei na casa da minha mãe e trouxe um pouquinho de comida para o meu marido, que está magrinho. Quando deu 15:00, fui pra ginástica. Fiquei toda dolorida. Não posso rir que meu abdômen dói. Tem horas que ainda sinto frio e calor ao mesmo tempo, fico pálida. Vou ao médico.

Sexta-feira, 14 de maio de 2004

Dona Vitória pediu pra eu ir ficar na outra lojinha dela. Ela inaugurou um bazar de roupas novas e usadas. Só que a cunhada dela que toma conta da loja só fica sentada e eu tive que organizar tudo sozinha. É muito trabalho para mim e ela continua me pagando a mesma porcaria. Peguei um pouco de comida na casa da mamãe, tinha macarrão e fígado.

Domingo, 16 de maio de 2004

Fui para a praia com minha tia, mamãe e meus dois primos. Pegamos um ônibus lotado e ainda carregando um isopor com refrigerante. Chegando lá fomos tomar banho, fiquei no sol, merendamos e tomamos refrigerantes. Fiquei mais de duas horas no mar. Passei óleo e hidratante no corpo e creme no cabelo. Quando a gente foi para a parada, os ônibus não paravam. Passaram vários lotados. O que parou estava bem cheio, mas fomos mesmo assim. Um sufoco danado.

Tinha um homem dormindo em pé no ônibus. Quando passava na lombada, ele caía.

Quarta-feira, 19 de maio de 2004

Recebi a prova de Biologia e de Artes. Tirei nota vermelha em tudo. Minha patroa quer renovar o meu contrato de estágio, mas estou pensando em parar. Estou tirando muita nota baixa na escola. Ando muito cansada. Estou confusa, preciso pensar. Preciso desse dinheiro, mas está difícil. Não sobra tempo para estudar. Estou pensando em pedir a minha patroa para não trabalhar mais aos sábados. Aí, posso fazer meus exercícios, meus trabalhos.

Sexta-feira, 21 de maio de 2004

Kleiton e Pâmela trouxeram a Priscila pra ficar na casa da minha mãe no final de semana, mas não deixaram nem um lanche para a criança. Esse meu irmão e essa minha cunhada são uns folgados. Discuti com Pâmela, quase dei porrada nela. Estou sentindo muita dor no caroço que nasceu na minha vagina. Está bem inchado. Encontrei meu marido no bar bebendo. Fingi que nem vi. Passei direto. Voltei pedalando devagar, pois está doendo muito o tal caroço. Fui fazer os exercícios de Matemática na casa da minha colega, mas não aguentei de dor.

Sábado, 22 de maio de 2004

Não fui trabalhar porque continuo sentindo muita dor. Fiquei com medo de ficar em casa sozinha de noite, porque estão roubando muito aqui no bairro. Fiquei na casa da minha mãe esperando Vavá, mas todo mundo foi dormir e eu fiquei conversando com o vizinho e nada do meu marido aparecer. Ele foi fazer um bico e depois ficou bebendo. Quando chegou em casa era quase meia-noite, coloquei o jantar e ele reclamou que a comida estava azeda. Quando reclamei de ele ficar bebendo, Vavá jogou a comida fora e foi se deitar. Passou um pouco, um homem bateu na porta procurando ele para cobrar R$ 12 pelos dois convites da festa que nós fomos no mês passado. Ele não se levantou, o cara desistiu. Não sei o que está acontecendo com Vavá. Ele está ficando muito irresponsável e não era assim. Bebe quase todos os dias. Isso me afasta dele.

Em relação ao meu trabalho, já decidi continuar na loja. Minha patroa prorrogou meu estágio por mais três meses. Nesse período, vou fazer meu curso de Informática pra renovar meus pensamentos e começar a fazer meu currículo. Se Deus quiser vou ser chamada para outro emprego.

Quarta-feira, 26 de maio de 2004

Quando voltei do trabalho, fui para a ginástica. Foi muito cansativo hoje. A professora pôs um quilo de areia em cada pé e mandou a gente fazer todos os exercícios. Estou chateada com meu marido. Ele prometeu me levar pra comprar a geladeira no sábado e nada. Falei pra todo mundo, nas ainda não foi dessa vez.

Sábado, 29 de maio de 2004

Não estou tomando café da manhã, porque meu dinheiro já acabou. Pedi pra minha patroa para sair mais cedo, mesmo tendo que repor a minha falta de sábado passado. Ia comprar a geladeira com meu marido. Só que não fui, porque tinha aniversário de criança para ir. Pedi para Vavá ir sozinho na loja, mas ele ficou com raiva. Ficamos discutindo e ele chutou os presentes que eu ia levar para a festinha. Comecei a chorar, dei um bocado de porrada nele, falei que também estava cansada dessa vida e que queria me separar. Fui para o aniversário e ficamos de continuar a conversa depois. Quando eu estava no aniversário, Vavá ligou, dizendo que tinha ido à loja comprar a geladeira, mas só tinha branca. Eu quero bege para combinar com o fogão. Em casa, jantamos, conversamos, resolvemos dar mais uma chance um para o outro.

Segunda-feira, 31 de maio de 2004

A educadora e a psicóloga lá da ONG ficaram de falar hoje com a minha patroa para propor de eu não trabalhar mais aos sábados e de eu sair um pouco mais cedo por causa do horário do meu ônibus. Meu marido não quis ir para o colégio porque anda bravo. Está sem dinheiro. Com relação às nossas brigas, está melhor. Já estamos nos falando e até nos beijando.

Terça-feira, 1º de junho de 2004

Minha patroa não vai abrir mão do sábado, mas vai me dar as segundas de folga. Ela é muito folgada. Ainda nem pagou a gente. Só paga dia 10. Pensa que é só ela que precisa. Vou trabalhar só este mês pra pagar minhas contas. Ela explora muito. É melhor ficar em casa.

Quinta-feira, 3 de junho de 2004

Não estou legal, mas fui trabalhar. Minha garganta está doída. Mesmo assim, fui para a ginástica no final da tarde. Já perdi uns três quilos. Fácil, né? Não tem comida. Estou me gostando mais. Não aguentava ouvir as pessoas me chamando de gorda. Fui para o colégio, mas nem assisti aula. Estou sem ânimo pra trabalhar e pra estudar. Só trabalho porque tenho que pagar minhas dívidas. Na escola, eles passam apostila em cima de apostila. É caro. Nem sempre tenho R$ 2 para comprar. Os professores ficam lá explicando as coisas da apostila que eu não tenho, não aprendo porra nenhuma. Só tiro nota vermelha. Não estou mais a fim de ir pro colégio. Estou chateada comigo mesma. Só vou continuar indo para a aula para garantir minha vaga no ano que vem.

Segunda-feira, 7 de junho de 2004

Minha patroa me pagou hoje e disse que vai passar a fazer meu pagamento por semana. Passei na casa da mamãe, ela me deu um pouco de carne com macarrão. Lavei um bocado de roupa. Tive prova de Filosofia.

Terça-feira, 8 de junho de 2004

Não fui para a ginástica, porque roubaram minha roupa de educação física que deixei no varal. Não tenho outra.

Quarta-feira, 9 de junho de 2004

Não quis ir pro colégio. Estava com preguiça. Jantei e agora vou dormir. Nesse final de semana, vamos sair para comprar a geladeira.

Sábado, 12 de junho de 2004

Hoje é Dia dos Namorados. Como minha patroa me pagou, pude comprar uma camiseta de R$ 15 pro meu marido. Não fomos comprar a geladeira, de novo. Já virou novela.

Domingo, 13 de junho de 2004

Hoje fui trabalhar pela manhã. Minha patroa pagou o dia extra e voltei a tempo da festa junina lá na comunidade. Dancei pra caramba! Vavá tinha ido jogar bola e voltou bêbado.

Segunda-feira, 14 de junho de 2004

Fui com minha mãe na ONG que meu irmão mais novo frequenta buscar as compras do mês. Se Deus quiser, Kleberson vai ter um futuro diferente do Kleiton, que não teve a mesma sorte nem a mesma vontade que eu tive para mudar o rumo da vida. Nessa outra ONG, eles deram só a cesta básica este mês. Normalmente, eles dão também R$ 60 de auxílio para as famílias. É o que segura minha mãe. Quando a gente voltava com as compras na cabeça, um senhor nos ofereceu uma carona. Ficamos com medo, mas aceitamos. Ele deixou a gente ainda bem longe de casa, mas deu R$ 10 para pagarmos o ônibus. Mamãe me deu um quilo de arroz e um quilo de feijão.

Sexta-feira, 18 de junho de 2004

Nasceu a minha outra sobrinha, bem no dia do aniversário de 38 anos da mamãe. Agora, ela já tem três netinhos, mas o Kleiton só faz botar filho no mundo, responsabilidade que é bom, ele não tem. Trabalhei até meio-dia, depois passei numa loja para ver se a gente podia tirar a geladeira. Só que não conseguimos fazer o negócio porque estamos com o nome sujo por causa de umas continhas atrasadas, entre elas a do meu celular. Venho quitando uma por mês, mas ainda não deu para regularizar tudo. O vendedor disse para a gente guardar dinheiro.

Sábado, 19 de junho de 2004

Acertei minhas contas da semana com a minha patroa. Recebi R$ 25 pela semana e mais R$ 5 pela tarde de sábado, mas deixei metade do meu dinheiro lá para ir abatendo as minhas dívidas. Não resisti e acabei comprando fiado uma calça e uma blusa. Lindas! Meu marido trouxe comida. Depois que janta, ele não bebe mais. Já sei onde é o ponto fraco dele. Então, encho ele de comida.

Domingo, 20 de junho de 2004

Já acordei com preocupação na cabeça. Meu marido pulou cedo da cama quando meu sogro veio avisar que um vizinho tinha esfaqueado meu cunhado. Fui acalmar minha sogra, dei água com açúcar, enquanto os homens foram atrás do cara. Os dois saíram na porrada e o cara enfiou uma faca grandona nas costas do Nilton. Minha cunhada, Gorete, foi na delegacia dar parte. Levaram meu cunhado para o hospital, mas ele perdeu muito sangue porque demorou a ser atendido. Quando voltei para casa, já tinham dado uma marretada na cabeça do cara que furou ele. A rua está que é só sangue. Meu sogro veio buscar dona Cremilda porque ela é mãe de santo, é invocada e ele ficou com medo de ela fazer alguma besteira. Meu marido me ligou dizendo que a confusão ainda não tinha acabado, pois Nilton já tinha sido atendido e estava esperando meu vizinho lá na porta do posto médico pra dar mais porrada nele. Ainda bem que não se cruzaram. Esse meu domingo foi de cão, mas graças a Deus agora está tudo bem!

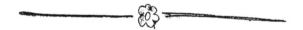

"Querido diário,

Não vou reclamar da vida ao me despedir. Nem acredito que chegou ao fim. No começo, foi um pouco estranho ter um diário. Mas adorei conversar com vocês, apesar de ser um pouco difícil abrir minha vida diariamente para as pessoas. Em alguns momentos, fiquei com vergonha. Mas é bom saber que vão poder conhecer a minha história. Apesar de meu nome ser outro, essa é a minha luta e é bom que os outros vejam o que acontece além da vida deles. Quero que se lembrem de mim como uma guerreira que sou. Mesmo com todas as dificuldades que enfrentei e ainda enfrento, não desisti de realizar meus sonhos.

Estou indo muito bem no estágio, os clientes me elogiam, minha patroa quer me contratar. Só que eu quero conquistar outras coisas.

Fiz o meu primeiro currículo e vou distribuir por aí. O problema é que não estou bem na escola. Só tirei nota baixa, perdi um pouco o ânimo para estudar. Vou entrar com tudo agora no segundo semestre para tentar me recuperar. Tenho certeza de que vou passar de ano.

Essa última fase da minha vida foi muito complicada. Meu casamento, como vocês acompanharam, está em crise. O Vavá mudou muito por causa da bebida. Quero construir minha vida sozinha, longe dele e também da minha mãe, que não é um exemplo pra mim. Ela aceita tudo de homem, só porque não consegue ter o dinheiro dela. Foi assim com todos. Eu só estou dando um pouco mais de tempo pra ver se Vavá realmente vai mudar, como prometeu. Caso contrário, eu me mudo para um quartinho só meu. Estou guardando o dinheiro extra que ganho quando trabalho aos domingos. De R$ 10 em R$ 10, já tenho R$ 70 no meu cofre. Guardo tudo enrolado em um pano e dentro de um saco plástico que enfiei debaixo da cabeceira da minha cama, bem do lado onde durmo. Melhorou meu vício de fazer compras por catálogo. Eu realmente gastava sempre mais do que podia. Antes, era meu marido que pagava, agora, com meu dinheiro, controlo mais. Sabendo administrar melhor as contas, tenho certeza de que vou conseguir finalmente comprar minha geladeira. Pode parecer pouco, mas para mim não é. Tchau! Eu já contei tudo."

Brasil, julho de 2004

CAPITULO 5

O DIÁRIO DE VITÓRIA
"Aos pés de Jesus"

"Querido diário,

Tenho a pele escura, 1,61m e longos cabelos cacheados. Estou com 20 anos, sou mãe de dois filhos, um menino de 5 meses e uma menina que vai fazer 3 anos. Meu apelido é Preta. Dizem que tenho o sorriso bonito e aparento ser mais jovem. Como sou magra e não tenho nada de barriga, ninguém diz que já tive filhos. Sou muito alegre, mas também muito triste. Toda a minha alegria tem o dobro de tristeza. Sou uma pessoa justa, que gosta das coisas muito certas, apesar de ter uma vida torta. Não sou de mentira nem de ficar de amizade com muita gente. Respeito todo mundo, gosto que todos me respeitem. Adoro ir para baile *funk*. Gosto também de sair à noite pra aprontar, procurar homem e fazer um programa legal. Agora, estou numa fase de solteira que quer namorar muito. Fico com um monte de gatinho. Antigamente, era mais quietinha. Fumo muita maconha, mas estou tentando deixar de fumar cigarro. Minha mãe derrubou o meu barraco de madeira na favela e está começando a levantar um de tijolo para eu morar com meus filhos no fundo da casa dela. Por enquanto, moro com três das minhas cinco irmãs na casa de uma tia, mas lá é muita zoeira. Tem muito moleque, muita droga, muito barato pesado rolando, e isso é ruim para as crianças.

Achei legal começar a gravar este diário porque é uma forma de fazer alguma coisa com o meu tempo. Se não tenho nada interessante pra fazer, vou fazer coisa errada. Gosto de contar tudo o que faço. Às vezes, até passo da conta. Tem coisas nestas fitas que ninguém pode saber. Por isso, troquei meu nome. Mas a minha história é isso aí. Já vivi muita coisa. Coisas que ainda não contei pra ninguém. Não me interessa como as pessoas vão me julgar. O que importa é a minha força, não ligo para o resto. Quero que as pessoas possam ver o que eu fiz e faço e parem para pensar. Meu futuro se mostrou um desastre. Quase tudo o que fiz foi uma derrota só. Mas tenho esperança. Quero vencer pelos meus filhos, pela minha mãe e por mim mesma. Apesar das minhas cabeçadas, só quero estar de bem comigo mesma, com o mundo e com Deus."

Sábado, 6 de setembro de 2003

Quando durmo em casa como hoje, acordo cedo, por volta das 8:00. Dou banho e troco minha filha, Larissa, e meu filho, Lucas. Depois, faço mamadeira, pois só amamentei ele até os 2 meses, enquanto Larissa eu tirei do peito aos 9 meses. Depois que eles comem, vamos passear. Meu filho está o maior gatão, ele chama atenção na vizinhança. Minha filha também é muito bonita. Ele é moreno. Ela é branquinha.

AS MENINAS DA ESQUINA

Quando tenho um tempinho ou acho alguém para olhar as crianças, saio com a minha amiga Sabrina. A gente fuma muita maconha junto. Não parei nem quando fiquei grávida.

Fui muito feliz quanto tive minha filha. Só tinha 17 anos quando engravidei do Rodrigo, que era dois anos mais velho do que eu. Já estávamos juntos há um ano e curtimos a ideia de ter um filho. Rodrigo é bonitão, forte e tem um sorriso lindo. Nosso namoro era legal, só nos separamos porque ele foi preso roubando. Eu estava com dois meses de gravidez. Quando ele saiu da cadeia, Larissa já tinha 9 meses. Ele não me ajuda muito, porque só tem dinheiro quando rouba. É muito desconcertado da vida. Não quero mais nada com ele.

Sempre quis ter um menino. Engravidei do Lucas mais velha, já com 19 anos. O pai do meu filho é Marcelo. Nossa história é bem enrolada e durou seis anos, inclusive no período em que fiquei com Rodrigo. A gente não se separou nem quando ele descobriu que eu estava grávida de outro. Ele é louco por mim. Apesar de ter só 22 anos, Marcelo tem condições e é trabalhador. Tem um serviço numa firma e faz bico como segurança. Ele dá tudo para o filho. Hoje, nos encontramos na favela. Não quis conversa. Também não podia falar direito porque estava indo para o casamento de uma colega minha. Ela é ex-mulher do meu irmão que foi assassinado há seis anos. Ele só tinha 17 anos e foi morto pela polícia num tiroteio de madrugada na favela, mas não era bandido.

Ontem, eu já tinha brigado com o Marcelo, porque ele quer me obrigar a ficar junto só porque a gente tem um filho. Ele pega muito no meu pé, aparece na minha casa todos os dias. Não quero mais ficar com ele, não gosto mais dele. Acho que estou apaixonada por outro. Depois conto quem é.

ELIANE TRINDADE

Domingo, 7 de setembro de 2003

Teve o maior auê porque minha mãe derrubou minha casa, que era de madeira. Vai fazer outra de bloco. Mês que vem começa a construção, ela já pagou metade do dinheiro para o pedreiro. A obra toda deve ficar em uns R$ 2 mil. Por enquanto, estou na casa da minha tia, que não mora mais lá porque o marido não aceita que ela tenha outros homens. Esse meu tio é alcoólatra. Quando bebe muito, briga e derruba a casa inteira, xinga os filhos. Os vizinhos chamam a polícia. Vivo no meio dessa confusão. Fico triste com o que está acontecendo, não vejo a hora de ter o meu cantinho e sair daqui. Meus primos todos traficam e são do mundo do crime. É aquele cheiro de maconha dentro de casa o tempo todo. Eles saem, vão para os lugares, roubam um monte de coisa. Ontem, roubaram dois vídeos, duas televisões, um som, um monte de CD e uísque. Eu não roubo nem trafico. Uma menina daqui da favela já me chamou para vender pedra, mas não topei. Para arrumar grana, eu conto com uns amigos. Ontem mesmo, fui procurar um coroa para pedir dinheiro para ir ao baile *funk*. Ele é apaixonado por uma amiga minha, então descolou um convite para gente ir pro baile. Só saímos de lá à 1:00 da manhã. Dormi na casa da Sabrina.

Terça-feira, 9 de setembro de 2003

Fui para a aula de dança lá com o pessoal da ONG, estou adorando. Depois, fui encontrar o Rochinha, um caminhoneiro com quem saio de vez em quando. Ele liga para o celular da Sabrina, combina o horário e o local e ela vai junto comigo. Não gosto de sair sozinha com cliente. Não é apenas medo, é que me sinto muito só nessas horas e é bom saber que tem alguém conhecido por perto, mesmo que o programa não seja com as duas. No caso do Rochinha, Sabrina fica me esperando no caminhão, enquanto subo com ele para o hotel. Hoje, ficamos juntos até as 3:00 da manhã. Durante duas horas só assistimos filme na tevê. Ficamos deitados, conversando. Ele até fez uma massagem em mim. Ele tem uns 40 e poucos anos. Fico enrolando, faço umas coisas nele, ele me toca, mas ainda não fizemos tudo. Mesmo sem transar, ele me pagou R$ 100 no final. Dei um pouco do dinheiro para Sabrina, uns R$ 30. A gente se ajuda. Com a minha parte, comprei cigarro, cartão de telefone, maconha e leite em pó para meu filho, que já estava acabando. Ainda tomei umas doses no bar. O restante deu para comprar creme hidratante e tudo o que eu queria comer de gostoso, como pastilhas de hortelã, bolacha e bolo. Gastei tudo em besteira, mesmo.

Como moro com minhas irmãs, minha mãe é quem sustenta a gente. Mas falta dinheiro para comprar roupa, calçado, creme para o corpo. Ainda mais no meu caso, que tenho filhos. Minha mãe segura a onda como pode. Ela trabalhava como doméstica, mas saiu do serviço. Meu padrasto dá tudo pra ela, mas não tem obrigação com a gente. Minha mãe nos ajuda com os R$ 260 que recebe de pensão do meu pai, que trabalhava nas docas quando foi assassinado pelo melhor amigo, numa briga por causa de uma dívida dos outros. Ele tinha 38 anos e levou o tiro que era para atingir o meu tio. Deixou a mim e aos meus sete irmãos desamparados. Perdi meu pai com 5 anos. Minha mãe teve que deixar os filhos na casa de uma senhora, a dona Maria, que botava a gente para vender flores no sinal, em restaurante, em todo lugar. Fiquei nessa vida até os 13 anos. Saía pra rua às 7:00 da noite e só voltava pra casa às 4:00, 5:00 da madrugada. Se não vendesse todas as rosas, dona Maria não me dava comida nem roupa. Ela cansou de dar com as rosas na minha cabeça, quando eu voltava com flores pra casa. Minha mãe trabalhava duro como doméstica para tentar tirar a gente daquela vida. Ela batalhava para a gente não precisar passar por aquilo. Só fui estudar quando tinha 12 para 13 anos e minha mãe finalmente conseguiu construir um barraquinho no terreno da minha avó, que era muito doente e não podia cuidar da gente sozinha.

Terça-feira, 9 de setembro de 2003 (segunda parte)

Vou gravar mais umas coisas da minha vida que ainda não contei no diário. Essa história de vender rosas foi que me levou para a prostituição. Eu me prostituía para ter o dinheiro da rosa, era mais rápido. Jogava as flores fora assim que arrumava um cliente. Levava o dinheiro para dona Maria e não precisava ficar vendendo mais nada. Podia brincar. No início, não era fácil. Eu não transava, era virgem e só fazia sexo oral. Nem me lembro direito dos detalhes do meu primeiro programa. Quem me levou para essa vida foi a irmã mais velha de uma colega minha da favela. Ela me levou pra casa delas e apontou para o pai, que tinha uns 40 anos, e disse:

— Se você colocar a boca no pinto dele, você ganha um pacote de macarrão e R$ 10.

Eu não fazia a menor ideia do que estava para acontecer. Tinha uns 10 anos. Senti nojo na hora, mas não sabia exatamente do quê. Depois disso, fui perdendo a inocência. Naquela época, comecei a conseguir bastante dinheiro fazendo programa dentro e fora da favela. Podia comprar todos os brinquedos que quisesse. Com a grana da prostituição, comprei minha primeira Barbie. Com o tempo, fui juntando um monte de brinquedo bom, daqueles grandões. Lá em casa, tinha guitarrinha, pianinho, coisa bacana que eu me dava de presente. Quando fui morar com minha mãe de novo, não precisava mais me prostituir e nem vender rosa para ter o que comer, mas continuei fazendo programa para arrumar dinheiro. É que me deu aquela ambição de querer ter mais e mais. Já ganhei muito fazendo programa, mas parece que é um dinheiro maldito. Nunca consegui economizar nada, gastava tudo no outro dia. É como se eu quisesse esquecer daquela grana. Não construí nada com isso.

Quinta-feira, 18 de setembro de 2003

Minha filha destruiu a fita em que eu estava gravando o diário. Só agora, estou recomeçando a gravar, depois que consegui uma nova com o pessoal da ONG. [*Vitória faz um relato resumido das coisas mais importantes que lhe aconteceram entre os dias 10 e 18 de setembro*] "Tinha gravado um monte de coisa na fita que minha filha estragou. Contei que estava passando necessidade em casa. Teve um dia em que não tinha nada pra comer. Foi na semana passada, lá pelo dia 10. Minha memória não é muito boa, acho que por causa de tanta maconha. Não lembro direito. Fiquei com fome o dia inteirinho, mas também não fui para a rua arrumar dinheiro. Fiquei em casa revoltada. Não fiz nada porque meus filhos não estavam passando fome. As coisas deles, não deixo faltar. Leite nunca faltou, sempre compro a quantia certa para o mês todo. Falta comida para nós que somos grandes. Nesse dia, quando não estava mais aguentando, pedi um prato de comida na casa da minha irmã. Fiquei muito triste, chorei bastante. Rezei pra Deus melhorar minha vida e ajudar minha mãe.

Só saio pra fazer programa para poder comprar coisa bonita que minha mãe não pode me dar. Esta semana que passou eu ainda não fiz programa com ninguém. Mas, na semana retrasada, saí com um homem, seu Aderbal, que mora perto da minha casa. Ele me deu R$ 50 e eu só fiquei meia hora com ele. Mas eu não consegui transar direito. Ele tem o maior pintão, de uns 20 centímetros e muito grosso. É sempre assim: fico dizendo que não dá, que está me machucando. Acabo não fazendo direito, mas ele me dá o dinheiro mesmo assim. Fico com ele de vez em quando. Apareceu um outro velho lá em casa, também morador da favela, querendo sair comigo. Eu não quis. Ele ofereceu só R$ 30. O diabo do velho tem 80 anos e ainda funciona, mas é muito fedido. O cheiro dele é de velho, não gosto.

Sexta-feira, 19 de setembro de 2003

A minha filha está tão malcriada que pegou o gravador com a fita da gaveta e deu pra minha sobrinha arrancar. Ela está bastante rueira e mexeriqueira. Brigo, mas não gosto de bater. Ela aprendeu palavrão com as outras meninas da rua e também com as tias, que ficam brigando na frente dela. Quando chega em casa, fica repetindo um monte de coisa feia. Digo que vou colocar pimenta na boca dela e que vou dar injeção no hospital. Outro dia, meu primo me chamou pra ver a Larissa fumando. Tive um piripaque, mas não bati. É que ela me vê fumando e fica catando as bitucas para colocar na boca. Sei que a culpa é minha e do mundo inteiro que fuma. Isso influencia, e eu, mais ainda, por ser a mãe. Dei uns tapas na boca dela, mas é impressionante como ela fuma direitinho e só tem 3 anos. Vocês precisam ver. Tento educar minha filha, mas ultimamente saio muito. Meus filhos ficam mais com os outros do que comigo. Estão convivendo mais com minha mãe e minhas irmãs. Acabam aprendendo umas coisas que eu não posso corrigir, já que não fico o tempo todo ao lado deles para dizer que são erradas. Sinto que estou perdendo um pouco da minha filha. Não estou muito perto de nenhum dos dois, nem do meu bebê de 5 meses. Quero tudo de bom para eles. Tudo que faço, mesmo de errado, é pensando no bem deles.

Sábado, 20 de setembro de 2003

Hoje, fiquei com o Marcelo, o pai do meu filho, apesar de ontem ter ficado também com o Renato, que é o menino de quem estou gostando. Até por isso tenho evitado encontrar com ele, mas nos falamos bastante pelo telefone. Renato é um amor, ele é crente e tem 21 anos. O problema de namorar firme com ele é que, além do Marcelo não largar do meu pé, Renato é uma pessoa séria. Fala sobre coisas sérias. Descobri com ele que estou toda errada. Se ele souber que faço programa e fumo maconha, nunca mais vai querer ficar comigo. Quando vou fazer programa, vou lá pra cidade, sou discreta. Marco por telefone. Não sou de ficar na avenida, tenho vergonha. Antes de namorar comigo, Renato quer saber muito da minha vida, pergunta tudo a toda hora. Digo que já falei tudo sobre mim. Para me livrar do interrogatório, digo que não quero mais ficar com ele nem saber de nada. Não posso contar pra ele todas as cabeçadas que já dei. Não que tenha vergonha, mas é que ele é muito certinho. Tem pai e mãe, é aquele mimo. Tipo rapaz de família, sabe? Coisa que não sou nem nunca fui. Nós somos muito diferentes, mas ele acha que somos parecidos. Só nos parecemos naquilo que mostro pra ele. Mas, no fundo, ele não tem nada a ver comigo. Quer um exemplo? O pai dele não dorme enquanto ele não chega em casa. É a maior preocupação. Comigo não é assim. Saio hoje, volto amanhã. Se volto. Sei que não vou mudar pelo Renato. Fiquei seis anos com o Marcelo, cheguei a gostar muito dele. Acho que fui até apaixonada, mas ele não conseguiu me fazer mudar. Depois fiquei apaixonada pelo Rodrigo, mas também minha vida não mudou.

Não gosto de depender de ninguém. É sempre assim: quando namoro, fico mais parada, não faço nada da minha vida. Eles não me deixam sair. Não me dou bem com isso, me sinto presa. Isso me incomoda tanto que acabo desgostando da pessoa. Gosto mesmo é de sair com minhas amigas, de poder fazer o que quero. Então, não me imagino casada ou amigada com mais ninguém. Não quero mais isso para minha vida de jeito nenhum.

Terça-feira, 23 de setembro de 2003

Estou feliz porque não fumei maconha nem ontem nem hoje. Foi a primeira vez em muito tempo que consegui ficar um dia e uma noite sem fumar. Fui com a Sabrina encontrar o Rochinha de novo, mas ele não apareceu. Ele é aquele caminhoneiro que dá dinheiro pra gente. Pegamos um monte de carona, mas chegamos atrasadas. Estou com muita raiva do Rochinha. Ele gosta de mim e eu não suporto nenhum desses caras com quem faço programa gostando de mim. Ainda mais um velho. Sinto nojo. Ele deveria gostar de alguém da idade dele, né? Ainda não transei com ele, mas sei que não vou gostar. Por enquanto, ele me dá dinheiro, mas diz que estou devendo e que um dia vou ter que dormir com ele. Isso eu sei. Ainda bem que não chegou esse dia. Mas já estou com ódio de imaginar ele me amando. Ele me liga e fica dizendo que gosta de mim, que isso e aquilo. Começo logo a xingar e mando ele não me ligar mais. Se ele não gostasse de mim, ia ser melhor. Já falei que a gente pode sair, transar, mas beijar na boca, nunca, nunca, nunca. Impossível gostar dele. Nunca tive um cliente com quem gostasse de ficar. Tem uns caras que são bonitos, cheirosos, até legais. Mas por dinheiro é sempre ruim. Bom mesmo é ficar com a pessoa que a gente gosta. Com esses coroas é só por necessidade, muita precisão. É um negócio que funciona assim: eles mandam, eu fico quieta. Marquei, encontrei, entrei no hotel, a gente faz o que tem que fazer, eles me dão o dinheiro, a gente conversa um pouco, marca um novo encontro para outro dia, se for o caso, e vou embora.

Hoje, infelizmente, não deu certo com o Rochinha. Estava contando com essa grana. Eu e Sabrina andamos, andamos, mas chegamos na rodoviária umas 16:30, com mais de uma hora de atraso, e ele já não estava lá. Ficamos esperando até 19:00, mas ele nem apareceu nem ligou. Acabamos encontrando dois ciganos meio bêbados. Fomos para o bar com eles. Tomamos guaraná, eles beberam cerveja e ficaram de buscar maconha, mas sumimos das vistas deles. Viemos do cais até o centro a pé. Depois pegamos uma carona com três caras. Um era aidético e nós não sabíamos. Ainda bem que não transamos com eles. Mas uma amiga nossa, que conhecia essa galera, falou que a gente era louca de andar com uns caras que estavam indo buscar cinco quilos de poeira [*cocaína*]. Mas na hora não penso nas conseqüências, porque pensar no perigo atrai desgraça. Prefiro deixar minha mente vazia e ir vivendo. Se não, vou atrair o mal. É assim que tenho vivido.

Quarta-feira, 24 de setembro de 2003

Hoje, fiquei com um outro menino, o Alex. Ele tem 16 anos, mas nos conhecemos desde que ele tinha 7. O garoto morou quatro anos na Bahia e agora voltou para a favela. Antes, namorava uma prima minha, mas me encontrou no baile e marcou de a gente sair. Fomos a um restaurante. Saí com ele e foi tudo de bom. Só dei uns beijos na boca. Quando cheguei em casa, ele ficou me oferecendo lança-perfume. Não provei nem tenho vontade. Não aceitei porque quero ficar em paz com Deus. Já fumo maconha e cigarro, não quero saber de mais drogas. Nunca cheirei cocaína. Já fumei colombiano, que tem farinha [*maconha misturada com coca*], mas foi uma vez só, não quero mais. Nunca vou usar pedra. Já bastam as cabeçadas que dou. Essas drogas só vão piorar minha caminhada.

Enquanto Alex ficou lá cheirando lança um tempão, entrei para dormir, porque tinha que ir para a ONG amanhã. Mas ele ficou atentando até de madrugada. Ficava gritando lá fora, mas eu não saí de novo. Foi legal ficar com ele. Às vezes, a pessoa beija diferente, meio torto, e não dá muito certo. Mas ele beija igualzinho a mim. Gostei muito. Até acho que vou esquecer o Renato. Esse outro menino é legal também, beija gostoso, é bonitinho. Não transamos. É difícil ficar com alguém, sou meio presa, envergonhada. Não sou muito atirada, seja com homem ou com moleque. Se eu não tiver com muita vontade de ficar com a pessoa, eu não fico.

Quinta-feira, 25 de setembro de 2003

Acabei de ver o outro filho do Rodrigo, que é quase da mesma idade do Lucas. Tem 6 meses e é filho da Simone, com quem ele está agora que saiu da prisão. Ela morre de ciúme de mim, mas eu já disse que ela pode ficar com Rodrigo todinho que não faço questão. Debatemos muito porque ela não queria me deixar ver o menininho. O garoto é mais parecido com a mãe do que com o pai. Rolou aquele clima, mas como sempre a Vitória viu o neném, porque "Vitória é Vitória". Estava com muita vontade de ver o garoto, afinal é filho de alguém que amei, de um jeito ou de outro. Vou confessar uma coisa: Rodrigo está no coração, não esqueci ainda.

Hoje vai começar um novo dia, vou ver o que vou fazer daqui até à noite. Depois eu conto tudinho, tudinho mesmo.

Quinta-feira, 25 de setembro de 2003 (segunda parte)

À noite, fui a um baile *funk*, dancei muito e ainda fiz um programa com um cara ralé. Ele me deu um tantinho de dinheiro legal que deu para curtir o baile numa boa. Não lembro quanto foi porque já estava *no grau*. Depois da transa, voltei pro baile. Dancei, dancei, dancei. Curti muito, mas não fiquei com nenhum gato. Voltei pra casa e meu filho estava com um pouquinho de tosse. Acho que ele pegou de mim.

Vitória tem a segurança de quem sabe que é bonita. É poderosa como só as belas sabem ser. Consciente do seu poder de sedução, tem aquela confiança forjada no olhar de admiração que desperta pelas formas de seu corpo perfeito. O belo sorriso e os traços delicados sob uma pele de ébano poderiam ter despertado o interesse de um olheiro de agência de modelos, mas desperta paixões. Amores que ela descarta por não querer abrir mão de uma liberdade que encontrou nas ruas. No entanto, toda a aura de segurança que a envolve se evapora quando rememora a infância. Mostra-se frágil como a garotinha que vendia rosas no sinal ao enveredar pelos lados mais sombrios de sua existência. Abaixa os olhos, mostra-se constrangida quando fala da família e de miséria. Prostituição também é um tema difícil. Vitória é comedida ao falar, faz longas pausas. Pensa. Não para dissimular, mas para encontrar seus sentimentos mais profundos. É dona de uma elegância nata — tanto nas palavras como nos gestos e no porte. Uma boa frase para defini-la é "Vitória é Vitória", como quem diz: "Eu posso tudo." Mas é só um escudo para a fragilidade de uma vida precária. Quando chora, o faz em torrente. Vitória alterna poder e fragilidade da mesma forma que veste o figurino de mãe responsável para em seguida trocar pelo de adolescente inconsequente.

Sexta-feira, 26 de setembro de 2003

Hoje, fui para outro baile *funk*. Como não tinha dinheiro nenhum, troquei umas idéias com o Sérgio, um cara com quem faço programa de vez em quando, e ele me deu R$ 15 para eu me divertir. Dancei bastante. Mas fiquei um pouco triste porque não conhecia quase ninguém. Minha amiga, Ivete, ficou doidona de lança-perfume. Também passei mal, apesar de não ter cheirado lança. Senti falta de ar, estava muito abafado lá dentro. Saí do baile às 3:30 e cheguei em casa às 4:30. Alex não apareceu para ficar comigo, por causa da mãe dele, que colocou ele pra dentro de casa e fez aquele escândalo. O menino tem 16 anos e eu vou fazer 21 em novembro. Vocês podem imaginar a confusão.

Segunda-feira, 29 de setembro de 2003

Acordei agora há pouco e ainda não fiz nada da minha vida, estou com muita fome e vou tentar contar algumas coisas que fiz e ainda não gravei. [*Ao fundo barulho de criança brincando.*] Ontem, fui na casa de uma amiga em uma favela vizinha. Depois, fui ao baile, encontrei o Renato e fiquei muito feliz, apesar de estar desencantando um pouco com ele por causa do Alex. Tenho dado mais beijos nele e gosto muito. Com Renato, eu ainda não transei. Só ficamos nos amassos, mas tenho medo de me relacionar com alguém tão diferente de mim. Tenho um segredo pra contar: minha melhor amiga, a Sabrina, ficou com meu irmão, mas é complicado. Ele é casado. [*Choro de bebê, ela desliga o gravador.*]

Outro detalhe que não contei antes: ontem fui para o baile bem bonita mesmo. Vários gatinhos mexeram comigo. Eu vesti um *top* azul e uma calça branca e azul. Ficou maneiro. Saí do baile e vim direto pra casa, esperei o Alex até as 2:00 da madrugada. Ele não apareceu, fui dormir.

Terça-feira, 30 de setembro de 2003

Hoje, só fumei uns baseados e fui na casa da Sabrina. Depois fiquei em casa cuidando dos meus filhos, na rotina de sempre. E só. Esqueci de contar uma coisa importante. Outro dia, a sogra do meu irmão foi numa macumbeira que disse que uma rabo de saia da minha mãe ia ser presa. Ela ainda perguntou se não seria um homem, pois meu irmão trafica. A dona Josefa disse que não, que com filho ela não ia ter problema, seria com mulher mesmo. Minha mãe ficou descabelada, disse que ia me dar dinheiro para pagar no fórum. Estou devendo R$ 50, a quarta parcela das custas do meu processo, mas não quero pegar do meu dinheiro para isso. Eu já paguei tudo o que devia à Justiça. Fiquei presa um ano e quatro meses por ter participado de um assalto à mão armada. Eu não roubei nada, mas estava de bobeira junto com umas colegas minhas que tinham acabado de fazer um assalto e entrei de gaiata na história. Elas eram de menor e foram para a Febem. Eu já era maior de idade e acabei passando oito meses na cadeia e mais seis meses na penitenciária. Estou em liberdade desde 1º de junho de 2001, mas tenho que assinar no fórum até 2006. Não gosto de roubar, está longe de mim fazer mal às pessoas. Aconteceu de eu estar junto com gente que estava fazendo coisa errada. Foram as companhias aqui da favela. Elas me inocentaram, mas não adiantou nada. Foi um pesadelo ficar tanto tempo longe da minha filha, que eu ainda estava amamentando. Sofria a cada segundo. É também muito complicado voltar para a vida como ex-presidiária. Antes, eu estudava, fazia a quarta série. Tudo era diferente. Agora, é muito pior. Tenho até o dia 5 para pagar essa taxa do processo, mas não quero dar nada mais de mim para a Justiça. Só tenho medo de chegar lá no dia de assinar os papéis e eles me prenderem de novo por causa disso. Prefiro me jogar de um precipício que voltar para uma cadeia. É melhor me matar do que conviver com aquelas pessoas novamente. Pelo menos morro em liberdade.

Quarta-feira, 1º de outubro de 2003

Vou ficar em casa mais sossegada, cuidando dos meus filhos. Estou precisando fazer isso. Lavei um monte de roupa, fiz comida e arrumei a casa. Passei na minha mãe, mas no final da tarde dei uma escapulida até a casa da Sabrina para fumar um baseado, porque tenho fumado pouco ultimamente. Agora, já é noite. Curti meus filhos, eles dão trabalho, mas é assim mesmo.

Quinta-feira, 2 de outubro de 2003

Minha filha está fazendo 3 anos hoje. Todo ano nesta data penso na felicidade do nascimento dela e tento fazer deste dia um dia feliz na minha vida. O Rodrigo, o pai dela, acompanhou meu pré-natal, fiz todos os exames. Tinha certeza de que ele era o pai, apesar de nessa época ainda estar morando junto com o Marcelo, que aceitou a situação porque me amava. O parto da Larissa foi cesárea. Entrei no hospital meia-noite e ela só foi nascer às 3:00 da madrugada do dia seguinte, quando eles decidiram me operar. Não tive dilatação nenhuma. A recuperação da cirurgia também foi difícil, porque um ponto inflamou e levou tempo para melhorar. Mas ela está aí, linda e saudável. Beijinhos e tchau!

Sexta-feira, 3 de outubro de 2003

Fui na favela vizinha e acabei encontrando a Simone, a mulher do Rodrigo, que continua morrendo de ciúme de mim. Fiz o maior auê, discutimos e ela não entende que não quero saber dele. Rodrigo não é futuro pra mim. Depois da discussão, passei na casa da Ivete, uma amigona minha, fumei um baseado e fui para o baile *funk* com as meninas. Dancei, dancei e dancei. Até me acabar. Fumei muito baseado e me diverti pacas. Agora, vou tomar uma ducha, tirar um cochilo. Já é madrugada e amanhã é outro dia.

Sábado, 4 de outubro de 2003

Passei na casa de um amigo meu, o Tita, e vi um monte de gente que não via há um tempão. O resto do meu dia foi muito chato, não fiz nada, só fumei baseado. É que estou triste: vou ter que deixar a casa da minha tia. Já faz tempo que eu e minhas duas irmãs mais novas estamos aqui. Elas duas e os meus filhos vão voltar pra casa da minha mãe. Vai ser o maior sufoco lá, mas é o jeito. Ainda falta muito para terminar o meu quartinho. A obra está parada porque acabou o dinheiro que minha mãe tinha. Ainda preciso de uns R$ 1 mil para terminar o meu quartinho e o da minha irmã. Mas decidi que não vou voltar pra casa. Não me dou bem com meu padrasto, com quem minha mãe se casou há 12 anos. Ele faz consertos de geladeira e máquina de lavar. Como ele sustenta a casa, é ele quem manda. Não gosto dele e faz muitos anos que não nos falamos. Na última discussão que tivemos, mandei ele ir embora de casa, então agora não faz sentido eu voltar. Não ia me sentir bem. É humilhante esta situação, mas o jeito é aceitar o convite da Sabrina e me mudar para a casa da mãe dela, que fica aqui perto. Hoje mesmo já vou dormir lá. Por um tempo, minha irmã vai ficar cuidando dos meus filhos. Minha mãe também ajuda. É triste porque queria estar com meus filhos, cuidando deles num lugar só meu. Preciso muito terminar de fazer o meu quarto.

Com o assassinato do pai, Vitória e as irmãs vivem na casa de amigos e tios. Aos 13 anos, voltou a morar com a mãe, mas, logo depois, a chegada de um padrasto a empurrava para fora do barraco de três cômodos que abriga o resto da família. Para resolver o crônico problema de moradia das filhas solteiras e com filhos, a mãe de Vitória resolveu derrubar os precários quartinhos de madeira nos fundos da casa para erguer cômodos de tijolo. O dinheiro curto faz a obra se arrastar indefinidamente. No discurso de Vitória, é recorrente a angústia de não ter um teto, um lugar para onde voltar. De casa em casa, de favor em favor, ela agora vai passar mais uma temporada com a família de Sabrina, uma amiga que mora em um barraco um pouco maior, mas também apinhado de parentes e agregados. Ela será a nona moradora em um espaço de não mais que quarenta metros quadrados.

Domingo, 5 de outubro de 2003

Estou feliz. É madrugada. Fiquei com Renato e ele falou que me amava. Passamos muito tempo juntos, só conversando e nos beijando. Se tudo der certo, vamos namorar.

Segunda-feira, 6 de outubro de 2003

Meu dia foi um pouco pesado, fiquei dentro de casa fazendo uns baratos de responsa, escrevendo uma carta para o pai da minha filha, o Rodrigo, que voltou pra cadeia. Fumei uns baseados e cuidei dos meus filhos. Venceu o prazo para pagar os R$ 50 no fórum. Não paguei nem tenho intenção de pagar.

Terça-feira, 7 de outubro de 2003

Fiquei com o Renato, dei um monte de beijo e ele falou que é para eu parar de fumar cigarro. Graças ao meu novo amor, já não estou com vontade de fumar. Acho que é uma vitória. Foi maravilhoso ficar junto. Zoamos muito, conversamos também. Ele ficou brincando de me bater com um isopor que achou no lixo. Comemos pastel, chupamos pirulito, corremos, nos beijamos bastante, nos abraçamos muito. Até um outro dia, diário, se Deus quiser.

Quarta-feira, 8 de outubro de 2003

Não fiz muita coisa, já está anoitecendo e eu só fiquei fumando baseado na casa da Cristiane, uma menina que mora aqui perto da Sabrina, que mexe com tráfico e sempre descola erva da boa para a gente. Tenho que lavar umas peças de roupa. Marquei de encontrar com o Toquinho, um menino que está a fim de mim, mas acho que não vou porque não tenho o dinheiro da condução. Ele vai ficar me esperando. Vou ligar do celular da Sabrina pra falar com o Renato.

Sexta-feira, 10 de outubro de 2003

Estou menstruada e está tudo muito chato. Não vou sair de casa. Quando eu era mais nova, fazia programa todo dia. Voltava cheia de dinheiro, mas nunca gostei dessa vida de prostituição. Aconteceu e as circunstâncias me levaram a isso. Hoje em dia, só saio com uns caras que conheço, seleciono os clientes. Dá para escolher, marco por telefone. Mas é sempre aquela coisa de não querer estar ali. Tenho vergonha de me expor. Nunca fui de ficar parada na avenida. Se eu tivesse um emprego, uma coisa melhor para fazer mesmo ganhando menos, ia ser melhor.

Sábado, 11 de outubro de 2003

A chatice continua. Ainda estou menstruada, mas liguei para o Renato e falei que amo muito ele. Ainda não transamos, mas acho que a partir de agora vai rolar. Já fumei três baseados hoje. Já dancei muito *funk*. Peguei meu som e levei pra casa de uma amiga minha.

Domingo, 12 de outubro de 2003

Hoje é Dia das Crianças. Está tudo muito bom. Fui a um monte de festa aqui na favela. Peguei muito doce, chupei muito pirulito. Foi muito legal. Não pude dar presente para os meus filhos, mas logo, logo, vou poder dar.

Segunda-feira, 13 de outubro de 2003

Acabei esquecendo que tinha reunião lá na ONG. Errei, aconteceu. Não foi por querer. Amanhã, vou na aula de dança. Estou gostando muito do curso. A gente ensaia bastante, dói o pé e o corpo inteiro. Mas me sinto legal, é uma dança muito bonita, que ensina coisas pra gente. Não é só mexer com o corpo, tem o negócio também da respiração. Eu não faltei nenhum dia. Estou precisando falar com o Marcelo [*assistente social da ONG*]. Das duas últimas vezes, eu não consegui. Fiquei com raiva dele, pois gosto muito de conversar com ele. Nós entramos para a ONG muito antes da maioria das meninas que estão lá hoje. Eu e Sabrina somos praticamente as primeiras. Nós já temos uma caminhada muito grande com o Marcelo. Ele tenta colocar minha cabeça no lugar, mas eu sou mesmo descabeçada, não tem jeito. Eu, por mim mesma, sei me colocar no lugar. Quando quero, faço tudo direito. Mas, às vezes, é difícil fazer o certo. Deixo-me levar e faço muitas coisas erradas. Aí entra a ONG e o pessoal de lá que fala para a gente deixar de sair com os coroas, para parar de usar drogas. Eles mostram que dou preocupação para minha mãe, que estou deixando meus filhos de lado. Sei disso tudo e é bom saber que tem gente pensando comigo os meus problemas. Como não moro com minha mãe, não tenho muito diálogo com ela. Quando a gente se encontra, ela me dá conselho, mas acho que já é um pouco tarde. Converso mais é com as minhas amigas. Elas me entendem, a gente tem diálogo. Falamos da vida, conto tudo.

Terça-feira, 14 de outubro de 2003

Já é 1:00 da madrugada. Mais cedo, passei na casa da minha irmã, fiquei com meus filhos e de lá voltei pra casa da Sabrina, fumei uns baseados e de lá fui pra praia. Conheci um cara, chamado Adilson, trocamos umas ideias, peguei o telefone dele para combinar uns programas e vim pra casa de novo. Ainda liguei pro Renato e assisti a um barato na tevê. Adoro novela e filme de terror. Agora vou dormir.

Quarta-feira, 15 de outubro de 2003

Meu dia foi muito legal. Fui na casa do Naldinho, um amigão meu, e fumamos um baseado juntos. Depois, passei na casa de uns amigos na favela aqui do lado. Só saí de lá meia-noite. Vi um monte de gente que não via há um tempão. Adorei conhecer os pivetinhos das minhas amigas de lá. Voltei pra casa à noitinha, paguei uma ducha, comi um pouco e fui na casa da Cristiane, fumei um baseado e voltei pra casa da Sabrina. Não marquei nenhum programa. Essa semana é só descanso e mais nada.

Na semana passada, acho que foi na terça, dia 7, não lembro direito, saí com seu Pedro, um dentista aposentado, mas preferi não gravar. Não estava a fim de contar essas coisas. Prefiro falar do Renato e de como é legal ficar com ele. Mas, voltando àquele dia, uma amiga minha arrumou esse programa. Há alguns meses, saio com ele. Seu Pedro tem uns 70 anos, deve usar muito Viagra. Ele já é amigo meu e me dá mais grana pelo programa. Dessa vez, ele me deu R$ 150. Depois disso, me dei um descanso. Sempre transo de camisinha com esses velhos, tenho o máximo de cuidado. Já fiz vários exames de HIV. O último deles foi em 2001, quando fiquei grávida. Depois, fiz de novo na cadeia. Sempre deu negativo. Por falar nesses baratos, o Rochinha, aquele caminhoneiro, sumiu. O número que ele tinha do celular da Sabrina caiu e ele não tem mais como me achar. Ainda bem. Ele pegava muito no meu pé.

Com o dinheiro que ganhei com seu Pedro, comprei creme para o corpo, pulseira, brinco e calcinha. Comprei ainda um *videogame* pros meus filhos por R$ 70, um Super Nintendo. Na verdade, comprei pra mim. O do meu filho quem vai comprar é o pai dele. Fui na casa do Marcelo e disse que, se ele não arrumar serviço, eu vou no fórum cobrar pensão ou então vou deixar o menino lá pra ele cuidar. Eu não fiz sozinha. Ele vai ter que me ajudar de um jeito ou de outro. Já acordo estressada. Tenho que lavar a roupa deles, fazer tudo sozinha. Ontem fui na casa da minha mãe, deitei no sofá e fiquei horas reclamando do pai do Lucas. Marcelo isso, Marcelo aquilo. Minha mãe defende ele, diz que eu é que sou descabeçada. É verdade. Mas não é justo ele me dar dinheiro só quando transa comigo. Ele é o pai do meu filho, não um cliente.

Quinta-feira, 16 de outubro de 2003

Hoje vou encontrar o Renato e vou dar muitos beijos nele. Só estou pensando nisso...
Já é noite e chegou a hora de encontrar com o Renato. Tchau!

Quinta-feira, 16 de outubro de 2003 (segunda parte)

Voltei do encontro com Renato, foi muito bom, fiz muita coisa com ele, falei sobre tudo. Foi muito legal. Nosso namoro está, digamos, um pouco bom, na medida do possível. Nós só transamos hoje, quase dois meses depois do nosso primeiro beijo. Sexo nunca foi uma coisa que gosto muito de fazer. Perdi minha virgindade aos 14 anos, com um garoto que eu gostava. Não senti nada demais. Eu me perdi com ele, mas já fazia programa antes, só não rolava penetração. A maioria das pessoas pensa que a gente gosta de sexo só porque faz programa. Já fui muito apaixonada pelo pai da minha filha, por exemplo, mas nem assim tenho prazer. Era muito bom ficar com o Rodrigo, mas nunca cheguei a gozar. Não conseguia, não sei o que é que acontece. Não sentia esse prazer que todo mundo fala que é maravilhoso. Nunca senti. Nos seis anos que fiquei com Marcelo, foi bom umas cinco vezes e olhe lá. Se eu ficar dois, três meses sem sexo, não vai me fazer falta. Não entendo essa coisa que eu vejo nas novelas, essa loucura por sexo. Para mim não tem o mesmo valor. Não é a coisa mais importante e gostosa da vida. O melhor é viver bem, estar em paz. Falo sério. Ter o que comer e morar numa casa sossegada é muito melhor do que transar. Se eu fosse uma pessoa mais feliz, com menos problemas na vida, acho que teria prazer. Mas não consigo fazer as coisas com problema na cabeça. Mesmo quando estou apaixonada, como agora com o Renato. Gosto mais de beijar. Se eu não estou bem, não consigo transar direito. É por isso que acho que nunca senti prazer. Acho que todo mundo é assim, né?

Sexta-feira, 17 de outubro de 2003

Meu filho está um pouco gripadinho já faz uns dias. Hoje à noite tive que levar ele ao médico. Lucas precisou tomar injeção e ficou no sorinho. Está com um pouco de catarro e com suspeita de pneumonia. Fizeram um raio X e passaram bastante inalação. Disseram que é alguma infecção, coisa de criança mesmo. Mas fiquei superpreocupada. Estou muito cansada e vou dormir. Não vou fazer mais nada hoje.

Sábado, 18 de outubro de 2003

Levei meu filho três vezes ao postinho para fazer inalação. Meu dia foi só isso. À noite, assisti um pouco de televisão. Agora, estou pensando no Renato. Não deu tempo de a gente se encontrar, fiquei meio triste e vou dormir. Para completar, tinha levado minha filha na praia porque ela estava com vontade de nadar, mas ela ficou com febre depois.

Domingo, 19 de outubro de 2003

Fui na casa do Marcelo e fiquei com ele o maior tempão. Transamos e passei a noite por lá mesmo. Fizemos várias coisas e falamos de vários assuntos, inclusive sobre a nossa filha. Foi bom, apesar de tudo. Estava com um pouco de saudade dele. Agora eu vou dormir, porque estou cansada.

Segunda-feira, 20 de outubro de 2003

Estou exausta porque dormi na casa do Marcelo. Nossa filha melhorou da febre. Lucas também está melhor, depois de fazer inalação.

Terça-feira, 21 de outubro de 2003

Perdi a hora e fui direto para a aula de dança na ONG. De lá, passei na casa de um coroa de uma amiga minha para fumar um baseado. Almocei por lá. Estou vendendo um som, que eu não quero mais. Fiz mais dinheiro. Quem comprou foi a Rejane, uma menina aqui da favela de 22 anos, que é casada com um velho que dá tudo de bom pra ela. A Rejane pagou metade na hora, R$ 200, e já levou o som pra casa da mãe dela. Depois, fui na casa dela com a Sabrina pegar umas roupas emprestadas. Ela tem um monte de coisa legal. Liguei pro Renato, conversamos bastante. Boa-noite, diário.

Segunda-feira, 3 de novembro de 2003

Andei fazendo umas coisinhas erradas com um pessoal envolvido com esse negócio de crime. Era um negócio de 171 [*estelionato*]. O marido de uma amiga minha que acabou de sair da cadeia disse que vai preparar uns documentos falsos usando os meus dados. Eles iam fazer holerite, carteira de trabalho, cartão de crédito, tudo falso. Eu não queria entrar nessa, mas acabei fazendo parte porque é só com gente conhecida. Com esses documentos, vou poder fazer minhas compras de Natal.

Segunda-feira, 17 de novembro de 2003

Faço aniversário hoje. Acordei, fiquei um pouco em casa lavando as roupas dos meus filhos. Deixei as crianças com minha mãe e fui na casa da Sabrina e da sogra da minha irmã. Saí falando pra todo mundo na rua que era meu aniversário e que todos tinham que me dar presente. Ficava gritando igual uma louca:
— Quero presente, quero presente!
Não adiantou, pois não ganhei nada. Só uns pirulitos, umas balas e um anelzinho que vinha junto com um doce. Ganhei também um pouco de perfume de uma vizinha. O cheiro era horrível. Vi o Renato passando, mas não chamei. É que estava indo procurar o Andrezinho, um cara legal com quem transo de vez em quando. Ele me deu R$ 50, dinheiro que vou usar pra ir ao baile. Ficar com o Andrezinho foi dez, gostei muito. Ele é novinho, podia ser um paquera. Depois do programa, fui fumar um baseado com o meu ex-cunhado, o Diogo, que é irmão do Rodrigo. Fiquei com o Diogo também, não estava nem querendo saber. Depois voltei pra casa e esperei o Alex e fiquei com ele também. Perguntei se ele queria brincar de esconde-esconde, porque ainda é uma criança. Ele deu risada na minha cara e começamos a nos beijar. Foi uma delícia.
Assim se passou esse dia 17 de novembro de 2003. Fiquei um pouco feliz, mas triste também porque não ganhei presente. Mas estou firmona, a vida é assim mesmo, a gente tem que se contentar com o que tem.

Quinta-feira, 18 de dezembro de 2003

Ando sem tempo para gravar o meu diário. Mas nesse tempo todo tenho saído com Renato. Ele tem me levado para a igreja evangélica que a família dele frequenta, pois quer que eu me converta. Só que minha vida está muito desconcertada. Não dá para levar uma vida de crente andando com o pessoal que eu ando e fazendo as coisas que tenho feito. Aquele golpe parece que não vai dar certo. Até agora, o lance dos documentos falsos não teve andamento. Ainda não comprei nada para o Natal. Se tudo der certo, semana que vem compro minhas roupas de festa.

Quarta-feira, 24 de dezembro de 2003

Como precisava fazer minhas compras de Natal, passei no escritório daquele cara para saber dos documentos e do cartão de crédito falso. Só que deu tudo errado. Ficamos o dia inteirinho no centro da cidade, passando de loja em loja, vendo todo mundo comprar, mas não comprei nenhuma roupa para mim. O pouco que eu comprei foi com meu dinheiro mesmo. Ainda sobravam uns trocados da venda do meu som e tinha um dinheirinho que ganhei de uns programas. Só deu para comprar uma saia de R$ 70 para dar de presente para Sabrina. Estou morando de favor na casa dela, então preferi não comprar nada pra mim. Para não dizer que não comprei nada que eu tava precisando, acabei levando um tamanco. Gastei em tudo R$ 200, porque ainda levei umas roupas para os meus filhos e meus sobrinhos. Tudo baratinho.

De noite, fui pra esquina, enrolei um baseadão, desci pela favela fumando. Não vi o Renato hoje. Ele deve ter ido para a igreja. Também não combinei de ficar com ele no Natal. Quando deu 1:00 da manhã, fui dormir.

Quinta-feira, 25 de dezembro de 2003

Não faltou comida no Natal. Só que eu não quis comer nada, nem beber. Estou um pouco triste. Não tinha roupa nova para usar e nem comprei nada do que queria. Adorei uma blusa de marca, que custa R$ 49, e uma saia, de R$ 63. Queria ter ficado com bastante dinheiro pra gastar e ter agitado um lugar legal para ir com o Renato. Como não rolou nada disso, só dormi. Para não ficar em casa com roupa velha, passei na casa da Rejane para pegar alguma coisa dela emprestada. Só fui me trocar por volta das 10:00 da noite. Hoje, todos da casa da Sabrina foram para a praia, menos eu e ela, que ficamos arrumando as coisas. À noite, fui me encontrar com o Renato. Ficamos juntos um tempo, mas não trocamos presentes.

Segunda-feira, 29 de dezembro de 2003

Meu Ano-Novo vai ser melhor do que o Natal. Finalmente, os documentos falsos ficaram prontos. Pude fazer hoje umas comprinhas no cartão. Comprei uma calça de R$ 70, uma blusa de R$ 40, um tamanco de R$ 50. No total, o cara gastou comigo uns R$ 300. Fiz também escova no cabelo e ainda comprei um brinco.

Quinta-feira, 1º de janeiro de 2004

Ontem à tarde, liguei para o Renato e marquei de me encontrar com ele hoje à noite na pracinha. Esperei até quase meia-noite e nada do Renato chegar e eu lá parada. Então, resolvi pegar o meu champanhe, quanto faltavam dez minutos para o Ano-Novo. Já estava indo embora sozinha, quando vi Renato vindo na minha direção. Quando ele chegou perto, fui logo dando um soco no estômago dele e chamando ele de folgado. Pensei que ia ficar a virada do ano sozinha na praça enquanto minhas amigas estavam todas na praia curtindo. Ele explicou que tinha se atrasado porque queria ficar um pouco mais com a mãe. Tudo bem, ele é menino de família mesmo. Passamos a virada do ano na praia e juntos. Depois a gente foi para um monte de lugar. Encontramos várias turmas. Foi legal! Só voltei pra casa da Sabrina de manhã. Renato está muito apaixonado por mim. Agora ele quer me ver todo dia, não preciso nem ligar. Eu também estou apaixonada.

Domingo, 4 de janeiro de 2004

Este ano, se Deus quiser, vou ter um canto pra morar e vou voltar a estudar. Eu já falei com o Marcelo, lá na ONG, que tenho de voltar a estudar. Parei na quinta série. Se eu não voltar, vai ser muito difícil arrumar minha vida e cuidar dos meus filhos. Estou triste. Tenho que fazer um monte de coisas para ficar bem. Só que não gosto mais de droga. Fumar maconha está me deixando mal. Tenho ido bastante pra igreja com Renato. Quase toda semana, assisto aos cultos. As pregações estão me ajudando muito. Tenho muita fé em Deus. Peguei uma aliancinha lá na igreja e fiz um propósito com Deus. Só que eu perdi a aliança lavando prato, mas continuo acreditando que vou conseguir terminar meu quarto e ficar junto com meus filhos se eu servir a Jesus. Tenho certeza de que, se eu tivesse um lugar para morar e um trabalho, eu não ia mais fazer coisa errada. Tenho muita vontade de um dia ser crente. Renato está me ajudando a ter fé, ele quer ir pra igreja todos os dias. Isso faz com que ele pense primeiro no certo antes de fazer qualquer coisa. Assim, ele combate o errado. Pensa que não pode fazer certas coisas porque Deus não vai gostar. Ele tenta estar certo perante Deus em tudo. Não pode nem sonhar que faço programa, mas sabe que fumo maconha. Já parei de fumar cigarro porque ele pediu. Maconha é mais difícil de largar, mas estou tentando. Essa coisa de programa ele nunca vai aceitar, mas também tenho saído menos para baile. Então, já não preciso mais fazer tantos programas como antes. Se souber dessa parte da minha vida, nunca mais vai me querer.

Ao ser aceita no seio de uma igreja evangélica, Vitória dá vazão a uma fé que vem sendo testada a cada nova provação. Ela vai se convertendo aos poucos e sente uma atração verdadeira por aquele mundo sem pecados pregado pelo pastor e pleiteado pela família de Renato, que segue rígidos padrões de conduta e valores morais. O exemplo do namorado — um rapaz honesto, de boa família, temente a Deus e que a respeita como nunca antes foi respeitada — é o pilar central do seu processo de conversão. As palavras de um Deus Todo-poderoso não são tão eficazes comparadas às atitudes de Renato. Aos poucos, Vitória quer se distanciar da vida de pecadora, tão criticada na igreja, para se tornar uma serva de Deus. Mudou o jeito de se vestir, passou a evitar farra com as amigas e faz um esforço sincero para sozinha vencer o vício das drogas. O sacrifício maior é abrir mão dos ganhos da prostituição, pecado que nem em pesadelo passa pela cabeça de Renato.

Quarta-feira, 7 de janeiro de 2004

O ano nem bem começou e já aconteceu um monte de coisa ruim comigo. Ontem, fui presa. Justamente no dia em que Lucas estava com um caroço atrás da orelha e eu fiquei com ele no hospital das 11:00 da manhã até as 19:00. Voltei pra casa da Sabrina cansada, mas chegando lá meu filho não tinha melhorado nada. Comecei a chorar porque ia ter que levar ele de volta no médico. Fiquei tão perturbada que fui fumar um baseado na esquina com a Lúcia, uma vizinha. Quando o baseado estava lá pela metade, ela me chamou para ir até a ponte para ver se o filho dela, o Kevin, estava lá. Eu disse que não podia ir, apaguei o baseado e estava voltando para casa para tomar banho e ir de novo para o hospital. Me despedi do pessoal, peguei minha bicicleta e estava na esquina quando vi um Pálio preto entrando na rua. O carro veio com tudo pra cima de mim. Os caras desceram e colocaram uma arma na minha cara. Levei o maior susto. Eles mandaram eu calar a boca, pois eu não era autoridade, e já foram logo dizendo que eu tava passando droga. Não adiantou eu dizer que estava só fumando meu baseado, que era viciada, não traficante. Até tentei mostrar a ponta que eu tinha guardado no maço de cigarro. Ele iam me revistar, eu disse que não precisava e fui tirando tudo dos bolsos, mostrei que estava voltando do hospital com meu filho. Eles não quiseram saber de nada e me jogaram dentro do carro. Eram uns quatro policiais. Eles tinham prendido também o Henrique, um menino que estava na boca e trafica. O resto do pessoal conseguiu fugir. Quando chegamos na delegacia, por volta de 8:00 da noite, eles disseram que eu tinha droga dentro de mim. Fiquei revoltada, gritava e dizia que tinha que ir embora porque meu filho estava doente. A policial que ia fazer a revista só foi chegar quase meia-noite e já chegou me mandando tirar a roupa. Tirei a parte de baixo e ela mandou tirar tudo. Olhei pra cara dela chorando e disse assim:

— Quem é pra vocês prenderem vocês não prendem. Eu, que não tenho nada a ver com tráfico, tô aqui. Perdem tempo com quem não vale nada. Sou uma pobretona, não tenho nada na minha vida!

A policial só ficava gritando:

— Vai! Vai! Vai! Dá toda droga que você tem aí, a gente faz um acerto, joga nas costas do mané que tá preso e você vai embora pra sua casa.

Depois, apareceu o delegado e me ameaçou dizendo que, se eu não fizesse o que eles estavam mandando, eu seria presa por causa da ponta que escondi no maço de cigarro. Eu só disse pra ele que, se eu fosse presa, quem pagaria seriam os meus filhos, como já tinha acontecido da primeira vez. Eu sabia que estava errada, que não devia ficar na esquina fumando maconha e ainda por cima de papo com o pessoal da boca. Minha amiga, a Lúcia, que conseguiu fugir, mandou um advogado para tentar me livrar dessa. Graças a Deus, ele conseguiu me soltar por volta de 1:00 da manhã. Esse advogado é um conhecido do pessoal da favela. Não paguei nada, pois o cara já trabalha para a galera envolvida no tráfico. Se não fosse por isso, eu ia me ferrar novamente. Na hora em que os policiais me algemaram, só pensei que ia voltar pra cadeia de novo. Deu vontade de viver minha vida de novo. Começar tudo do zero. Eles tiraram minha foto, fizeram eu assinar uns negócios. Não fui enquadrada como traficante, mas como usuária de droga. Fiquei péssima, não queria ter passado por aquilo de novo. Só acabei nessa por estar ali no meio da boca, vivendo na casa dos outros e estar em um lugar onde não devia estar.

Quinta-feira, 15 de janeiro de 2004

Dei um bolo na minha amiga Sabrina. Tinha combinado de sair com ela, a gente ia pro baile. Mas não apareci. Preferi ir pra igreja com o Renato. Depois do susto de ter sido presa, estou tentando me afastar desse mundo de drogas. Não falei nada para ele da minha prisão. O susto me levou para mais perto do Renato e das coisas certas. Ele quer me ajudar e de vez em quando tenho ido dormir na casa dele. A mãe dele é uma serva de Deus, é uma pessoa legal. Ela sabe que tenho dois filhos e aceita o fato de eu ser mãe solteira, desde que eu vire crente. Só que ela não quer coisa errada dentro da casa dela. Ela quer que a gente arrume um trabalho e que, se for morar junto, tem que casar. Quando durmo lá, fico no quarto do Renato. A gente transa, mas respeita a família dele.

Terça-feira, 3 de fevereiro de 2004

Estou querendo estudar, trabalhar e cuidar dos meus filhos. Minha filha já pode ir para a creche, pus o nome dela em um monte, mas tenho que esperar vaga. Em uma das creches, tem 105 crianças na frente dela. É cruel. Sofro por causa disso. Minhas amigas dizem que creche também não é bom, as crianças batem umas nas outras, todas apanham. Fico meio assim de deixar minha filha com os outros. É melhor eles serem cuidados por alguém da família.

Este ano já teve bastante coisa ruim na minha vida. Já morreu um coleguinha meu que eu conhecia desde pequena, o Daniel, novinho, 22 anos. Isso faz duas semanas. Foi lá pelo dia 20 de janeiro. Não lembro o dia, nem fiquei com vontade de gravar no diário a minha tristeza. Ele morreu em um assalto que teve aqui na praça. Ele foi assaltar uma loja que vende produtos a R$ 1,99. Passou até na TV. Na troca de tiros com a polícia, ele acabou levando um bem no coração.

Segunda-feira, 16 de fevereiro de 2004

Graças a Deus, agora eu arrumei um serviço de babá. Comecei hoje. Tenho um trabalho e pelo menos deixo de fazer besteira e nem me meto com esse pessoal do tráfico. Peguei o serviço bem na hora. Aí, lembrei de Deus, né? Ele tem sido muito bom pra mim. Foi uma colega da minha mãe que me indicou para esse trabalho. Vou ganhar o salário-mínimo, R$ 240, e trabalhar um dia sim, outro não.

As crianças já são grandinhas, uma tem 8 anos e outro 10. Fico com elas para a mãe poder trabalhar. Minha obrigação é ficar olhando as crianças, mas acabo limpando a casa também. Acho que minha vida vai melhorar agora. Vou ver se junto o restante do dinheiro para terminar de levantar o meu quarto. Faltam só os acabamentos. Pelas minhas contas, preciso juntar uns R$ 1.000. Aí minha vida melhora muito, se Deus quiser. Porque eu não gosto de ficar na casa dos outros. Quero ficar com meus filhos. Não gosto de deixar meus filhos com ninguém. Nem com minha mãe. Quero cuidar deles, eu mesma. Ando muito triste também porque tenho tido muita dor de cabeça com o Marcelo. Eu não quero chegar a ir pra justiça para poder fazer ele pagar as coisas para a filha, mas vou ser obrigada. Sofro pra caramba. É a velha história: não posso ficar com ele sem gostar dele. Sempre rola confusão. Não sei onde isso vai parar. Mas vai dar coisa muito ruim ainda.

Terça-feira, 17 de fevereiro de 2004

Ontem, vi os meus filhos. Antes, eu passava na casa da minha mãe quase todos os dias. Só que agora, com o serviço de babá, passo dois, três dias sem me encontrar com eles, pois eles dormem cedo e, quando saio para trabalhar, ainda estão dormindo. Mas não tem problema, estou trabalhando para poder terminar minha casinha. Vou ficar longe deles, mas é por pouco tempo. É muito chata toda essa situação. Apesar de todo mundo me tratar bem na casa da Sabrina, não é a minha casa. Lá tem muita confusão, é favela, tem um monte de moleque, eles ficam mexendo comigo. A maioria é casado. Rola muita fofoca e eu não gosto desses negócios errados. Não quero mais me meter nesses rolos de crime, por isso descolei uns telefones de uns três bofinhos que encontrei na rua. Ainda saio uma vez por semana para fazer programa, enquanto não recebo o meu primeiro salário na vida. Semana passada, fiz um programa de meia hora e ganhei R$ 100. Não dá para dispensar essa grana ainda.

Infelizmente, não comecei a estudar. Já estamos em fevereiro, não consegui buscar meu histórico na última escola em que estudei. Estava morrendo de vontade de voltar a estudar. Quero fazer as coisas direito. Ando muito triste. E o pior é que me sinto fraca. Às vezes, acabo esquecendo de tudo, dá vontade de largar meus filhos, minha mãe, e ir embora para um lugar bem longe onde ninguém nunca mais vai me ver. Só não faço isso porque gosto de meus filhos. Vou sofrer mais ficando longe deles.

Quarta-feira, 18 de fevereiro de 2004

Peguei o resultado do meu exame de HIV. É o terceiro que faço. Graças a Deus deu negativo. Eu me cuido.

Quarta-feira, 17 de março de 2004

Só trabalhei de babá umas duas semanas. Não deu para continuar no serviço, porque tenho que ajudar na casa da Sabrina, onde moro de favor. Não dá para ficar de visita na casa dos outros, então resolvi procurar outro trabalho. Minha sogra, a mãe do Renato, está me ajudando. Estou vendo um esquema de vender eletrodoméstico de porta em porta, mas é difícil porque quase ninguém vai comprar um produto que só vai ser entregue depois da terceira prestação. As pessoas não confiam em vendedor, mas estou tentando e até agora não vendi nadinha.

ELIANE TRINDADE

Terça-feira, 27 de abril de 2003

    Não gravo mais o diário sempre. Mas hoje lembrei de contar uma coisa importante. Como não estou enxergando muito bem, saí ontem para comprar uns óculos. Acho que acabei com as minhas vistas de tanto fumar maconha, meus olhos estão amarelados. Como mudei meu jeito de ser, agora sou uma crente, tenho que mudar também a aparência, para mostrar aos outros que sou uma nova pessoa. Parei de usar *short* e *top*. Só uso blusa, bermuda comprida, saia e calça. O par de óculos custou R$ 15, não tenho nem ideia de quantos graus tem, mas estou enxergando melhor. É o que interessa.

Quinta-feira, 13 de maio de 2004

    Faltam somente R$ 300 para fazer o piso e rebocar as paredes do meu quartinho. A minha mãe está ajudando e a obra deu uma andada. Eu não tenho mais como arrumar dinheiro a não ser fazendo programa, mas não estou mais saindo com ninguém. Nem me lembro qual foi a última vez que me prostituí. Minha sogra está fazendo cocada para eu vender de porta em porta. Está dando certo. Pego uma bandeja, forro com um paninho e saio oferecendo na rua. É bem gostosa. Hoje, passei na ONG e vendi um monte para o pessoal de lá. Tem dia que chego a tirar R$ 30. Tenho ido bastante à igreja, quase todo dia. Renato está procurando emprego para a gente poder morar junto. Como ele terminou os estudos [*concluiu o ensino médio*], está aceitando trabalho a partir de R$ 300. Amanhã, ele vai numa entrevista lá no cais. Se tudo der certo, o emprego é dele. Durmo na casa do Renato algumas vezes na semana, mas as minhas coisas continuam na casa da Sabrina e os meus filhos, com a minha mãe. Estou virando uma moça direita e ainda por cima careta. Parei de fumar maconha.

Já faz um mês que não coloco um baseado na boca. Estou gostando dessa vida e vou até me batizar. Eu não queria mais viver junto nem casar com ninguém, mas decidi ficar com o Renato e ver no que vai dar. Ele é um homem diferente. Eu também quero ser uma pessoa diferente.

"Querido diário,

Estou virando uma serva de Deus e minha vida tá ficando melhor. Pelo menos, tenho paz. O pastor vive repetindo que todos os pecadores podem encontrar um futuro aos pés de Jesus. Acredito nisso. Mudei de igreja depois que o bispo quis cobrar R$ 300 pra batizar o Renato. Fomos para a igreja da mãe dele, onde não precisa pagar. Estou praticamente morando na casa dos pais do Renato, apesar de eles não aceitarem essa coisa de morar junto antes de casar. Ainda passo na casa da Sabrina, pois algumas coisas minhas estão lá. Mas não vou mais para baile *funk*, não fumo mais maconha e nem saio mais de casa à noite para aprontar. Só falta estar perto dos meus filhos, assim que meu quartinho ficar pronto e virar a minha casinha e do Renato. Agora, falta muito pouco. Mais um ou dois meses, vou ter o meu teto. Com Deus na minha frente, tudo vai melhorando. Não sinto falta de farra, aquela outra vida nem passa mais pela minha cabeça. Estava indo para o buraco de novo. Nunca gostei de fazer esses negócios loucos que os meus amigos fazem. Estou bem longe daquilo tudo. O dinheiro da prostituição não me faz falta. Não tenho R$ 1 no bolso, só tenho Jesus, mas está bom."

Brasil, junho de 2004

CAPITULO 6

O DIÁRIO DE DIANA
"Meus 15 anos"

"Querido diário,

Diana é o nome que uma colega minha usa na rua. Acho bonito e por isso escolhi para aparecer no meu diário. Tenho 14 anos e vivo com uma tia, mas no momento durmo na casa de outra tia. Minha mãe mora em um quartinho no beco, só encontro com ela no meio da rua. Meu irmão de 16 anos também vive na casa de um e de outro parente. Ele tem problemas mentais como nossa mãe. Sempre dormi em um colchão no chão do quarto de uma das minhas primas. Nunca tive um quarto. Minhas coisas ficam espalhadas lá e cá. Quem me criou foram duas tias, irmãs mais velhas da minha mãe. Meu avô ainda é vivo e vai fazer 100 anos. Adoro ele. Sou eu quem ajuda a dar banho e a cuidar dele. Meu pai é segurança de uma firma, mas não falo muito com ele, pois nunca me deu nada e só aparece quando quer. Tem mais três filhos com outra mulher. Tenho vergonha de falar essas coisas. Gosto de falar dos outros, não de mim. Prefiro saber da vida

273

das pessoas do que pensar na minha. Sou cabeça dura mesmo. Todo mundo me dá conselho, mas não escuto ninguém. Desde os 6 anos me viro sozinha e fui ganhar meu dinheiro na rua. No começo, pedia esmola, depois passei a fazer programa. Apareço com grana, ninguém faz muita pergunta. Brigo muito, tanto na rua como em casa e na escola. Estou na primeira série do ensino fundamental, já repeti de ano várias vezes. Tenho muita dificuldade em ler e escrever. Minha letra sai feia. Sei os números e decoro os telefones. Não sei somar direito, mas aprendi a mexer com dinheiro. Posso ganhar até R$ 50 com os coroas, mas já aceitei sair até por R$ 5. Eles são bem velhos e chamo todos de senhor. Sou morena clarinha, não tomo muito sol. Não sei a minha altura, sou mais para baixinha, mas acho que ainda estou crescendo. Sou muito vaidosa. Gosto de fazer as unhas e de me maquiar. Fico bonita quando coloco roupa bem sensual. Meu dia a dia tem uma parte boa e outra, não. A boa é quando saio, vou para a cidade distrair a minha vida. Em casa é tudo muito ruim. Converso com minha psicóloga lá da ONG, mas ninguém me dá apoio em casa. Qualquer mudança na minha vida começa por mim, mas falta uma família do meu lado. E não estou brincando não."

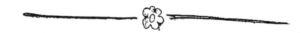

Domingo, 4 de abril de 2004

À tarde, briguei com meu irmão, mas agora estou arrependida. Wellington é doente mental, vive igual a uma criança, apesar de ser mais velho do que eu e já ter 16 anos. Mas doido também apanha. E eu bati nele porque, quando estava arrumando a casa, ele não quis sair da frente. Peguei a vassoura e dei nas pernas dele. Wellington ficou chorando no canto e dizendo que vai me denunciar ao Conselho Tutelar. Nem liguei, pois não como às custas de ninguém. Não suporto levar desaforo na cara. Nem gosto de indiretas. Comigo tem que ir logo direto ao assunto.

Tia Rosário quer que eu ature tudo do filho dela, o Maicon, só porque moro de favor na casa dela. Tenho vontade de ir para cima dele, mas um dos dois vai acabar no hospital. Ele tem 26 anos, mija em todo canto e já derrubou meu avô da cama. Maicon é um caso sério, quer ser o mandão e vive repetindo que a casa é dele. Tia Rosário quer que eu fique calada como ela. Sou muito ignorante, respondo e falo palavrão. Não sou um bom exemplo. Quem tem mais paciência comigo é minha outra tia, a Socorro, que é crente. Mas não posso ficar na casa dela porque está sendo reformada. A filha dela se casou e mudou para a Espanha. Essa minha prima, a Angélica, está mandando dinheiro para arrumar a casa toda. Casou com esse espanhol que conheceu quando foi trabalhar por lá. Ela diz para a mãe que foi trabalhar em um salão. Mas eu não sei muito sobre a vida dela. Enquanto a reforma não acaba, durmo ou na casa de tia Rosário ou na casa da filha dela, minha prima Julieta. É tudo perto.

Segunda-feira, 5 de abril de 2004

Eu e minha priminha Giulia fomos ao mercado comprar ovo de Páscoa. Compramos um pequeno, de R$ 4, e uma caixa de chocolate, de R$ 6. Compramos ainda quatro refrigerantes e um pacote de absorvente. Tudo com dinheiro do padrasto da Giulia, que é filha de Julieta. A mãe da Giulia tem 35 anos, mas é casada com um homem bem velho. Seu Agenor é aposentado e dá tudo para ela.

Preciso fazer minha carteira de estudante, que custa R$ 7. Sem ela não posso renovar o passe escolar para pegar ônibus. Mas não tenho dinheiro. Amanhã, vou para a cidade fazer um programa. Conheço vários coroas, com quem marco em casa ou no escritório. Eles me dão o dinheiro do programa, mais a passagem de volta. Às vezes, vamos para o motel e aí o programa dura duas, três horas. Alguns já tentaram me dar o cano, mas a maioria paga o valor que peço. Digo para os caras que tenho 17, 18 anos. Não gosto de falar minha idade de verdade nem uso meu nome. Meus clientes me conhecem por Carla e acham que sou mais velha, principalmente agora que estou botando corpo. Meus seios ainda são pequenos e eu queria que eles fossem bem grandes. Mas Deus me livre de botar silicone. Sinto mágoa de estar nessa vida, mas tenho que ir com esses coroas mesmo. Não tenho outro jeito de comprar minhas coisas. Quero ter meu quarto, com uma cama e um guarda-roupa só para mim. Mas não consigo guardar dinheiro. Só vou gastando.

Terça-feira, 6 de abril de 2004

Não sinto fome de manhã. Vou comer à força? Sei que a comida é sagrada, mas não gosto de comer a essa hora. Preciso renovar minha carteirinha de estudante, mas vou confessar uma coisa: gastei os R$ 7 que Dolores, a minha melhor amiga, me emprestou. Maria Dolores é uma amigona do peito, é como se fosse uma mãe para mim. Mais: é meu anjo da guarda. Ela tem 49 anos e a gente se conheceu quando eu pedia esmola na rua. Pedia para uma colega que sabia escrever para fazer uns bilhetes cheios de mentira, com uma história bem triste. Então, saía mostrando para as pessoas e tinha dia em que tirava uns R$ 20. Nessa época, Dolores já era dona de uma barraca de comida que fica em frente ao maior terminal de ônibus daqui. Ela me deixava entregar meus bilhetinhos em frente e dentro do terminal, pois ela conhece os motoristas e cobradores. Com o dinheiro, comprava minhas coisas e também gostava de dar presentes para Dolores. Uma vez, comprei para ela um conjunto de 12 talheres. Lindo!

Fui para a rua quando tinha uns 5 para 6 anos justamente para ter dinheiro e poder comprar as coisas que queria e ninguém me dava. Comida não faltava na casa da minha tia, mas precisava de roupa e de sapato. Minhas tias sempre reclamaram de eu voltar para casa muito tarde, mas nunca conseguiram me tirar da rua. Elas tentavam me proibir, mas eu era danada mesmo.

Quarta-feira, 7 de abril de 2004

Chorei de raiva porque o meu tio Josafá, que é irmão mais velho de tia Rosário e tia Socorro, recebeu a pensão do meu avô, que eu nem sei de quanto é, mas só me deu R$ 0,50. Para acabar com meu dia, encontrei com minha mãe na rua e pedi um vestido emprestado. Ela disse que não ia me emprestar merda nenhuma. Comecei a chorar e fiquei tão magoada que disse a ela que, se um dia precisasse de mim, eu ia negar até um prato de comida. Vou sair para a cidade, não sei a hora que volto.

Sexta-feira, 9 de abril de 2004

Não gravei os últimos dias porque não consigo usar direito meu gravador. Giulia, que só tem 10 anos e já tem celular, entende melhor do que eu dessas coisas. Peguei ela ouvindo a fita e brincando de gravar. Só hoje consegui dinheiro para tirar a carteira de estudante e pagar R$ 1 que eu devia ao meu irmão. Fiquei livre dele. Estou feliz porque finalmente vou ter a minha carteira de estudante, apesar de não ter ido para a escola nenhum dia esta semana.

Como sempre, fiz meus programas. Na quarta-feira à noite, encontrei seu Nicolau na cidade. Ele tem uma loja de ferragens e marcou um encontro para ontem à noite. Fui na casa dele. Ele é um velho, bem velho, com quem me encontro quase toda semana. Tem dinheiro, é empresário. A gente faz as coisas ou na casa dele, quando é na hora do almoço, ou na loja, quando é no final da tarde. Depende de onde não vai ter ninguém por perto. No final, ele me deu só R$ 15. Antes, ele me dava bem mais.

Quando volto para casa, fico calada, na minha. Queria sair dessa vida. Sei que esse caminho não é bom para mim. Comecei a fazer programa quando uma colega minha da rua, a Kate, me chamou para ir com ela em um hotel. Eu tinha uns 12 anos. Ela fez coisas com um coroa e eu fiquei pensando: da próxima vez, também vou fazer. Não lembro direito como foi meu primeiro programa, mas foi com o coroa da Kate. Só sei que senti uma agonia e ainda sinto no meu corpo. É minha carne que eu dou para um homem que nem gosto. Mas vale a pena. Preciso de dinheiro para pagar as minhas dívidas. Tia Rosário sempre diz:

— Menina, tu é novinha, tem que te dar valor e consegui um velho que te dê uma casa. Os homens de hoje só fazem te comer e depois te largar.

Ela tem razão. Foi com um velho que a filha dela se arrumou na vida.

Segunda-feira, 12 de abril de 2004

Não fui para a escola. Meu dia também não foi nada bom. Não consigo mexer direito no gravador, vou pedir ajuda para a Beth [*educadora da ONG*]. Meu irmão trouxe um pedacinho de carne para a gente comer. É que na casa de tia Rosário carne é só para o filho dela. Quando sobra, ela dá um restinho para a gente. É como cachorro.

Diana vaga pelo mundo sem um lugar para chamar de casa. Sente-se desconfortável na condição de "hóspede" na casa das tias. A figura materna é uma pálida referência, uma vez que a mãe vive em seu mundo particular por causa das precárias condições mentais. Nesse pântano em que se viu mergulhada desde a tenra infância, Diana cresceu brincando de ser adulta. Aos 6 anos, já era dona do nariz arrebitado. Ela alterna momentos de extrema segurança com outros de imensa fragilidade. Os olhos tristes contrastam com a doçura do sorriso. É dura quando fala dos próprios problemas como se fosse de outra pessoa. As ideias são confusas e as contradições são uma constante na fala rápida e nervosa. Para se ter a real compreensão do que de fato sente e quer dizer, é preciso paciência e ir ganhando sua confiança. Carente, ela busca colo materno em todos os seus interlocutores, sejam eles a educadora da ONG, a psicóloga de um serviço público de atendimento às meninas em situação de exploração sexual ou a professora.

Suas enormes dificuldades de aprendizado ficaram evidentes ao longo deste diário. Diana não conseguiu manipular sozinha um simples gravador e registrar o caos do seu dia a dia em uma sequência lógica. Seu diário é fruto mais de entrevistas semanais por telefone que dos relatos gravados espontaneamente. Sem as conversas constantes para tentar entender a narrativa confusa que ela gravava em suas idas à ONG, o diário se perderia como tal. Muito lentamente, ela foi aprendendo a falar sobre sua rotina. No início, seus relatos eram apenas sobre os programas, como se sua vida estivesse restrita à prostituição ou esta fosse a única parte que interessaria ao mundo. Aos poucos, Diana foi entendendo que a vida é um todo, que era importante falar de sonhos e de alegrias. Propositadamente, em algumas conversas por telefone a questão do sexo não foi tratada, para que ela ampliasse o foco do diário. A tática funcionou.

Ela passou a gravar sobre outros fatos de sua rotina, como uma ida ao parque de diversões ou o prazer de comer uma maçã, a fruta preferida.

Terça-feira, 13 de abril de 2004

Fui para a ONG participar de uma passeata contra a violência. Eles confirmaram o meu horário com a psicóloga às 8:30 do dia 16. Fui para a escola, mas não teve aula por causa de um apagão. A diretora mandou todo mundo ir embora. Aproveitei que estava escuro e dei um beijo no meu colega, o Didi. Ele tem uns 15 anos, não é lindo, mas dá para o gasto. Para beijar no escuro, está ótimo. A gente já tinha se beijado antes.

Faz tempo que não namoro sério. O último menino de que gostei morava na minha rua. O nome dele é Tiago. A gente tem a mesma idade. Ele dava uma piscadinha e me paquerava, até marcar o primeiro encontro. Mas nosso namoro durou menos de um mês. Namorar é bom. Não ligo para beleza, o que importa é amor e carinho. Não quis transar com Tiago. Para ter relação comigo, ele tinha que ter me adulado muito. E não é todo homem que faz isso. Antes de transar com meus namorados, tenho que conhecer as peças primeiro. Sonho mesmo é em casar com um gringo. Eles são de fora e não ficar perto de casa é vantagem. Queria um cara da Espanha, como o que casou com a minha prima. Assim, eu ia para bem longe e depois mandava buscar minha mãe.

Quarta-feira, 14 de abril de 2004

Meu sonho é ter meu celular, só que não consigo juntar dinheiro para comprar. Hoje à noite, tive uma discussão feia com a minha vizinha Shirley, que quis dar em mim e me acusou de ladra, dizendo que eu peguei o alicate de unha dela. Fiquei muito chateada e fui para a briga, porque sempre ajudei Shirley. Ela veio com a conversa de que fico jogando na cara dela os pratos de comida que dou para ela. É mentira. Não faço conta do litro de leite que trago para ela quando tenho dinheiro sobrando. No meio da discussão, ela torceu meu braço e bateu nos meus peitos. Meu dia não foi nada bom.

Tia Rosário queria chamar a polícia ou me levar na Delegacia de Proteção à Criança e ao Adolescente. Depois, achou melhor não ir, pois não vai dar em nada mesmo. Só ia aumentar a confusão para o meu lado. É que já dei duas entradas na delegacia da criança. Uma, quando um travesti amigo meu, Lady Jane, roubou uns cartões e me acusou de ladra. Isso foi no ano passado. Já a minha outra passagem pela delegacia foi para denunciar um homem que transou comigo e não quis me pagar. Faz uns meses. Eles não fizeram nada para prender o cara, só me encaminharam para o Conselho Tutelar por esse negócio de prostituição infantil. O rapaz que não me pagou está solto. O delegado ainda me chamou de nojenta, disse que eu estava mentindo. Nem foi atrás da minha denúncia. Liguei para a ONG pedindo ajuda. Duas educadoras foram até a delegacia e também falaram com o delegado. Mas ele veio com o papo de que eu não era vítima coisa nenhuma, porque estava usando roupa toda decotada. Detesto essa coisa de vítima. Que vítima? Eu só queria o meu dinheiro. Parei de dar queixa, pois não resolve nada. Só meu nome fica sujo. Depois disso, já teve outro cara que me agrediu. Quando ameacei chamar a polícia porque ele não queria pagar o combinado, me empurrou e quase caí escada abaixo. No final, não me deu nada pelo programa. Por isso, prefiro meus clientes mais antigos. Os velhos de 60, 80 anos. Com alguns, a coisa nem funciona mais. Outros, usam remédio para conseguir transar. Não tenho preferência nenhuma. Qualquer um que vier com grana, eu faço. Aparecem mais esses velhos safados. Não gosto deles. Vejo que é burrice o que estou fazendo com a minha vida.

Sexta-feira, 16 de abril de 2004

Fui com a Rita, minha outra educadora da ONG, que dirige o nosso grupo de bate-papo, atrás da Andressa, uma menina que nunca mais apareceu. Eu entrei para o projeto há uns dois anos, quando um conselheiro tutelar me trouxe. [*O encaminhamento de Diana deu-se no final de 2002, por intermédio de um conselheiro que investigava o envolvimento de um militar graduado da reserva com adolescentes da cidade. A denúncia de aliciamento chegou às autoridades e Diana foi identificada como uma das vítimas, mas o processo não chegou a ser aberto por falta de provas. Influente e respeitado na comunidade, o aliciador nem sequer foi ouvido. Uma tentativa de flagrante também não deu certo.*] Eu gosto de participar do grupo de meninas. A gente se reúne uma vez por semana e fala sobre um monte de coisa. Depois de um tempo, o pessoal da ONG conseguiu uma vaga para mim com uma psicóloga. [*Há uns oito meses, Diana passou a ser atendida por um serviço de apoio psicológico para vítimas de exploração sexual mantido pelo governo.*]

Hoje à tarde, quando voltei para casa, fiquei um pouco com meu avô e ajudei minha outra tia, a Socorro. Depois, fui para a cidade por volta das 18:00 e voltei às 21:00. Quando cheguei, a minha vizinha da briga de anteontem, a Shirley, veio tentar falar comigo. Mas não dei conversa. Nunca mais quero falar com ela. Tia Rosário diz que não acredita nisso, porque sou muito dada e falsa.

Fui para a escola, depois de faltar três dias esta semana. Nunca passei da primeira série, sempre fugi das aulas. Agora, estou tentando continuar. Mas sou muito bagunceira. Esse ano, já fui chamada pela diretora. Peguei suspensão de três dias. Um menino me chamou de rapariga e eu tirei sangue das costas dele com as minhas unhas.

Segunda-feira, 19 de abril de 2004

Fui para a consulta com a Alessandra, minha psicóloga. Foi legal. A gente conversa sobre como estou, sobre tudo. Disse que estava ótima, mas não era verdade. Passo mais ou menos uma hora com ela, das 8:00 às 9:00. Adoro nossa conversa. Alessandra me ajuda dando uns conselhos, fala como eu devo me comportar em casa e na escola. É uma oportunidade para ver se entro na linha. Sei que a rua não tem nada de bom. Lá só se aprende a roubar o que é dos outros. Apesar de ter vivido na rua durante muito tempo, não cheiro cola nem fumo maconha. Cigarro, eu já fumei. Beber, bebo pouco. Cheguei a ficar tonta com cerveja. Não sou acostumada com bebida.

Os educadores da ONG tentam estimular Diana a frequentar a terapia, um instrumento importante para tomada de consciência e definição de um novo projeto de vida. Ela ainda foge do divã por uma imensa dificuldade de revisitar suas dores. Assim como tantas outras meninas vítimas de violência e com histórico de exploração sexual, é um árduo processo fazê-las baixar a guarda e falar profundamente sobre fatos dolorosos que ainda machucam. Muitas não conseguem nem sequer chorar. Apesar de bancar a durona, Diana tem ido voluntariamente às sessões em busca de remédio para males ainda bem escondidos. Por enquanto, tem preferido ouvir a falar.

Quinta-feira, 22 de abril de 2004

Contei para Dolores que estava pensando em vender meu gravador que ganhei para gravar este diário. É que preciso juntar dinheiro para comprar um celular. Dolores só disse que eu não podia mesmo ter nada na vida. Ainda falou que não adiantava nada ter celular e não poder comprar cartão.

Dolores também não gostou de eu ter tatuado um nome de macho na minha perna. Prometi que essa foi a última vez. É que ontem fiz uma tatuagem com o meu colega Nandinho. Pedi para ele escrever o nome de Tiago, o meu amorzinho, apesar de o namoro ter terminado e a gente nem morar mais na mesma cidade. Nandinho não é tatuador de verdade, mas pegou a caneta e fez o nome na minha perna. Depois foi rasgando a pele com lápis até ficar fundo. Coloquei um pano na boca para não gritar de dor. Só ardeu e doeu quando ele esfregou o lápis, mas depois passou. É a segunda vez que gravo o nome do Tiago no meu corpo. A primeira apagou com o tempo. É que este tipo de tatuagem sem tinta vai sumindo. Fiz de novo nas minhas costas. A tatuagem de hena é muito cara. Custa R$ 5 e tia Socorro me arrancaria o couro se eu fizesse. Ela acha que é coisa de marginal.

Decidi tatuar o nome do Tiago no meu corpo porque ainda sou apaixonada por ele. Ele é do meu corpinho, joga bola e estuda. É simpático e faz bem para o meu coração. Nunca mais a gente se viu, desde que a irmã dele prejudicou o nosso namoro por causa de fofoca. Ela não gostava de mim porque o meu amigo travesti, o Lady Jane, botou um anúncio com o nome dela no jornal procurando homem por R$ 0,10. Foi uma brincadeira, mas ela não gostou de ver o telefone da casa dela nesse rolo. Levei a culpa porque fui cúmplice. Deu a maior confusão. Ela ameaçou bater em mim e nunca mais nos falamos. Resultado: Tiago terminou comigo. Acho que ele também suspeitava de que eu fazia programa. A gente namorava na casa da minha tia Rosário. Ele pediu autorização para me namorar. No dia, fiquei tão nervosa que precisei tomar um copo de água com açúcar. Minha tia permitiu, mas deixou claro para ele:

— Namorar pode, mas não quero que abuse dela.

A gente namorava no quarto da minha prima Giulia quando não tinha ninguém por perto. Tiago queria fazer umas coisas, eu não deixava ele fazer tudo. Não estava na hora de transar. Isso durou umas semanas. Não quis transar porque não sentia vontade. Queria uma prova de amor, que ele dissesse para todo mundo que me amava. Como ele nunca me deu esta prova, nunca transamos.

Sexta-feira, 23 de abril de 2004

Teve uma baixaria lá no Serviço Psicossocial comigo. Minha psicóloga disse que é para eu não ficar brigando, mas é que lá tem uma menina que vive querendo me pegar. Priscila disse que ia dar em mim porque eu espalhei que ela é sapatão. Mas a verdade é que ela ficou com raiva porque eu entreguei ela no dia da passeata contra a violência. Ela queria bater em outra garota. Tia Divina, a diretora de lá, brigou comigo e com a Priscila e mandou a gente lembrar que não adiantava resolver as coisas no tapa. Lembrou que a gente saiu na rua outro dia vestindo uma camiseta que dizia: "Não à violência."

Sábado, 24 de abril 2004

Tive dificuldade para guardar o gravador em casa, porque Giulia também usa e estraga as minhas fitas. Por isso, vou ficar gravando o meu diário nos dias em que for à ONG.

Hoje, vou sair com um coroa. Não sei onde vai ser o programa, porque é a Teresa, uma colega minha lá da cidade, que está arrumando tudo. Teresa é sapatão, deve ter quase 30 anos, mas sai com coroa também. Ela marcou de a gente se encontrar em frente ao hotel do homem, que é um cinco estrelas bem famoso daqui. Adoro frigobar.

Sábado, 24 de abril de 2004 (segunda parte)

Eu me embebedei no bar, antes de chegar ao local do encontro com a Teresa. Tomei três cervejas misturadas com refrigerante que um cara pagou para mim. Ele queria que eu pegasse no pinto dele, mas não peguei. Saí de lá por volta das 21:00. Fui embora para casa. Seria a primeira vez com o cliente da Teresa e eu não apareci. Acabei voltando para casa sem um tostão. Como não fiz o programa, Teresa ficou com raiva de mim.

Segunda-feira, 26 de abril de 2004

Hoje cedo, Telma e Márcia, duas funcionárias do Serviço de Atendimento Psicossocial de que participo, apareceram aqui em casa. Minha tia me acordou quando elas chegaram. Não gostei da visita, porque elas não me avisaram. Não tinha nada para oferecer, nem um suco. Fiquei com vergonha.

Terça-feira, 27 de abril de 2004

Saí cedo para encontrar seu Nicolau na cidade. Ele marcou às 11:30 na casa dele. É uma casa normal, dessas de família, com tudo direitinho. Só saí de lá duas horas depois. Com ele, tem que demorar, senão não ganho o dinheiro todo. Pedi R$ 30, ele pagou, mas achou caro. Decidi não gastar tudo, porque quero juntar para comprar meu celular. Só comprei vale-transporte. Menti pra Dolores e disse que estava comprando para minha tia Rosário, que trabalha como faxineira em uma escola. Tenho vergonha de dizer para Dolores como ganho o meu dinheiro, mas acho que ela suspeita.

Minha mãe também vivia nessa vida. Desde pequena ela largava a gente para se prostituir. Não fui parar na rua por causa dela, mas porque queria comprar minhas coisas.

A minha vida é uma fita bem longa, é bem diferente. Sinto vergonha de falar de como ganho a vida com as minhas tias e até com minhas amigas. Não me sinto à vontade em dar o meu corpo para qualquer homem que pague. Na hora, sinto uma coisa quente dentro do meu estômago. Mas o dinheiro me deixa alegre.

Quarta-feira, 28 de abril de 2004

Estou sentindo uma dor na barriga. Preciso descobrir o que é. A partir de hoje, estou proibida de entrar no terminal de ônibus perto da barraquinha de Dolores. Os motoristas reclamaram e o supervisor disse que já sou bem grandinha para não pagar passagem. Não estou indo para a escola. Dei banho no meu avô hoje pela manhã, fiz a barba dele. Ele está ótimo.

Minha mãe está ficando muito chata. Ela só dá as coisas para o meu irmão. Sempre gostou mais do Wellington do que de mim. Tanto minha mãe quanto meu irmão tomam remédio controlado. Não tenho paciência com eles, que vivem repetindo as coisas. Como eles têm problema mental, minhas tias querem aposentar os dois de uma vez. Só que não confio em ninguém. Quando eu fizer 18 anos, aposento os dois e passo a cuidar deles e do dinheiro também. Preciso de uns R$ 200 por mês para comprar minhas coisas. Agora mesmo, estou devendo R$ 14, pois comprei um *short* para mim e uma blusa para minha prima, Camila, que tem 3 anos e também é criada por tia Socorro.

Domingo, 2 de maio de 2004

Tio Josafá levou meu avô para fazer exame no hospital. É coisa normal, de velho. Acordei cedo para ajudar. Ainda bem que ele foi o primeiro a ser atendido. Pedi ao meu tio R$ 10 e gastei o dinheiro todinho. Tinha mais R$ 9 que sobrou do programa com seu Nicolau e pude comprar o presente para levar no chá de bebê de Luzia, que é irmã da Dolores. Só que Luzia não gosta de mim. Acha que dou em cima do marido dela, que é um cara horrível. Prefiro o filho da Dolores, que é um gatinho de 19 anos. André me perguntou se eu já era mulher e, quando disse que sim, me chamou para ver um filme pornô. Ainda me ofereceu R$ 10 para bater uma punheta. Só não rolou porque o quarto não tem porta e a filha da vizinha, de 4 anos, estava lá. Dolores confia em mim e não vai gostar dessa história. Às vezes, ela é um pouco chata. Fui levar café para ela no trabalho e contei que fiquei no quarto vendo filme com André. Ela se chateou comigo, mas eu disse que não tinha acontecido nada demais.

Segunda-feira, 3 de maio de 2004

Passei na casa de Dolores e de lá fui encontrar um coroa. É um cara novo, não sei nada sobre ele. Deixei de ir para a escola. Não vou ficar em sala de aula quando tenho que sair para fazer meus programas. Preciso comprar meu celular e pagar R$ 3 que devo para meu irmão — como ele é doido da cabeça, consegue sempre uns trocados com minhas tias. Devo também R$ 1 para minha vizinha.

Voltei a falar com a minha prima Giulia. A gente briga muito, mas no mesmo instante já estamos juntas de novo, parecendo duas cachorras. Minha prima Julieta pede que eu vigie a Giulia com o padrasto. Tem medo que a filha seja estuprada por esse marido atual dela. Julieta não confia nele, porque há uns dois anos ela me pegou na cama com ele. Agenor é quase caduco, aposentado e gosta de menina nova. Julieta nem desconfia que continuo saindo com o marido dela. Agenor ainda está me devendo R$ 10 de um programa que a gente fez no mês passado, quando fui ficar uns dias na casa deles por causa da tal reforma na casa de tia Socorro. Quando vou cobrar, ele me esculhamba, me chama de rapariga. Grito com ele também. Digo que ele não se dá valor, porque sai com menina de 14 anos e ainda obriga uma menor a chupar o negócio dele. Além de seu Nicolau, saio com outros velhos. Tenho também como clientes fixos seu Diógenes, que é advogado, e seu Nelson, o Negão, que é vendedor lá no centro. Uns me dão R$ 30, outros me dão R$ 10. Mas já saí com eles até por R$ 5, depende do dia e da minha necessidade. É só o que tenho a revelar. Meu dia foi péssimo. Não gosto de fazer programa, mas a minha obrigação me chama. Se eu não ganhar meu dinheiro, como vou comprar minhas coisas?

Terça-feira, 4 de maio de 2004

Quando acordo e olho para essa minha cara, fico muito chata. Meu mau humor é porque minha menstruação ainda não veio esse mês. Estou com suspeita de gravidez. Quando não estou bem como hoje, fico muito ignorante. Ainda mais depois das discussões na casa de tia Rosário. Todo mundo ficou nervoso. É que Julieta mandou chamar a polícia para prender o irmão, sempre ele, meu primo Maicon. Ele estava bebendo e começou a agredir todo mundo. Ele já foi preso porque estuprou uma menina no Rio de Janeiro. Aqui, ele já assaltou uma barraca de bebida, foi parar na cadeia, mas minha tia pagou para soltar. Acho que ele mexe também com tráfico. Fica o tempo todo dentro de casa sem fazer nada. Quando não tem dinheiro, esmurra a mãe ou vende as coisas de casa. Já vendeu três televisões. Dessa vez, os policiais não apareceram. Ele saiu logo de casa. Minha tia acha que a polícia nunca aparece quando a gente dá queixa porque é tudo amigo dele.

Saí de casa umas 11:30 pra ir pro Serviço Psicossocial. Fiquei com raiva da minha mãe, que não me emprestou a blusa dela de moranguinho. Ela ganha um monte de roupa velha. Quando cheguei lá, Telma veio chamar minha atenção. Eles desconfiam que sou eu quem fica ligando para lá e não fala nada do outro lado da linha. Levei bronca e ainda estava sem passagem de volta. Voltei andando na chuva, fiquei toda molhada.

De tarde, fui ao banco com Dolores e passamos na loja para ela trocar uma roupa. Pedi dois vales emprestados pra ela e fiquei na cidade. Acabei encontrando o Francelino, que é sargento da polícia, e marcou comigo às 19:00, quando termina o trabalho dele. Ele é tarado por adolescente. Fomos para a casa dele, que fica perto de uma escola. Ele já me deu até R$ 30, mas a coisa dele às vezes não sobe e ele finge que faz tudo. Dessa vez, ele não queria me pagar nada, dizendo que não foi bom porque a gente transou de camisinha. No final, só meu deu R$ 5. Quando voltei para casa, ainda fui para o pagode. Era quase meia-noite.

Quarta-feira, 5 de maio de 2004

Já gastei todo o dinheiro que o seu Nicolau e o Francelino me pagaram. Primeiro, comprei um cofrinho azul de porquinho para guardar meu dinheiro. Coloquei R$ 3,50 na hora, mas quebrei no mesmo dia. Peguei tudo e gastei com doce, com besteira.

Quinta-feira, 6 de maio de 2004

Passei um monte de trote para o telefone do Serviço Psicossocial. Fiquei ligando a cobrar do orelhão e ficava muda do outro lado da linha.

Sexta-feira, 7 de maio de 2004

Nessas duas últimas noites, fui para a aula. Mas já tenho mais de quarenta faltas. Hoje de manhã, fui para a ONG, mas não foi legal. Levei outra bronca por causa dos trotes. Mas graças a Deus minha menstruação veio. Não veio aquela coisa de sempre. Veio acumulada, muito mesmo. Quero saber se deu um cisto na minha barriga ou se foi um aborto. Era tanto sangue que pensei que estava abortando. Beth, minha educadora, me deu os papéis para eu ir à médica, mas ainda não fui. A consulta está marcada para o dia 13. Se eu estivesse grávida, não ia tirar de jeito nenhum. Tenho muita vontade de ser mãe, de ficar segurando e balançando o meu bebê no colo. Nunca fiquei grávida, mas já tive suspeita de gravidez umas duas vezes. Até que queria ter um filho agora, mas ia dar para minha mãe criar. Se ele chorasse muito, daria leite de lata ou ia pedir para minha vizinha Shirley dar o peito para o meu bebê. Não vou amamentar. Não quero ficar com o peito murcho. Todo mundo diz para esquecer essas ideias de filho por ora e esperar completar uns 28 anos.

Sábado, 8 de maio de 2004

Fui dormir na casa de Dolores, mas fiquei com vergonha de pedir um absorvente emprestado. Fui na farmácia comprar e usei uma parte do dinheiro que meu pai me deu para comprar o presente do Dia das Mães. Meu pai tem uma situação boa. Ele trabalha e, além da casa dele, tem outra alugada. Passei no trabalho dele. Faço isso de vez em quando. Se ele tem dinheiro sobrando, me dá algum. Mas ele diz que não sou filha dele, principalmente na frente da mulher. Dos R$ 15 que ele me deu, peguei R$ 5 para comprar uma sombrinha para dar de presente amanhã para Dolores.

Agora à noite, eu e Dolores assistimos à novela. Ela adora *Celebridade*. Apesar de ter quase 50 anos e ser bem mais velha que a minha mãe, que tem 34, ela é minha única e verdadeira amiga. Às vezes, ela compra roupa para mim. No meu aniversário do ano passado, fez uma festa na casa dela. Teve bolo, brigadeiro, um bocado de coisa. Dolores me conta os segredos dela, eu conto os meus. Menos que sou garota de programa. Não é uma coisa que a gente goste de falar por aí. Não tenho amigos da minha idade. Andava com a Girleide, que tem 12 anos, e com a Natália, que tem dez. Elas são meninas de rua. Apesar de mais novinhas, tentaram me ferrar. Uns meses atrás, a gente marcou um encontro com um coroa no posto de gasolina. Era um policial. Só que o cara não confia nelas, porque as duas roubaram uma arma dele durante um programa e venderam na feira. Então, fui sozinha e no final elas queriam que eu dividisse o dinheiro com elas. Eram uns R$ 20. Parei de andar com elas, porque não vou dividir meu dinheiro com ninguém.

Domingo, 9 de maio de 2004

Passei boa parte do Dia das Mães na casa de Dolores. Ela fez almoço e nós comemos galinha assada, arroz, macarrão, quiabo e suco. Ficaram insistindo para eu comer direito, mas eu não quis. Não dei nada para minha mãe. Eu me irrito com ela, que vive repetindo tudo.

Tem vezes que ela fica melhorzinha, mas é por causa dos remédios. As pessoas têm pena dela e dão roupa, sapato. No quarto dela tem um bocado de coisa, mas ela não me empresta nada. Minha mãe não se prostitui mais, porque não consegue mais cliente. Os peitos dela estão caídos. Meu pai é que vem fazer uma aventura com ela de vez em quando. Meu irmão tem outro pai. É um cara que trabalha numa funerária, mas também não ajuda em nada.

De tardezinha, eu e Giulia fomos ao parque de diversões. É caro. Pagamos R$ 14 para entrar — os R$ 10 que sobraram do dinheiro que meu pai me deu e R$ 4 que minha prima pediu ao padrasto. Quem paga pode ir em todos os brinquedos. Fomos na roda gigante, na barca de água e em um bocado de brinquedos! Ficamos até fechar, às 21:00. Só fiquei com frio na barriga na hora da barca. Não tenho medo de nada. A rua tira todo medo. Quando eu era criança, eu tinha medo dos outros meninos me obrigarem a cheirar cola, a fumar maconha. Agora, sei me defender. Só tenho medo de morrer de choque. Já levei dois choques na tomada.

Diana é magra e de feições delicadas. Tem a pele cor de jambo, no tom das misturas de todas as raças. Parece a menina que de fato é. Seu "corpinho", como ela mesma diz, é diminuto. Suas formas femininas começam a se arredondar. É difícil para um adulto acreditar que ela possa ter os 18 anos que apregoa no desigual corpo a corpo com os clientes. No máximo, parece ter 12 anos, mesmo quando coloca as roupas sensuais que adora. Só consegue passar a imagem de menina sapeca que brinca de usar as roupas da mãe. Ela passa uma imagem de destemor, mas facilmente deixa cair a armadura moldada nas ruas. É doce e carente, dada a fantasias e divagações. Fala muito rápido. Seu sorriso de menina raramente se apaga — vai e volta em um rosto que esconde outras emoções. Ela aprendeu cedo a dissimular. Mas seus olhos pedem atenção e afeto. Cobra o amor materno e vive repetindo que a *mãe gosta mais do irmão. Transferiu para uma amiga que tem idade para ser sua avó a referência de zelo e carinho maternal. É de Maria Dolores que ouve conselhos, é com ela que passa o Dia das Mães. Com o pai mantém uma relação distante. Reluta em entrar com um processo de investigação de paternidade e o consequente pedido de pensão — possibilidade que foi aventada pela ONG. Como a mãe foi prostituta, Diana teme que o resultado dê negativo. Esporadicamente, tenta conseguir dinheiro com o pai, mas não espera mesada. Achou uma forma de ter o que precisa, montando uma rede de clientes fixos que pagam valores que variam de R$ 5 a R$ 50 pelos programas. Faz acertos de preço ao sabor de suas necessidades e da condição financeira dos clientes.*

Terça-feira, 11 de maio de 2004

Minha menstruação veio dia 7 e só foi embora hoje. Não sinto mais dores na barriga. Minha prima da Espanha terminou de reformar a casa de tia Socorro. Tenho vontade de ir para fora do Brasil como ela. Minha prima Julieta conta que gringo é muito bom, que dá muitas coisas para a mulher, além de ajudar a família. Fico pensando nisso. Aqui não está dando muito dinheiro. Teresa, minha amiga que de vez em quando arruma uns clientes para mim, vive me chamando para ir na praia onde ficam os gringos. Mas nunca fui, porque lá quem manda são outras meninas. O negócio é ir toda arrumadinha, com roupa bem sensual, para ver se arruma algum, mas Teresa tem jeito de sapatão, por isso quer me levar junto. Não me interessa o que ela é, gosto dela.

Domingo, 16 de maio de 2004

Fui para a casa da minha prima Julieta e transei com o marido dela. Tenho um caso com ele já faz tempo. Ela suspeita e não me deixa sozinha com ele. Hoje, a gente "coisou", fizemos tudo. Ele me deu R$ 20.

Terça-feira, 18 de maio de 2004

Ontem à noite, baguncei na escola. Na semana passada, eu só faltei um dia de aula. Mas, este ano, perdi todas as provas. Giulia não está nem aí para me ensinar. Sozinha, não consigo aprender. Tenho dificuldade de escrever meu nome, de saber ler. Uma parte de estudar é muito chata, mesmo tendo uma outra que não é. Sei que preciso de estudo para arranjar um emprego. Mas não gosto de ficar na sala de aula, prefiro bagunçar no corredor. Minhas educadoras na ONG brigam comigo, minha professora também. Ontem, ela me chamou a atenção e disse que, se eu não parasse de bagunçar, ia me mandar de volta para casa. Só fiz assim:

— Ha! Ha! Ha! Minha filha!

Entro na escola às 19:30 e saio às 21:40. O colégio fica bem perto da minha casa. Não vou é por preguiça mesmo. A matéria de que mais gosto é Ciências, porque explica o corpo humano. Mas não gosto da professora Divina. Uma vez, pedi a lapiseira emprestada e ela disse que não tinha. Tudo que eu pergunto, ela não responde. Até já falou:

— Tô cheia dessa menina!

Antes disso, considerava a professora Divina uma mãe. Acho que ela devia estar estressada e descontou em mim. Agora, ela não dá aula mais para ninguém. Virou a vice-diretora. Entrou a professora Maria das Dores no lugar dela.

ELIANE TRINDADE

Sexta-feira, 21 de maio de 2004

Faltei à aula nos dois últimos dias porque nasceu um furúnculo na minha coxa. Começou a aparecer o caroço na quarta, bem no dia em que fiz meu segundo exame de HIV. Ficou latejando o dia inteiro. Do laboratório onde fui tirar o sangue, me mandaram ir ao pronto-socorro. Nem fui. Preferi ir direto para casa. Botei uma compressa de óleo quente com folha de pimenta em cima. Melhorou. Hoje, abriu o caroço, saiu um monte de pus. Está doendo menos.

Fiquei com medo de fazer o teste de HIV. Sei o que é aids e não uso camisinha sempre nos programas. Duas pessoas que moram perto de casa têm essa doença. Elas pegaram transando sem camisinha. São velhos. Nunca transei com eles, não sou doida. O resultado do meu exame só sai no dia 14 de junho e tomara Deus que não acuse nada. Estou com medo também de fazer a ultrassonografia da vagina que a ginecologista pediu. Fui encaminhada para fazer o exame, mas não quero ir sozinha. Já sei o que vai dar. Devo ter um cisto no ovário, porque as minhas tias têm. Não quero ir ao médico de jeito nenhum.

Domingo, 23 de maio de 2004

Tia Rosário ficou bêbada no pagode lá na rua, e tio Josafá aproveitou para ficar me chamando para sair com ele. Ele me chamou para ir até o carro e queria me levar para o motel. Quando ele começou a me olhar, fiquei tapeando, pois é meu tio de sangue. Mas já transei com ele uma vez, quando ele levou a mim, a Natália e a Girleide, aquelas minhas ex-colegas bem novinhas, para um hotel. Primeiro, ele "coisou" com elas e, por último, comigo. Isso faz um tempinho, uns seis meses. Depois daquela noite, quando ele me encontrava ficava dizendo que ainda bem que não abri a boca lá em casa. Ele deu R$ 20 para cada uma. Dessa vez, não fui com ele de novo porque tinha que ficar cuidando do meu avô, o pai dele. O fato de tio Josafá ser meu tio não me incomoda tanto, o que me incomoda é não ter dinheiro. Minhas tias nem desconfiam que o irmão delas já transou comigo. Estou pensando em sair de novo com ele porque estou com problemas com todos os meus coroas. Doutor Diógenes, outro cliente meu de sempre, está operado do coração. Seu Nicolau anda dizendo que cobro muito caro, R$ 30. Ele chega a ficar três horas comigo. Acho que ele toma aqueles remédios para o negócio dele funcionar e ainda quer pagar menos.

Terça-feira, 25 de maio de 2004

Deram uma sopa estragada para minha mãe tomar na rua e ela apareceu chorando de dor. Quase desmaiou e tia Socorro deu um monte de analgésico para ela tomar. Minha tia veio me pedir para levar minha mãe ao pronto-socorro. Não fui. Não tinha dinheiro para pagar a passagem de ônibus. Ainda bem que uma vizinha chamou minha mãe para dormir na casa dela. Queria que a gente tivesse uma relação de mãe e filha, mas nossa relação é como de estranhas.

Quinta-feira, 27 de maio de 2004

Não vou ter aula nos próximos dias. É que estão reformando a escola por causa dos cupins. Minha escola deve ficar fechada por duas semanas. O teto estava caindo de tanto cupim. Caiu uma telha numa aluna. No começo, eles queriam reformar somente uma sala, mas tiveram que reformar a escola inteira. Segundo a diretora, já são 14 anos sem reforma e está tudo caindo aos pedaços. Até os professores já botaram dinheiro do bolso deles para consertar coisas.

Sábado, 29 de maio de 2004

Na casa de tia Rosário, as coisas estão mais ou menos. Vou levando! Hoje, comprei quatro maçãs e meu primo comeu uma. Não gostei, porque ele come as coisas dele e não me dá. Fui reclamar com ele e Maicon disse que nem gosta de maçã. Eu adoro. Até que estou conseguindo comer de manhã. Não ponho comida em casa, mas dou dinheiro de vez em quando. Minha tia pensa que Dolores me dá grana. De vez em quando, compro almoço feito na rua. Vem com arroz, feijão, macarrão, cenoura, batata. Divido com tia Socorro. Minha comida preferida é arroz benfeito e carne assada. Gosto de doce de coco e adoro chocolate.

Quarta-feira, 2 de junho de 2004

Beth, a minha educadora, vai me levar dia 8 para fazer o ultrassom transvaginal. Não quero fazer exame dentro da vagina. Só vou fazer porque três pessoas que gosto muito me pediram para fazer. Além de Beth, tia Socorro e Alessandra, minha psicóloga, também insistiram comigo.

As meninas da ONG ficaram rindo da minha cara, brincando com o jeito como escrevo. Priscila, aquela garota que vivo chamando de sapatão, deu um tapa na minha cabeça. Ela tem uns 16 anos, é muito metida. Só não fui em cima dela porque Telma, a assistente social, entrou no meio.

Quarta-feira, 9 de junho de 2004

Fui ao programa de Saúde do Adolescente com tia Socorro e com Beth. Estava com vergonha de ir ao médico porque tenho corrimento. O médico pediu outro exame de HIV. Fui também ao laboratório tirar sangue de novo. Não fiz aquele ultrassom porque perdi o prazo. Beth vai tentar marcar outro.

Sábado, 12 de junho de 2004

Hoje é Dia dos Namorados, mas fiquei solitária. Fico feliz quando penso no Tiago, acho que ele é o amor da minha vida. Amanhã, meu avô vai fazer 100 anos. Vou fazer um bolinho para dar a ele de presente. Foi ele quem me criou desde pequena, porque minha mãe não regula da cabeça faz tempo. Quando era mais novo, ele bebia e só queria andar bem alinhado. Vivia atrás de mulher, ia para os bailes, todo no social. Ele sempre tratou a mim e ao meu irmão muito bem. Apesar de ser muito velho, ninguém engana ele. Vive repetindo que é velho, mas não é bobo. E pede respeito.

Eu respeito muito meu avô, mas meu primo Maicon não respeita. Hoje, foi brincar com vovô e colocou um cano na cabeça do velho como se fosse um revólver. O idiota começou a rir da cara de susto do meu avô, coitado. Maicon é um caso perdido. Já liguei até para a delegacia de adulto, quando ele e dois amigos bêbados tentaram tirar minha roupa. Dei um chute nele e ele foi me sufocando. Foi ano passado, eu tinha 13 anos e lembro que era domingo. Ele deu dois tiros para cima e só parou quando a mãe dele apareceu. Contei tudo para tia Rosário. Como sempre, ela só disse que ia conversar com o filho. Quando a polícia chegou, Maicon tinha saído e a mãe só fez dizer que estava tudo bem.

ELIANE TRINDADE

Domingo, 13 de junho de 2004

O aniversário do meu avô não foi tão bom. Acabei não fazendo o bolo, mas ele mandou comprar três bolinhos pequenos, um litro de refrigerante e quatro pães doces. Comemoramos no final da tarde. Meu avô adora dinheiro e ficou pedindo uns trocados para tio Josafá, que cuida da aposentadoria dele. Só que enganaram ele e deram dinheiro antigo. Não dei nenhum presente para o meu avô, mas ele ficou feliz quando cantamos o "Parabéns". Ficou o tempo todo perguntando:

— É o quê? É o quê?

Só tinha gente de casa mesmo. Tio Josafá deu uns trocados para comprar as coisas, mas com o dinheiro da aposentadoria do meu avô. Foi tudo baratinho. Gastamos R$ 4,25 na venda. Tio Josafá quis sair comigo de novo. Concordei. A gente foi para o hotel. Ele falou para a gente tirar a roupa. Quando disse não, ele me disse:

— Vamos, meu amorzinho. Eu te dou R$ 100.

Eu acreditei. Além da aposentadoria do meu avó, tio Josafá também é aposentado, tem dinheiro. Primeiro, nós tomamos banho. Ele queria logo pegar nas minhas partes íntimas, mas falei que estava menstruada. Era mentira. Ele ficou danado, dizendo que se não ia querer transar era para ter falado antes, porque tinha pago R$ 35 pelo quarto. Ele ficou com raiva e não me deu o dinheiro. Na hora em que ia acontecer, me lembrei do que minha educadora Beth disse. Ele é meu tio e tem que me respeitar. Dessa vez não rolou tudo como da última vez. Também não ganhei nadinha.

Diante do relato de incesto, colocou-se a questão da quebra do sigilo do diário. Diana foi informada de que um fato de tal gravidade não poderia continuar em segredo, uma vez que sua integridade está ameaçada. Diana foi encaminhada pelo Conselho Tutelar de sua cidade à ONG pelo seu histórico de exploração sexual nas ruas, mas não havia sido relatado às autoridades e profissionais que acompanham o seu caso situação de abuso sexual em casa. Confrontada pela autora, ela decidiu conversar com a educadora da ONG e acabou revelando que o assédio do tio acontece há anos. No entanto, desde a primeira conversa sobre o assunto, ela reluta em denunciar. Sem o seu testemunho, a denúncia se enfraquece. Diante de um quadro de tal gravidade, os educadores que acompanham seu caso começaram a estudar uma forma de intervir sem causar ainda mais danos a Diana.

Quarta-feira, 16 de junho de 2004

Acordei cedo para ir ao Serviço Psicossocial. No caminho, encontrei a bonitinha da Beth no ônibus. Ela brigou comigo porque eu ainda não tinha comido nada de comida, só biscoito. Na conversa com a psicológa Alessandra, ela ficou me perguntando sobre tio Josafá. Não estou com vontade de conversar sobre isso com ninguém. Depois da psicóloga, fui buscar o resultado do teste de aids com a minha prima Giulia. Pedi para ela ler o resultado. Apesar de ser mais nova do que eu, ela lê bem. Segundo ela, estava escrito negativo. Não tenho a doença, graças a Deus. É o segundo teste de HIV que faço, mas o primeiro não fui buscar o resultado. Lá no posto, eles me levaram para ver uma palestra sobre aids. A mulher falou de camisinha feminina, mostrou um desenho com verrugas no pênis. Aprendi que a gente deve mandar os homens usar a camisinha. Às vezes, eu mando. Outras, eu esqueço. Com tio Josafá, sempre transei de camisinha. Mas com o irmão do seu Diógenes, outro dia, foi sem. Vou sair para a cidade. Preciso de R$ 21 para pagar uma saia e uma blusa nova que eu comprei. Não sei quanto vou conseguir, mas o que vier já me ajuda.

Quinta-feira, 17 de junho de 2004

Só hoje consegui ir para a cidade atrás de uns coroas. Ontem, não deu para ir porque tem dias que não posso deixar meu avô sozinho. Vou para a rua quando tia Rosário está de folga. Hoje à tarde, encontrei seu Nicolau e doutor Diógenes, mas não consegui nem R$ 20.

Ainda não voltaram as aulas. Aconteceu um imprevisto na minha vida: não gosto mais de briga. Acho que essas conversas com a psicóloga e na ONG estão me ajudando a ficar mais calma. Tia Socorro também conversou comigo:

— Menina, tu tem que mudar. Desse jeito, tu não chega a lugar nenhum.

Acho que ela tem razão.

Sexta-feira, 18 de junho de 2004

Vi na televisão que uma amiga minha, a Paula, morreu em São Paulo. Ela levou um tiro na cabeça, essa semana. Ela era daqui. A gente se conheceu quando eu tinha uns 12 anos e vendia salgadinho para ela lá na praça da igreja. Mas ela foi embora porque o irmão matou um cara. Levei um susto quando vi na tevê a família dela contando que Paula tinha sido assassinada pelo marido. Ela tinha 23 anos.

Sexta-feira, 18 de junho 2004 (segunda parte)

Estou com outro furúnculo na minha perna. Liguei para Dolores para saber se ela tem pomada. Não tinha. Vou deixar sem remédio. Pedi R$ 1 para minha tia para comprar um lanche, ela não me emprestou. Estou sem camisinha. Já pedi mais para Beth, mas só vou voltar na ONG no dia 26.

Domingo, 20 junho de 2004

Ontem, eu me encontrei na cidade com uma prostituta que é uma ex-amiga minha. Marcinha é uma trombadinha, tem uns 18 anos e me chamou para segurar uma menina enquanto ela pegava o dinheiro da coitada. Saí fora. Vi também seu Nicolau e ele disse que não ia ficar comigo por causa da mulher dele que estava para chegar. Pedi para ele me arrumar um pouco de água e deixar eu assistir televisão na casa dele. Ele não deixou. Disse que tinha que sair, mas aproveitou para botar a mão no meu peito. Aí, fui eu quem disse não. O homem do cachorro-quente também não teve tempo para fazer programa. Acabei indo para o mercado e arrumei dois coroas. Um me deu R$ 10 e o outro, R$ 12. Aproveitei para comprar uma galinha para o almoço. Ainda fui ver Dolores e levei batatinha e maçã que também comprei no mercado.

Depois que Dolores descobriu que andei vendo filme pornô com André, não quer que eu fique mais sozinha com o filho quando vou para lá. Não aconteceu nada, a gente só tirou um sarrinho. Ela disse que ele já era maior de idade e que eu sabia muito bem o que ele queria fazer comigo. Ela tem razão, mas me magoei muito. Voltei para casa e tive um resto de dia ótimo. O quarto do meu avô está sendo reformado. Gostei! Meu avô estourou meu furúnculo. Saiu sangue e pus. Ficou um buraco.

Quarta-feira, 23 de junho de 2004

Minha mãe passou mal de dor de barriga e fui levar ela na emergência do hospital. Furaram ela com agulha e deram um soro. Tia

Rosário ligou para meu pai e ele apareceu. Pedi dinheiro e ele só me deu R$ 5, mas minha mãe quis um pedaço de bolo e um refrigerante. Só fiquei com R$ 1. Saímos do pronto-socorro às 5:00.

Quinta-feira, 24 de junho de 2004

Quase não dormi. Por volta das 9:00, tia Socorro me acordou para ir à feira. Além disso, ela mandou eu dar café para o meu avô. Ela nunca tem tempo de dar café ao pai dela. Os comprimidos do meu avô não estão mais fazendo efeito. Hoje, ele acordou atacado. Meu avô continua na casa de tia Rosário, enquanto o quarto dele é reformado.

Encontrei o Juvenal, um cara que compra camisinha por R$ 0,50. Ele perguntou se eu tinha alguma para vender. Disse que não tinha nada, mas ele veio com o papo de eu chupar ele. Respondi que não era garota de programa. Então, ele sugeriu que eu só batesse uma punheta. Disse ao safado que a minha mãe estava para chegar. Ele respondeu:

— Está certo. Pensei que tu fosse prostituta.

Todo mundo suspeita que ando metida com prostituição. Dolores é ótima amiga, mas às vezes até ela me deixa chateada. Fica jogando verde para saber onde arrumei dinheiro.

Sábado, 26 de junho de 2004

Fui procurar meu pai. Ameacei entrar na Justiça para pedir uma pensão e fazer o negócio do DNA que o pessoal da ONG me disse que eu podia fazer para saber se ele é mesmo meu pai. Não quero fazer exame nenhum, mas ele ficou com medo. Mesmo assim, não me deu nada hoje. Disse que não tinha dinheiro. Eu me conformei e fui embora. Mas tenho ele na minha mão. Ele não me registrou como filha, mas para minha mãe ele assume que é meu pai, embora negue na rua.

Domingo, 27 de junho de 2004

Eu e Giulia levamos meu avô na igreja evangélica que ele frequentava antes de ficar fraco das pernas. Ele é crente, mas não é sempre que pode ir à igreja, porque não tem como ir andando e táxi é caro. Não gosto muito de ir nessa igreja, porque é muito quente lá dentro e fico um pouco sufocada. Além do que, nunca gostei de igreja. A gente tem que ficar em uns grupos, ouvindo um monte de coisa. Dessa vez, só fui acompanhar meu avô. Quando tinha uns oito para nove anos, eu era crente. Agora, não quero ser mais. Não estou com coração para ir para a igreja. Gosto de dançar todo tipo de música. Adoro me produzir, fazer unha. Na igreja, não se pode usar um *short* curto, não se pode fazer nada. Nem botar maquiagem. Quero viver minha vida. Tia Socorro já não insiste mais. Ela fala que ninguém pode ir para a igreja obrigado.

Terça-feira, 29 de junho de 2004

Tive um encontro com meu pai e dessa vez ele me deu R$ 10. Nem precisei ameaçar. Ele falou comigo, mas não me deu beijo. Só perguntou como eu estava e se ia bem na escola. Inventei que tinha um rapaz querendo bater em mim, e ele falou que ia tomar providências. Um milagre, porque ele nunca fez nada por mim. Estranhei de ele ter me levado para dar uma volta no carro dele. Antes, nunca tinha feito isso. No final, ainda comprou uma cesta básica para minha mãe. Tinha leite, arroz, feijão, óleo e biscoito.

ELIANE TRINDADE

Quarta-feira, 30 de junho de 2004

A escola suspendeu as aulas por causa da reforma, mas era para eu levar um trabalho que tia Maria das Dores pediu. Fiz o melhor trabalho que consegui fazer sozinha. Fui para a cidade e saí com o seu Nicolau. Ele só meu deu R$ 15. Às vezes, tenho vontade de sair dessa vida de prostituição, de deixar de ser explorada. É difícil. Vou perguntar para o Tostão, um vendedor de rua que é meu amigo, como é que se faz para ter uma barraca e vender comida a R$ 2. Quando voltei para casa, fui para o parquinho que foi montado perto do terminal com Giulia. Nessas horas, lembro do momento mais feliz da minha vida. Eu tinha uns 10 anos e meu avô passeava comigo e com meu irmão. A gente se fazia cosquinhas. Eu ria muito. Eu adoro cócegas. De vez em quando, preciso me divertir um pouco. Vejo todas as novelas. Às vezes, não vou para a escola para assistir minha novela preferida, que é *Celebridade*. Fico até de madrugada vendo tevê. Brincar, eu não brinco mais. Só brinquei de boneca até uns 7 anos. Mas gosto de sorvete, biscoito, pirulito, pipoca e refrigerante. Mas não gosto de comer na hora certa.

Quinta-feira, 1º de julho de 2004

Cheguei atrasada no Serviço Psicossocial e pedi desculpa para Telma. Demorei muito porque fui andando, pois não tinha vale-transporte nem dinheiro. Ela me desculpou, mas disse que no dia 4 tenho que chegar às 8:30 para consultar com a psicóloga. Nesses dias, a gente fala os nossos segredos e sonhos que quer realizar. O meu sonho é cuidar de idoso, ajudar a minha mãe e aprender a ler. Eu tenho muitos planos. Quero ter a minha casa, um quarto só meu. Vou fazer um outro pra minha mãe e pra minha irmã. Queria que cada uma tivesse seu quarto separado, porque gosto de tudo arrumadinho. Cada uma teria sua chave. É muito chato ver os outros mexerem nas suas coisas.

Sexta-feira, 2 de julho de 2004

Acordei tarde e não fui para a reunião do grupo de meninas lá da ONG, que acontece aqui no bairro mesmo. Almocei cedo, umas 12:00. Chupei um picolé, comi uma maçã e um salgadinho de batata frita com *bacon*. Comprei um remédio para Dolores com os R$ 6 que tinha guardado. Hoje, estava querendo entrar em contato com tio Josafá. Vi o carro dele no supermercado. Se ele quiser sair comigo, vou marcar e na hora dou um comprimido para ele dormir e arranco todo o dinheiro da carteira. Se ele reclamar depois, conto para todo mundo que a gente estava no motel. Quero também fazer uma tatuagem. Estou pensando em uma tribal ou em um girassol.

Telma, minha assistente social, e tia Socorro foram ao médico comigo. Fui também ao dentista e ao oculista. Fiz todos os exames que era para fazer.

Domingo, 4 de julho de 2004

O que eu tenho para revelar hoje é muito importante. Tio Josafá veio para mim e disse:

— Vamos para o motel que eu te dou R$ 50.

Eu achei muito pouco. Pedi R$ 80. Ele respondeu:

— Compro minhas meninas na boate e sai cada uma por R$ 10.

Fechei por R$ 50 e fomos para o motel. Ele tomou dois drinques. Eu levei remédio para botar na bebida e fazer ele dormir, mas não deu certo. No final, ele pagou um guaraná e um achocolatado para mim no frigobar e só me deu R$ 35.

Terça-feira, 6 de julho de 2004

Teve uma festinha no grupo das meninas lá da ONG. Levei um bolo de chocolate que tia Socorro fez. A gente preparou um cartaz para as meninas que estavam fazendo aniversário este mês. O meu é dia 8 de setembro. Participei de uma brincadeira. A gente tinha que ir passando a caneta e, quando a música parasse, quem ficasse com a caneta na mão tinha que responder uma pergunta. Quando chegou a minha vez, perguntei para Rita, a educadora do grupo, com quantos anos ela teve a primeira relação sexual. Ela contou que foi aos 13 anos e aconteceu em um hotel. A mãe dela ficou passada quando descobriu. Uma outra pessoa do grupo quis saber quem da roda já era mulher. Levantei o dedo. Ser virgem não é tudo na vida, todo mundo vai ter que dar um dia. Minha vergonha de dizer que não sou mais virgem já passou. Agora, tenho que enfrentar a vida. Se minha vida é assim, tenho que caminhar para a frente. Tem coisas boas em ser mulher. Eu gosto do meu corpo. Acho a minha barriga e os meus seios bonitos.

Contei no grupo que a minha primeira relação foi com um menino chamado Marcelo. Ele era um gatinho. Nessa primeira vez, senti só um pouquinho de dor. Foi ótima. Eu tinha uns 11 anos. Antes, os caras não faziam tudo comigo porque eu nem tinha seio. Eu ia para a rua mais para pedir esmola mesmo. Alguns me davam dinheiro para bater punheta ou tirar um sarro, mas quem tirou minha virgindade foi esse garoto. Quando fiquei com ele, senti uma quentura boa perto de mim. Foi ótimo, gostei. Ele me deu um monte de beijo pelo corpo. Ele era mais velho, tinha uns 17 anos. A gente ficou junto uns dois meses, mas não deu certo, porque descobri que ele me traía. Mas não foi chato terminar. Ele contou tudo na minha cara. Além do mais, não gosto de ficar sempre com o mesmo cara. A mesma fruta enjoa. Tem muitos outros me querendo. O problema é que eles só querem me usar. Assim, não quero. Para isso, já tenho os velhos. Não dá para confiar em homem nem em ninguém. Não sei se quero me apaixonar de novo. Se for para amar alguém, tenho que ser amada antes.

Quarta-feira, 7 de julho de 2004

Fui ao salão de beleza pintar meu cabelo. Dei uma mexida para tirar o ressecado. As pontas estavam muito estragadas. Cortei em camadas e fiz escova. Dei um amaciamento para os cachos ficarem bem lisinhos. Gostei! Não vou a salão, faço tudo com uma menina lá da rua mesmo. Ela me cobrou R$ 18, fiquei devendo R$ 2. Eu mesma fiz minhas unhas, tipo francesinha. Choveu no final da tarde, fiquei com medo de molhar o cabelo e ficar feio de novo. Não saí de casa.

Quinta-feira, 8 de julho de 2004

Minha menstruação veio hoje. Faço o controle direitinho. Conto o dia que vem e o dia que vai embora. Pergunto pra alguém qual é a data e marco. Dessa vez, veio normal. Estava sem dinheiro para comprar absorvente e fiquei com vergonha de pedir a Dolores. Nos encontramos e ela comprou um sorvete e um biscoito da Xuxa para mim. Estou tentando me alimentar na hora certa, como todo mundo manda. Mas, às vezes, não como. Pintou sujeira no trabalho da Dolores. A fiscalização do terminal chamou a atenção dela novamente. O fiscal disse que nós parecemos duas lésbicas. Não tem nada disso. Dolores é uma amiga, é tudo na minha vida. Ela me dá conselhos, diz que é para eu não ficar até tarde na rua. Não fico mais de conversa com o filho dela. Quando encontro com André, só dou bom-dia, boa-tarde e boa-noite. Agora, vai ficar difícil entregar preservativo para um motorista de ônibus que sempre me faz encomenda. Ele tem relação com outras mulheres, mas compra de mim, porque sempre tenho algum na bolsa. Pego um bocado de camisinha no posto de saúde ou na ONG. Nem sempre eu vendo, a maioria eu dou. Transo muito sem camisinha. Quando fico nervosa, eu não uso. Com cliente, fico muito estressada, nem sempre lembro de pedir para eles usarem. Quando peço, a maioria diz que não quer, e eu deixo para lá. Tenho medo de pegar alguma coisa e de engravidar. Eu não deixo gozar dentro.

Sexta-feira, 9 de julho de 2004

Já voltei a morar com tia Socorro. A casa dela ficou bem melhor reformada. Uma vez ou outra, durmo na casa de tia Rosário, principalmente quando vou assistir novela e me dá sono. Caio logo no sofá e durmo por lá mesmo. Como não fico mais direto lá, meu primo me agride menos. A última vez que nós discutimos foi porque ele se enxugou com a toalha do meu avô. Ajudar a dar banho no vovô ele não ajuda. Agora, passamos a dar banho no meu avô no terraço novo da casa de tia Socorro. Consigo dar banho sozinha, mas é mais fácil quando estamos em duas. Boto a luva, lavo direitinho, enxugo, boto talco, tudo como me ensinaram. Faço até a barba. Vovô só fica dizendo:

— Obrigado, Diana. Que Deus te abençoe e te dê tudo de bom na vida!

Ele não fica com vergonha de ficar pelado na minha frente, porque sou da família. Mas, quando tem alguém de fora, ele fica. Quando Giulia, que é pirralha, está por perto, ele manda sair. A gente tem que dar banho todos os dias, porque ele mija na roupa e fica fedendo. Cocô, ele faz no banheiro Xixi, a gente coloca o bico de pato que minha tia conseguiu no hospital. Ele só sai de casa para ir ao médico. Às vezes, ele pede para ir à igreja.

Domingo, 11 de julho de 2004

Fui passear na casa de uns amigos de tia Socorro. Eles queriam que eu dormisse lá, mas eu não quis. Disse que não queria deixar o meu avô sozinho. Mas lógico e evidente que aproveitei para sair com tio Josafá. Dessa vez, não fui sozinha. Chamei uma amiga, a Monique, porque ele gosta de transar com duas mulheres. Monique é rapariga, tem uns 27 anos. Tio Josafá combinou de dar R$ 50 para cada uma, mas quando passou no banco não conseguiu tirar o dinheiro. O caixa eletrônico não estava funcionando. A gente nem foi para o hotel. Ele parou no posto de gasolina e comprou bebida e dois maços de cigarro, um para mim e outro para Monique, que deu uns dois beijos nele e só. Encontro Monique de vez em quando na rua. Não saímos sempre juntas, prefiro me virar sozinha. Não tem essa de ninguém me levar à força. Vou porque quero.

Tenho medo de contar sobre os meus programas com tio Josafá para as minhas tias. Elas são irmãs dele e não vão aceitar uma coisa dessas. Depois que contei essa história para Beth, ela falou que tem que tomar as providências. Mas não quero denunciar o meu tio. Ele é muito próximo do meu primo Maicon. Acho que minha vida vai ficar pior depois. Acho não, tenho certeza. O que sofro agora pode ser pouco perto do que pode acontecer depois que eu levar tio Josafá na polícia. É melhor ficar com a minha família. Não sofro tanto assim para denunciar. Cheguei a pensar nisso, mas não quero. Ele continua me chamando de meu amorzinho, minha paixão. Na intimidade, quer que eu chame ele de Josa. Com ele, já ganhei até R$ 50. É melhor do que ir para a praia, onde ficam os gringos. Tenho vontade de ir, mas fico com medo de as outras mulheres arranharem minha cara. Elas não gostam de novata. Tem muito turista e as garotas de programa de lá não gostam de abrir lugar para mais ninguém.

Diana continua se negando a levar a denúncia contra o tio adiante. Os profissionais que acompanham o caso montaram um plano para enfrentar a delicada questão. Como o tio de Diana é um senhor de 75 anos e portanto inimputável, conforme a lei brasileira que garante proteção especial tanto para a adolescente Diana quanto para o idoso Josafá, o temor é de que a denúncia acabe se voltando contra a vítima. Como as tias desconhecem ou fingem desconhecer o caso de incesto, as assistentes sociais estão montando uma estratégia para fazer delas aliadas na tentativa de impedir que Diana continue fazendo sexo com o tio em troca de dinheiro e também deixe de ir para as ruas em busca de clientes. Como uma delas é tutora legal de Diana, pode ser responsabilizada caso continue compactuando com um crime de incesto. Para minimizar as pressões familiares, a ONG está incluindo Diana em programas governamentais de transferência de renda, como o Programa de Atendimento Integral à Família, pelo qual vão receber R$ 95 por mês. Diana também passará a receber uma bolsa no valor de R$ 65, dentro de um programa do município que recebe recursos também do governo federal. A condição é participar de atividades diárias na ONG, que volte a estudar e continue na terapia. Atacando nestas frentes, a expectativa é de que ela finalmente deixe de se colocar no mercado sexual depois de ter garantida uma renda.

Segunda-feira, 12 de julho de 2004

Tia Divina, a diretora lá da escola, veio me perguntar se eu não sabia que ela manda as meninas com roupa bem curtinha ir embora. Eu estava vestida com uma blusa de listra que mostra o peito. Menti para ela dizendo que minhas outras blusas estavam molhadas. Fiquei com raiva dela. Gosto de usar roupa bem decotada. Não suporto sutiã. Aperta. Gosto muito do meu colo e da minha barriga, bem enxutinha. Quero pintar meu cabelo de vermelho intenso. Vou comprar a tinta, quando arrumar algum dinheiro com meus coroas. Gosto de mudar o visual.

Quarta-feira, 14 de julho de 2004

Não estou mais menstruada e fui para a cidade fazer meus programinhas. Um cara me deu R$ 5 para bater uma punheta. Não sei o nome dele. Encontrei seu Diógenes e ganhei mais R$ 2 para bater uma punheta também. Passei no seu Nicolau, ele me deu R$ 50 e nem transamos. Disse que estava cheia de dívidas e ele me deu esse agrado. Depois, eu me diverti um pouquinho. Comi um cachorro-quente, um pacote de batata frita com *bacon*. Gostei, fiquei bem animadinha.

Quinta-feira, 15 de julho de 2004

Fiquei cuidando do meu avô na casa de tia Rosário. Ela me deu R$ 5 para eu cuidar do vovô, enquanto ela saiu para a farra.

Sexta-feira, 16 de julho de 2004

Acordei às 6:00 para ir ao posto médico. Tinha um monte de exame marcado. Fui primeiro ao ginecologista, depois fiz exame de sangue, fezes e urina. Minha prima me emprestou o alicate. Fiz minhas unhas, mas estão queimando de dor. Me cortei bastante, porque não sei fazer direito.

Estou com problema de vista. Minha vista escurece sempre. O médico me perguntou se eu como. Contei que não gosto de tomar café da manhã e só almoço lá pelo meio da tarde, se almoço.

Segunda-feira, 19 de julho de 2004

Estava esperando Dolores perto do terminal, quando apareceram uns colegas da minha sala. Eles me pediram para vender um vale-transporte por R$ 1. Quando fui oferecer para um dos cobradores, o cara acabou me dando R$ 1 e me deixou ficar com o vale. Eu dei o dinheiro para os meninos e fiquei com o vale, que custa R$ 2.

Estou conseguindo pagar minhas dívidas, mas ainda devo R$ 14. Semana passada, paguei R$ 10 que devia para uma mulher que me vende roupa e aproveitei para comprar um tamanquinho rosa por R$ 5, uma base de unha (R$ 1,80) e uma pinça de sobrancelha (R$ 0,25). Desisti de comprar um alicate de unha, que era muito caro, R$ 15. Só tenho R$ 4 em casa, preciso ir de novo para a cidade.

Quinta-feira, 22 de julho de 2004

Teve reunião hoje lá na escola. Disseram que no dia 2 de agosto vão recomeçar as aulas. Ainda estão reformando a escola, mas vai ficar ótima. Já faz um tempão que estamos sem aula. Ontem à noite, encontrei com Dolores. Era tarde, quase meia-noite. Ela ficou reclamando por causa da hora. Dolores não gosta que eu fique até tão tarde na rua. Meu avô também anda atacado dos nervos esses dias. Até me derrubou e quase quebrou meu dedo. Tia Rosário só dá remédio para ele quando quer sair à noite e aí falta para quando ele precisa. Meu primo parou de mexer comigo. Nem falo mais com Maicon. É a melhor coisa, já tenho muito problema na vida.

Sexta-feira, 23 de julho de 2004

Fiz o exame de sangue para saber qual é o meu tipo de sangue. Dessa vez, não tive medo. Continuo indo para a cidade. Na quarta-feira, saí com seu Nicolau. Dessa vez, ele me deu R$ 30, não reclamou. Não me encontrei com doutor Diógenes porque ele operou os olhos, tinha catarata. Também nunca mais encontrei com Nelson, que é um cara que tira foto minha a hora que eu quiser. Ele é fotógrafo lá no centro. Tem uma outra pessoa que também gosta de tirar foto minha. É Sérgio, ele é lá da cidade. Nelson tira foto normal, dessas para colocar na carteira de identidade. Já esse Sérgio pede para eu ficar pelada e fazer pose. Já fiz fotos com ele duas vezes. Vi as fotos, ficaram bonitas, mas ele fica com todas. Como ele diz que eu sou bonitinha, deixo ele fazer as fotos. Não fico com vergonha de posar pelada. É rápido. Ele diz que as fotos são para ele guardar e ficar só olhando. No final, ele me dá R$ 20. É bom. Não lembro mais a data de quando posei a última vez. Faz tempo.

ELIANE TRINDADE

Segunda-feira, 2 de agosto de 2004

Minhas aulas recomeçaram hoje. Depois da reforma, minha escola ficou até bonita. Gostei da aula de hoje, porque foi bem divertida. A turma foi dividida em grupos e cada um tinha que criar um jeito de o navio não afundar. O meu grupo fez uma corda bem grande com jornal. Foi bem legal. No final da aula, ganhamos pipoca. Fiquei ainda mais feliz porque recebi finalmente minha carteira de estudante, com a foto que Nelson fez. Paguei faz tempo, mas só entregaram agora.

Domingo, 8 de agosto de 2004

Estou muito feliz porque ganhei meu celular. Quem me deu foi tio Josafá. É um modelo daqueles antigos. Está funcionando direitinho, e já decorei o meu número. É um celular de cartão. Então, vou ter que comprar um para ligar, mas já posso receber minhas ligações. Meu tio disse lá em casa que eu tinha comprado o antigo celular dele com um dinheiro que eu vinha economizando e que está guardado com Dolores. Tia Rosário e tia Socorro acreditaram, porque sabem que tenho R$ 60 guardados justamente para comprar um celular. Eu e meu tio mentimos dizendo que ainda vou pagar os outros R$ 40 à prestação. O que elas não desconfiam é que transei com ele duas vezes. Agora, marcou de a gente se encontrar de novo uma noite dessas. Ele vai ligar no meu celular para marcar.

Segunda-feira, 9 de agosto de 2004

Estou pensando até em devolver o celular. Tio Josafá quer sair comigo, e eu não me sinto à vontade com ele para transar, afinal é meu

316

parente. Quando ele for lá em casa amanhã, vou enrolar ele, não vou sair. Acho que ele não vai ter coragem de tirar o celular de mim. Na minha cabeça, eu já paguei pelo celular nas duas últimas vezes em que a gente saiu. Só que ele quer mais.

Terça-feira, 10 de agosto de 2004

Fiz programa com três homens diferentes. Fui para a cidade procurar seu Nicolau, mas antes encontrei um cara, que nem sei o nome, mas que trabalha ali por perto. É um rapaz moreno que vende celular roubado lá no centro. Tem uns 30 anos. Ele me deu R$ 5 e ficou me devendo R$ 25 pela transa. Disse que vai me pagar o resto na quinta-feira. A gente se encontrou na rua e foi por ali mesmo. Uma coisa rápida. Tinha marcado com seu Nicolau para as 19:00 na firma. Quando cheguei, já estava vazio. Dessa vez, não transei com ele. Fiz chantagem com o velho e pedi R$ 30 para não denunciar ele na polícia. Ele falou grosso no início:

— Todo mundo sabe que você sai com qualquer um por aqui.

Eu não liguei para o papo dele e continuei ameaçando:

— O senhor não tem como provar que eu fiquei com todo mundo, mas eu posso falar que o senhor transou comigo e eu sou menor de idade.

Ele viu que eu falava sério e me deu logo o dinheiro e marcou para eu voltar no domingo para a gente transar. Saí de lá por volta das 20:00 e ainda passei no sexto andar do mesmo prédio onde trabalha seu Clóvis, que é dono de uma lanchonete. É um homem mais novo, deve ter uns cinquenta anos. Ele me deu R$ 20 e a gente transou. Foi rápido. Só teve penetração, não teve beijo nem nada. Com ele é melhor do que com seu Nicolau. De lá, fui ver Dolores. Levei uma laranja para ela de presente. Comprei ainda um caderno novo por R$ 6. O antigo está todo gasto. O novo é bem bonitinho, cheio de florzinha. Queria comprar um que tem Deus na capa, mas era muito caro. Custava R$ 15. Comprei também um alicate de unha por R$ 8. Só fui chegar em casa depois das 23:00.

Diana descobriu um poder até então desconhecido: o da lei. Não o usa a seu favor pelos meios clássicos, mas como ameaça. Ao tomar conhecimento de que pode forçar o suposto pai a reconhecê-la legalmente, não procura a Defensoria Pública para entrar com o processo, mas acha a chave para tirar dinheiro do homem que identifica como figura paterna. O teste de DNA imbute uma incerteza e ela não suportaria a ideia de não ter pai nenhum. Pela mesma lógica, a proteção garantida pelo Estatuto da Criança e do Adolescente também vira arma contra os clientes. Passa a fazer chantagem, ignorando os riscos. Inverte temporária e perigosamente o jogo. "Tenho eles aqui na minha mão", vangloria-se. É um jeito enviesado de enxergar a própria vida que a faz também negar a condição de vítima de exploração sexual. "Que vítima?", indaga, sempre com raiva, sem entender todo o significado da palavra. Vítima para ela tem apenas um sentido: é o carimbo que já levou na delegacia, mas que veio junto com um monte de humilhações.

Quarta-feira, 11 de agosto de 2004

Acordei cedo para levar meu avô no posto para tirar sangue. Fui com tio Josafá, que, na volta, marcou de me pegar às 19:00. Ele quer transar de novo de qualquer jeito. Acabei de almoçar. Comprei um prato de comida por R$ 3,50. Estava insuportável. Não consegui comer tudo. Giulia me ensinou a mexer no celular. Ela agendou os nomes das pessoas que eu quero ligar. Agora, posso falar com os coroas a hora que eu quiser e eles também têm como me achar. Giulia sabe mexer nessas coisas. Ela ganhou um celular no aniversário de 9 anos. Foi um presente da mãe. Julieta não faz nada, é uma preguiçosa, mas arranjou um marido velho que gasta toda a aposentadoria com ela e com a filha. Agora que também ganhei o meu, já parei de me mostrar com celular por aí. Passou a obsessão.

Quinta-feira, 12 de agosto de 2004

Saí com tio Josafá ontem. Ele me ligou e depois passou para me pegar de carro. Ninguém estranha eu sair com ele, porque é parente. Fomos para o hotel e transamos de novo. Durou meia hora e foi péssimo. Não quero mais saber dele. Decidi também vender meu celular. Hoje mesmo fiz o negócio. Acabei vendendo para uma amiga minha, a Marcinha, por R$ 30. Foi barato, mas tudo bem. Me livrei do celular porque assim tio Josafá não liga mais para mim. Ele ficava se comunicando comigo o tempo todo. Só ele me ligava. Fiquei com raiva, e além do mais Dolores falou que ir para a rua com celular tem o risco de ser roubada. Nem cheguei a comprar cartão para ligar para ninguém. Dei o número para as minhas amigas, mas ninguém me ligou. Não me arrependo de ter vendido. Gastei o dinheiro para alugar minha roupa que vou usar na festa dos meus 15 anos. O aluguel foi R$ 37. Não quero mais saber de presente do meu tio. Eu só queria ter um celular e já tive. Não preciso mais. Agora, só quero saber da minha festa de 15 anos. Faço aniversário dia 8 de setembro, mas só vou comemorar no dia 11, que é sábado.

Quarta-feira, 18 de agosto de 2004

Já comprei dois pacotes de balão para enfeitar a casa de tia Rosário nos meus 15 anos. Vai ficar tudo bonito. Tio Josafá prometeu pagar a minha festa, mas não quero mais saber dele. Tudo que ele me dá quer sempre algo em troca. E o que ele quer é sexo. Não saímos mais. Decidi também que nem vou denunciar nada. Mexer com essa história só vai prejudicar a mim mesma. Tenho passagem na delegacia por prostituição e ninguém vai acreditar em mim. Vão dizer que sou culpada porque aceitei transar com ele. E não fui forçada mesmo. Não quero mais saber dessa história.

Domingo, 29 de agosto de 2004

Procurei ontem meu pai para pedir para ele pagar a minha festa de 15 anos. Fui com a minha vizinha que vai organizar tudo para mim. Ela foi para cima dele e disse que, se ele não fizesse a obrigação de pai, ia se ver na justiça. Quando ele me viu com uma pessoa mais velha, ficou com mais medo e concordou logo em pagar R$ 150 pelo *kit* da festa — o bolo confeitado, os docinhos e salgadinhos. O resto, me viro para pagar. Tanto que saí hoje novamente com tio Josafá, pois fui obrigada a sair. Acabei indo atrás dele porque precisava de R$ 50 para comprar o resto das coisas do meu aniversário. Com o dinheiro do programa, comprei os refrigerantes e as bebidas quentes da festa, como gim e conhaque. Ele não falou nada por eu ter vendido o celular. A gente foi para o hotel de sempre. Eu não sinto amor por ele, sinto uma agonia. Ele não se importa com nada, só diz:

— Vamos logo, menina. Abre as pernas!

Ele é um dos trinta convidados da minha festa de debutante. Já comecei a entregar os convites. Minha festa vai ser linda, como sempre sonhei.

Quarta-feira, 8 de setembro de 2004

Hoje é o meu aniversário de 15 anos, mas a festa mesmo só vai acontecer no sábado. Passei a tarde de hoje na barraca de Dolores. Ela não me deu presente, só ingratidão. Não brigamos, mas não gostei do que ela falou:
— Que porcaria de festa, menina!
Dolores acha que eu não devia gastar dinheiro com festa, porque pensa que vou fazer 16 anos. É que ano passado menti para ela e disse que estava fazendo 15 e ela até fez uma festa de aniversário para mim. Então, este ano fiquei com vergonha de falar a verdade e perder a amizade dela. Ela nem vai aparecer na casa da tia Rosário no sábado. Disse que vai estar trabalhando. O que Dolores nunca vai entender é que quero muito essa festa. É uma coisa que nunca tive. E, para mim, festa de debutante é a coisa mais bonita que existe. Já fui em algumas. A minha vai ser linda.

Quinta-feira, 9 de setembro de 2004

Ontem e hoje, eu fui para a cidade procurar meus coroas. Encontrei com seu Nicolau, com seu Clóvis e com o rapaz que vende celular. Fiz R$ 35. Já gastei tudo. Mandei comprar o livro de presença que os convidados vão assinar na minha festa, que custou R$ 17. Mas eu prometi para minha educadora que vou parar com essa vida depois da minha festa de 15 anos. Estou cansada de ser explorada e humilhada por todo mundo. Não quero mais essa vida de cachorro, quero mudar. Só falta eu ter força.

ELIANE TRINDADE

Sexta-feira, 10 de setembro de 2004

Não fui nenhum dia deste mês para a escola, porque ando sem tempo por causa dos preparativos da festa. Ainda não comprei o filme da máquina para tirar as fotos do meu aniversário. Tenho que arrumar também um dinheiro para fazer o penteado, que custa R$ 20. Meu pai já pagou pelos doces e salgados. Começaram a preparar tudo ontem: beijinho, brigadeiro e os salgadinhos de queijo. Ele comprou também três caixas de cerveja e deu uma ajuda para tia Rosário pintar a casa para a festa. Paguei o resto da comida com o meu dinheiro. A salada e o prato quente custaram R$ 50. Tio Josafá me deu mais dinheiro para inteirar as bebidas quentes, além dos R$ 50 que ele já tinha me dado pelo programa. Não esqueci de nada. Vai ser um festão, com música, bebida e bastante comida. Minha vizinha foi ontem comigo na loja assinar a promissória para eu poder tirar o vestido alugado da loja. Escolhi um vestido com saia longa que parece roupa de princesa.

Chegou o grande dia: 11 de setembro de 2004. A casa branca, daquelas de conjuntos habitacionais populares e que ganhou uma providencial demão de tinta azul ao longo da semana, tem a fachada coberta de balões rosa e brancos. Bem na entrada, a aniversariante espera a chegada dos primeiros convidados, cercada de crianças da vizinhança, que fazem uma alegre algazarra antevendo a festa que está por começar. Ainda são 22:00 e só parentes e amigos próximos ocupam as mesas de plástico que foram alugadas e colocadas na varanda. O rosa e o branco dão o tom dos enfeites de isopor com letras gigantes que anunciam o motivo da decoração: "Os 15 anos de Diana." O bolo no centro da pequena mesa tem três andares. No topo, uma princesinha protegida em uma torre, cercada por laços e adereços dourados. Diana não esconde a excitação no vaivém dos acontecimentos de sua sonhada festa de debutante. O clássico rito de passagem, no entanto, é invertido. A mulher que nasceu antes de a menina Diana ter consciência do que é ser fêmea nesta noite quer ser criança.

Diana está vestida como uma noiva em miniatura. O branco virginal de suas vestes ganha cores mais fortes diante da crueza de uma realidade de exploração mal-escondida sob a forma de um aluguel pago com troca de favores sexuais. A aniversariante está tensa e diz que o motivo é a chegada do pai, o convidado de honra da festa, com quem vai dançar a valsa. A mãe vem direto do salão de beleza. Como uma caricatura de mãe de debutante, entra na sala com seu vestido de festa. Seu olhar é ausente e um sorriso perene enche a boca desdentada e pintada de vermelho.

A essa altura, os convidados começam a se espremer nos quartos, também transformados em salas de visita. Nem os aposentos do bisavô, a quem chama de avô, escapam. O ancião não esconde a euforia para tomar parte dos festejos em uma cadeira de balanço colocada na varanda. Ao ver a bisneta toda de branco, faz um gracejo: "É a noiva." O pai da aniversariante só chegou à meia-noite para a tradicional valsa. Diana respira aliviada e parece ter esquecido que a contribuição paterna para a festa não foi voluntária. A máscara de alegria por trás da discreta maquiagem em tons de rosa só cai no momento da despedida: "Não estou mais contente com a minha festa", revela, entre sussurros. Mas em instantes a dor foge dos seus olhos e com um sorriso ela recebe mais um convidado. Já é tarde e o menos esperado deles não chegou. O tio Josafá, outro financiador involuntário do seu sonho de 15 anos, presenteou a sobrinha com a ausência. "Ainda bem que ele não veio", festejou Diana, que assim não precisou acordar depois da meia-noite de seu sonho de Cinderela.

ELIANE TRINDADE

Domingo, 12 de setembro de 2004

Minha festa de debutante foi ótima. Dancei a valsa com meu pai à meia-noite, tirei as fotos e todos cantaram parabéns. Gostei de quase tudo. Só não gostei de uma parte: o meu primo pegou cerveja e deu para uns vizinhos amigos dele que não convidei para minha festa. A mãe dele não colaborou com nada e Maicon ainda ficou distribuindo bebida sem pedir minha autorização. Mas fiquei muito feliz de tirar foto com meu avô. Ele não queria saber de ir embora da festa. Só concordou em ir para a cama por volta das 4:30 da madrugada. Eu amanheci o dia bebendo — misturei tudo, rum, cerveja, gim. Mas não fiquei bêbada nem estou com ressaca. Já tomei a garapa com açúcar que a minha vizinha preparou e deixou no congelador para a gente não ficar mal no dia seguinte. Só fui dormir às 7:00 da manhã de hoje. Mas acordei agora há pouco, antes do meio-dia, para poder cortar o bolo e abrir os meus presentes. Ganhei um porta-retrato, um sabonete, uma saia e uma roupa que eu adorei — um *top* e uma minissaia da propaganda da Gisele Bündchen. Não abri os presentes ontem, porque estava ansiosa e fiquei com medo de meu primo pegar as minhas coisas. O bolo também deixei para hoje. Ontem, tinha muita comida. Gostei também de ter tirado foto do meu pai e da minha mãe junto comigo. Meu pai me deu um beijo, e eu agradeci pelo que ele fez. Nessa hora, minha alegria só não foi completa porque faltou uma pessoa do meu lado: Dolores. Mas o que importa é que foi como eu tinha sonhado. Até melhor, porque tio Josafá não apareceu. Quando coloquei o vestido alugado ontem, me senti bonita e mais composta. Quis aquela roupa porque meu sonho era vestir longo. Fiquei o tempo todo segurando a saia para não rasgar, senão teria que pagar tudinho. Mas dancei bastante e sujou um pouquinho a barra. Amanhã, vou devolver o vestido e levar as fotos para revelar. Não sei direito quanto custou minha festa, que só não foi perfeita porque em parte foi realizada com dinheiro de prostituição. No final, faltou alegria. Mas realizei um sonho. Queria sonhar com outras coisas que eu pudesse realizar, como ter uma casa. Mas não mudou nada com meus 15 anos.

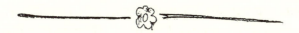

"Querido diário,

Escrever o diário foi legal, ótimo. Não gostei muito nas primeiras vezes, porque tinha vergonha. Ficava muito tímida, não gosto de chegar e logo ir falando das minhas coisas com ninguém. Falar dói muito. É ruim contar minha vida na prostituição. Mas, lá pela terceira vez, comecei a gostar de falar sobre o meu dia. Eu não li o meu diário, porque ainda não sei ler. Mas gostei de ouvir tudo que está aí, desse jeito como fui contando a minha vida. Não menti nenhuma vez. Mas ainda teve coisa que preferi não falar. Não sofri de novo ao ouvir como é a minha vida, mas fiquei pensando em um monte de coisa. Essa Diana virou uma amiga para mim. Sou eu mesma, mas é como se fosse uma pessoa com quem eu podia falar. Foi difícil contar as histórias da minha família. Não é por vergonha. Prefiro não lembrar dessa parte da minha vida. Também já estou me esquecendo do Tiago, o menino que eu mais gostei. Ele continua morando em outra cidade e a tatuagem que eu fiz com o nome dele na minha perna já está sumindo. Se ele tiver que ser meu um dia, vai ser. No fundo, não tenho mais esperança. Ninguém é de ninguém mesmo nesse mundo.

O pessoal lá da ONG vai mesmo denunciar tio Josafá. Eles não vão contar com a minha ajuda. Andei faltando muito à terapia, mas prometi para minha educadora que vou voltar. Beth me deu uma boa notícia esses dias: é que fui incluída em um negócio desse do governo e vou ganhar uma bolsa [*através de um programa municipal, em parceria com o governo federal, para adolescentes em situação de risco*]. Demorei a entregar os documentos, mas devo receber o meu cartão para tirar o dinheiro no mês que vem. Agora, todas as tardes tenho que ir para o programa. Lá, a gente participa de oficinas, joga bola, faz apresentação e conversa. É otimo. Tudo para não ficar na rua e deixar de procurar os coroas. O problema é que continuo cheia de dívidas. Minhas educadoras procuraram minhas tias e disseram que elas precisam tomar conta de mim direito. Vamos ver no que isso vai dar. Ainda não desisti do meu sonho de comprar minha casa e morar com minha mãe e meu irmão. Seria uma casa de três quartos, um só para mim. Queria que a minha casa tivesse piso de cerâmica e móveis bem bonitinhos, para eu ter minhas coisas bem no lugar. Se pudesse, ia ajeitar ainda o cabelo da minha mãe e colocar uma dentadura nela. Ela já foi bonita, hoje não é mais. Mas só vou realizar meus sonhos se for da vontade de Deus, porque não consigo imaginar como vai ser minha vida daqui a um ano ou daqui a dez anos. Nem sei se vou estar viva. Quem sabe é Deus."

Brasil, outubro de 2004

CAPITULO 7

ANOTAÇÕES

100 reflexões sobre As meninas da esquina

O ponto final dos relatos de Natasha, Britney, Milena, Vitória, Yasmin e Diana coloca o leitor diante de uma série de interrogações. A primeira delas é como transformar uma realidade que parece tão sem saída. A experiência no atendimento a jovens vítimas de exploração sexual demonstra que não cabe uma postura redentora. Colocar um fim numa situação de abuso e de exploração é uma intervenção complexa, mas possível. "Para orientar uma menina prostituída a construir um novo projeto de vida é preciso entender o seu momento e o mundo que a cerca", afirma Ana Drummond, diretora-executiva do Instituto WCF-Brasil, braço brasileiro da World Childhood Foundation, organização não governamental fundada pela rainha Silvia, da Suécia, cujo foco é o atendimento a crianças e adolescentes vítimas de abuso e de exploração sexual. "As próprias meninas são os principais atores para ajudar a desvendar as motivações, as fragilidades, os medos e o desejo de buscar soluções eficazes."

Para assistentes sociais, educadores, psicólogos e demais profissionais de ONGs que fazem esse tipo de atendimento de Norte a Sul do Brasil, coloca-se uma primeira questão de ordem prática: sem oferecer uma alternativa econômica, essas meninas continuarão iscas fáceis para o negócio do sexo. "Não se combate a exploração sexual infantojuvenil apenas com repressão e assistencialismo. É preciso criar alternativas para essas meninas", afirma a diretora do WCF, que vem apoiando várias iniciativas no Brasil para mudar tal realidade. "É uma tarefa que esbarra em vários limites, mas nenhum deles é mais importante de superar do que mostrar que há possibilidade de encontrar felicidade, novos significados para a vida e um futuro melhor."

Governo e demais estratos da sociedade precisam mais do que nunca unir esforços para enfrentar um problema que se esconde sob a máscara da hipocrisia e da vergonha. Não há dados confiáveis sobre o número de meninas e meninos que são explorados sexualmente no Brasil. Mas em 2004, as autoridades brasileiras mapearam o problema em 937 dos 5.551 municípios do país. Outro dado significativo foi levantado pela Polícia Rodoviária Federal que apontou 844 pontos de exploração sexual infantojuvenil nas estradas brasileiras.

Quanto ao número de vítimas, a ausência de dados oficiais faz dessa realidade um drama silencioso, embora visível nas esquinas e estradas do Brasil afora. A exploração sexual de crianças e adolescentes insere-se em um contexto de abandono, violência, degradação familiar, consumismo, pedofilia e miséria. A seguir, cem trechos dos diários que merecem ser grifados. Eles suscitam questões relevantes, para as quais a sociedade brasileira precisa encontrar respostas.

❀ O CAMINHO QUE LEVA À EXPLORAÇÃO ❀

Herança de exclusão e abandono

"Quem me levou para essa vida foi a irmã mais velha de uma colega minha da favela. Ela me levou pra casa, apontou para o pai, que ti-

nha uns 40 anos, e disse: — Se você colocar a boca no pinto dele, você ganha um pacote de macarrão e R$ 10." Vitória, 9 de setembro de 2003

O exemplo de Vitória não deve servir à simples tentação de buscar culpados e cúmplices, mas ajuda a entender os mecanismos que empurram uma criança para o mercado do sexo. Ser estimulada a fazer sexo oral em troca de dinheiro e comida demonstra a enorme vulnerabilidade de Vitória, em um episódio vivenciado aos 10 anos. Para Vitória, órfã de pai e que tem uma mãe empregada doméstica que precisava trabalhar em tempo integral para sustentar oito filhos, a exploração sexual comercial passa a ser uma realidade em uma situação de completo desamparo. Sem contar com o zelo materno e incentivada por uma colega da favela, ela descobre que o corpo pode ser fonte de renda.

As experiências das seis protagonistas de *As meninas da esquina* são um testemunho da herança de exclusão que tem origens históricas e vem se perpetuando há gerações. O bisavô de Diana, o avô de Natasha, a avó de Britney e as mães de Vitória, de Yasmin e de Milena trazem nas veias o gene do abandono que começa a corroer também o destino dos filhos das personagens deste livro. "Enquanto o Estado e a sociedade brasileira não tiverem clareza sobre o que fazer com os filhos dos pobres, vamos continuar nossa tragédia de reprodução intergeracional da pobreza, da ignorância e da brutalidade", afirma Antônio Carlos Gomes da Costa, educador e pedagogo, um dos mentores do Estatuto da Criança e do Adolescente. "Em mais de quinhentos anos de evolução histórica, a elite brasileira ainda não percebeu que precisa fazer com os filhos dos pobres o mesmo que faz com seus próprios filhos."

O pano de fundo da miséria

"Já era noitinha, minha avó começou a chorar de fome. Ainda não tinha comido nada o dia inteiro. Comecei a chorar junto. Meia-noite, meu tio trouxe comida, que coloquei no fogo. Só então fomos almoçar e jantar. Mas que bom que comi hoje". Britney, 19 de novembro 2003

O espectro da fome cerca a vida da família de Britney. O salário-mínimo recebido pela avó a título de aposentadoria é a única fonte de renda formal da família. A atividade informal de um tio, como carroceiro, é o complemento incerto de um orçamento doméstico que nunca ultrapassa os R$ 400 mensais. Membro de uma família com renda mensal inferior a dois salários-mínimos, Britney se soma aos 45% dos brasileiros com idade entre zero e 18 anos que são pobres, conforme o relatório "Situação mundial da infância 2005", do Unicef. São 27,4 milhões de crianças e adolescentes vivendo no seio de famílias em que cada membro sobrevive com menos de R$ 4,33 por dia.

Nem todas as crianças pobres são vítimas de exploração sexual, mas a miséria é uma das razões que empurram tantas meninas para o mercado sexual. "O empobrecimento é um fator determinante, mas não é o único", diz a deputada Maria do Rosário (PT-RS), relatora da Comissão Parlamentar Mista de Inquérito (CPMI), instalada no Congresso Nacional em junho de 2003 e finalizada em julho de 2004, para investigar a exploração sexual de crianças e adolescentes em terras brasileiras. "À situação econômica associam-se fatores relacionados ao gênero, à cultura, aos papéis sexuais diferenciados e à exposição das mulheres na mídia, sem falar nos padrões de consumo exigidos da juventude e impossíveis de serem sustentados na prática."

O consumo

"Comecei a conseguir bastante dinheiro fazendo programa dentro e fora da favela. Podia comprar todos os brinquedos que queria. Com a grana da prostituição, comprei minha primeira Barbie... Lá em casa, tinha guitarrinha, pianinho, coisa bacana que eu me dava de presente". Vitória, 9 de setembro de 2003

Os sonhos de consumo de uma adolescente de favela do Rio de Janeiro, ou da região metropolitana de Manaus, ou do subúrbio da Cidade do México ou da cosmopolita Londres são praticamente os mesmos. A globalização dos ícones de consumo é uma realidade que bate à porta de mansões e casebres. O acesso, porém, está longe de ser global. "A sociedade cria uma série de exigências e padrões de consumo para o jovem ser aceito e, no caso de boa parcela dos adolescentes brasileiros, não dá para atingir esses patamares a não ser por atalhos que acabam ferindo a dignidade, como a criminalidade ou a prostituição", avalia a subprocuradora do Ministério Público do Trabalho, Eliane Araque dos Santos, que integrou a Comissão Intersetorial de Enfrentamento da Exploração Sexual de Crianças e Adolescentes, criada em 2003 pelo governo federal para fazer diagnósticos, analisar políticas públicas e articular ações.

"Seu Pedro tem uns 70 anos... Ele já é amigo meu e me dá mais grana pelo programa. Dessa vez, ele me deu R$ 150... Com o dinheiro, comprei ainda um videogame *pros meus filhos por R$ 70... Na verdade, comprei pra mim".* Vitória, 15 de outubro de 2003

Muitos adolescentes pobres e também de classe média acabam em atividades ilícitas para se sentirem parte do segmento jovem e assim desfilar com o tênis da moda, ter a calça da grife mais bacana, receber seus torpedos pelo celular e mostrar habilidade no último lançamento de *videogame*. A sexualidade passa a ser a moeda de troca para o acesso a bens de consumo tão valorizados na sociedade contemporânea. "A única maneira hoje de ser aceito pelos outros é captando os olhares, agradando, seduzindo. É positivo ver jovens esteticamente cuidados, mas isso se torna um problema quando é o principal meio que eles têm para serem admitidos e reconhecidos", afirma o psicanalista austríaco Charles Melman, autor do livro *O homem sem gravidade, gozar a qualquer preço*, que critica a primazia do prazer diante da ética nos dias atuais.

"*Minha avó compra roupa e calcinha pra mim, mas não pode comprar pasta de dente, xampu, absorvente. Nunca sobra dinheiro para essas coisas de que preciso mais. Então, fazia programa pra ter dinheiro pra esses negócios*". Britney, 19 de dezembro de 2003

Pasta de dente, absorvente e hidratante para o corpo são itens da cesta básica de qualquer adolescente e Britney não abre mão dos produtos de higiene pessoal. Diante de uma situação permanente de penúria, o dinheiro do programa vai primeiro para o que seria considerado supérfluo e não para repor as faltas na despensa. O supérfluo não é supérfluo, embora produtos de higiene, em geral, não façam parte das cestas básicas distribuídas aos pobres pelos programas assistenciais, que contêm arroz, feijão e óleo, itens de primeira necessidade.

"*Não me sinto à vontade em dar o meu corpo para qualquer homem que pague. Na hora, sinto uma coisa quente dentro do meu estômago. Mas o dinheiro me deixa alegre.*" Diana, 27 de abril de 2004

O dinheiro é um poderoso fármaco para as infelicidades das personagens de *As meninas da esquina*. É um remédio forte e de efeito imediato. A grana dos programas parece queimar nas mãos de Diana, que não esconde a alegria de bancar pequenos desejos, como comprar balas, pirulitos e refrigerante. É a mesma euforia que toma conta de Vitória ao torrar os R$ 70 que ganhou por uma noite com um caminhoneiro. A lista de compras vai de leite em pó a maconha:

"Comprei cigarro, cartão de telefone, maconha e leite em pó para meu filho, que já estava acabando. Ainda tomei umas doses no bar. O restante deu para comprar creme hidratante e tudo o que eu queria comer de gostoso, como pastilhas de hortelã, bolacha e bolo. Gastei tudo em besteira, mesmo." Vitória, 9 de setembro de 2003

Não é tarefa simples concorrer com o estilo de vida que o dinheiro dos programas proporciona. Como a sociedade de mercado criou um outro patamar de necessidade, que é o consumo, consumir passa a ser tão vital quanto a satisfação das necessidades primárias. "A exclusão do mercado é a exclusão do pertencimento. Não podemos cair na armadilha moral de tratar as necessidades do consumo como coisa menor. As necessidades vitais são prementes, enquanto as do consumo são existenciais", afirma a assistente social Neide Castanha, coordenadora do Comitê Nacional de Enfrentamento da Violência Sexual contra Crianças e Adolescentes até janeiro de 2010.

Fatores culturais

"Essa minha amiga, a Valdirene, tinha 19 anos e vivia falando que eu era bonita e devia aproveitar isso para fazer programa. Depois que perdi a virgindade, acabei indo no papo dela." Britney, 19 de novembro de 2003

A beleza e a juventude de Britney fazem dela presa preferencial dos agenciadores do mercado do sexo, que não são necessariamente gigolôs ou criminosos. Muitas vezes, a rede de aliciamento começa na própria comunidade, quando uma amiga aventa a possibilidade de fazer um programa. Valdirene passou a usar Britney para atrair clientes que ela, sozinha, já não conseguia mais. A juventude e o frescor de uma adolescente de 14 anos eram a isca. A mesma possibilidade foi também posta às claras pelo tio e pela avó de Britney, a partir do momento em que descobrem que ela deixou de ser virgem. "A exploração sexual comercial de crianças e adolescentes insere-se em várias relações de poder: entre adultos e crianças, homens e mulheres, brancos e negros e ricos e pobres", afirma a senadora Patrícia Saboya (PDT-CE), presidente da CPMI da Exploração Sexual de Crianças e Adolescentes, realizada entre 2003 e 2004.

A cultura de dominação se faz presente ainda ao transformar o patrimônio genético da miscigenação brasileira em produto de exportação. "Os traços exóticos das nossas mulheres viraram mercadoria erótica para o mercado ilegal do sexo que acaba no tráfico internacional de brasileiras", afirma a assistente social Neide Castanha, que é também coordenadora-geral do Centro de Referência, Estudos e Ações sobre Crianças e Adolescentes (Cecria). Negras e mulatas, que historicamente sempre fizeram parte dos estratos mais vulneráveis da sociedade brasileira, são o principal produto dessa "balança comercial". De acordo com a Pesquisa sobre Tráfico de Mulheres, Crianças e Adolescentes para Fins de Exploração Sexual Comercial (Pestraf), realizada em 2001, o tráfico para fins sexuais é predominantemente de mulheres e garotas negras e morenas, com idades entre 15 e 27 anos.

❧ A FALÊNCIA DAS POLÍTICAS PÚBLICAS ❧

Em *As meninas da esquina*, são inúmeros os exemplos da péssima qualidade do ensino, da precariedade de moradia, de abuso de autoridade e de como a saúde das jovens que emprestaram suas histórias para dar corpo a este livro é negligenciada. Apenas relatando sua rotina, cada uma das seis meninas denuncia cotidianamente a falência das políticas públicas de atendimento a uma parcela considerável da clientela jovem do país, que, sem os serviços do Estado, fica completamente desassistida.

Questões da educação

Quando se fala em escola em *As meninas da esquina*, trata-se de educação pública. É uma realidade que diz respeito a 166 mil escolas do país e a 40 milhões de crianças e adolescentes matriculados. Como o Brasil vive um *apartheid* educacional, é nessas instituições mantidas com recursos do Estado que estudam os filhos dos pobres, enquanto os filhos da classe média e da elite são educados em boas escolas particulares. Pesquisa realizada pela Organização para Cooperação e Desenvolvimento Econômico (OCDE) para avaliar o nível dos estudantes em quarenta países colocou o Brasil em uma vergonhosa lanterninha em 2003. Na avaliação do organismo internacional criado para ajudar os governos a enfrentar os desafios da globalização, o país tirou nota vermelha em Matemática, ficando na última posição, atrás de nações bem mais pobres. Em Ciências, a avaliação também foi desanimadora, com uma 39ª posição. A melhor colocação foi em Leitura, ainda assim um desabonador 37º lugar. O *ranking* montado a partir da avaliação de 4.400 alunos na faixa dos 15 anos demonstra que uma parcela considerável dos estudantes brasileiros chega ao final do ensino fundamental sem saber somar e subtrair e sem condições de interpretar um texto simples. "O Brasil paga um preço econômico, social, ético, humano e político quando condena suas crianças e adolescentes a um ensino de má qualidade", diz o consultor Antônio Carlos Gomes da Costa.

O custo econômico da repetência foi calculado em R$ 6 bilhões, levando-se em conta um índice de reprovação de 11,8% dos alunos e outros 8,1% de abandono, de acordo com o Censo Educacional de 2003. Não tão facilmente mensurável, mas não menos impactante, é o preço social, já que aqueles que saem da escola sem aprender tendem a ser recorrentes crônicos do aparato do Estado. "Mais do que desempregados, eles tenderão a ser inempregáveis", diz Costa, ressaltando o aumento da complexidade do mundo do trabalho. Há ainda o preço político. "Não saber ler e escrever leva também ao analfabetismo político, fazendo dos semialfabetizados e dos menos esclarecidos eleitores manipuláveis", diz o consultor, que sinaliza ainda a falta de compromisso ético de uma nação que é a 14ª economia do mundo em conviver com jovens fora da escola ou que estão matriculados, mas não aprendem. Tudo somado, o maior preço é o humano. "Aquele que não aprende nem progride na escola tem a sua autoestima, sua autoconfiança e seu autoconceito bastante danificados. Isso acaba por impedir que se dedique de maneira séria à construção de um projeto de vida", enfatiza Costa.

Uma escola de ficção

"A escola é boa, mas falta organização. São quase cinquenta alunos na minha classe. Quando tem prova pra entregar e não tenho como ir, meus amigos entregam ou fazem pra mim. Depois eu aprendo. Fico na sala de aula e não anoto nada. Mas tento gravar as coisas. Como no teste são três respostas, calculo e chuto." Natasha, 20 de novembro de 2003

A avaliação de Natasha do que é uma boa escola não deixa dúvida de que ela não teve parâmetros para comparar. A precariedade do ensino começa pelo excesso de alunos em classe. Perdida na multidão de estudantes de sua turma, Natasha faz figuração na escola e pede aos colegas que realizem as provas em seu lugar. Natasha foi beneficiada pelo avanço na universalização do acesso à sala de aula. Em 2000, 97% das crianças brasileiras de sete a 14 anos estavam matriculadas na escola. "O Brasil fez o mais fácil, que é matricular crianças na escola. Agora, falta fazer o mais difícil, que é levá-las a aprender de verdade", afirma o sociólogo Jorge Werthein, representante no Brasil da Unesco (entre 1996 e 2005), braço das Nações Unidas para a educação, ciência e cultura. É unânime a percepção de que ainda falta ao país fazer todo o esforço necessário para oferecer um ensino de qualidade. "Não existem estratégias para melhorar a qualidade, apenas o desejo", diz Werthein. "Antes de tudo é preciso um programa nacional de formação e capacitação do principal agente educativo, que é o professor. O resto é acessório." A questão não é só de recursos. "Falta compromisso ético para com o desenvolvimento pessoal e social da infância e da juventude e falta também competência técnica, tanto do ponto de vista gerencial quanto pedagógico. Sem um choque de método, conteúdo e gestão, não há como mudar esta realidade", completa o consultor Antônio Carlos Gomes da Costa.

A falta de escolaridade

"Este ano perdi todas as provas. Giulia não está nem aí para me ensinar. Sozinha, não consigo aprender. Tenho dificuldade de escrever meu nome, de saber ler... Mas não gosto de ficar na sala de aula, prefiro bagunçar no corredor." Diana, 18 de maio de 2004

A primeira denúncia de exclusão de *As meninas da esquina* está no fato de quatro das seis jovens precisarem gravar os seus relatos pela absoluta falta de domínio da escrita e da língua portuguesa. E vale lembrar que duas delas estão no ensino médio e possuem mais de nove anos de escolaridade. Outras duas cursaram até a quinta e sexta séries do ensino fundamental. Aos 14 anos, Diana ainda é analfabeta, mesmo matriculada pelo quinto ano na primeira série do ensino fundamental. Está sete anos defasada entre os alunos de sua turma. Segundo dados da Pesquisa Nacional de Amostra por Domicílios (PNAD) de 2002, a distorção idade/série no Brasil vai aumentando conforme a faixa etária: começa em 14,4%, para crianças de sete anos, e chega a 65,7%, dos adolescentes de 14 anos. No Nordeste, 84,1% dos alunos com 14 anos, a mesma idade de Diana, estão matriculados em uma série que não é compatível com a sua idade. Apenas 3,4% dos 34,1 milhões de estudantes brasileiros matriculados no ensino fundamental concluem as oito séries em oito anos.

O histórico escolar de Diana é pontuado pelo abandono sucessivo dos estudos ao longo de várias tentativas de ser alfabetizada. Estudantes com tal perfil são a clientela do Acelera Brasil, programa desenvolvido pelo Instituto Ayrton Senna. Trata-se de uma iniciativa que combate a má qualidade do ensino, responsável pelo fracasso escolar de milhões de crianças, introduzindo na rede escolar uma cultura de gestão eficaz, focada em resultados. Desde 1997, quando foi criado, até 2004, o Acelera Brasil atendeu 213.325 crianças em 819 municípios, envolvendo mais de 11 mil profissionais da rede pública de ensino, especialmente capacitados para atuar no programa. "Cabe a todos nós ajudar a escola a cumprir o seu papel, enfrentando o mal que está exterminando o futuro das crianças brasileiras", diz Viviane Senna, presidente do Instituto Ayrton Senna, que vem se transformando em um centro de produção de conhecimento e de desenvolvimento de tecnologias sociais para responder aos desafios do país na área de educação.

O choque de gestão para combater os principais indicadores de ineficiência do sistema educacional brasileiro já se tornou política pública em estados como Goiás, Pernambuco, Tocantins, Paraíba e Sergipe. Fazer com que repetentes crônicos avancem nos estudos é uma missão que atraiu parceiros também na iniciativa privada, tais como o Instituto Vivo, Fundação Vale do Rio Doce e Instituto Votorantim. O programa conta ainda com o apoio de empresas do porte da Martins Distribuidora e Banco Triângulo e de entidades como Empresários pelo Desenvolvimento Humano e Grupo de Líderes Empresariais. "Nossa missão é desenvolver potenciais que todos trazem consigo ao nascer. O desafio é criar, em grande escala, oportunidade às novas gerações para que se tornem cidadãos e futuros profissionais mais preparados e felizes", afirma Viviane, ressaltando ser inconcebível que o Brasil ostente o 14º maior Produto Interno Bruto mundial e ao mesmo tempo esteja na 72ª posição no Índice de Desenvolvimento Humano (IDH), que mede a qualidade de vida das nações levando em conta não apenas os dados econômicos, mas também indicadores sociais, como longevidade e educação.

Um convite para fora da sala de aula

"Não tinha a mínima paciência de ficar na sala de aula. Eu era até boa aluna, mas me incomodava ficar parada e a professora só falando, falando... Se estudasse de verdade mesmo, eu podia até virar médica."
Milena, 2 de outubro de 2003

Milena abandonou a escola na sexta série do ensino fundamental. Um dado significativo de evasão é que apenas 32,6% (MEC/Inep) dos adolescentes brasileiros de 15 a 17 anos se encontram matriculados no ensino médio. "Quando uma menina como Milena diz que não vai para a escola porque não gosta é uma prova de saúde mental", avalia Cesare La Rocca, criador do Projeto Axé, fundado em Salvador (BA) em 1990, que tem na "arteducação", assim mesmo, em uma única palavra, uma arma contra a evasão escolar e a chave para revolucionar o ensino público. "Queremos mudar a lógica assistencialista e piedosa de que para quem nada tem qualquer coisa serve, para uma nova visão de dar a melhor educação aos mais pobres." O modelo proposto pelo Axé é o da escola Ilê Orí (que em iorubá, uma das línguas faladas pelos negros que aportaram como escravos na Bahia, significa "casa da cabeça"), fruto de uma parceria com a Secretaria de Educação do Estado da Bahia. "Nossa proposta é de cogestão. Não queríamos uma escola à parte, mas influir no sistema", explica La Rocca. "A única coisa que pode mobilizar meninas como as protagonistas deste livro, que têm baixa autoestima e um histórico de exploração, é a arte, a beleza, a estética e a cultura." Não se trata de uma arte educativa, mas a arte como a própria educação. "Tanto a arte como a educação têm o mesmo objetivo, que é a transformação do ser humano", conclui La Rocca, que viu as rotas sandálias de plástico de meninas pobres e sem perspectivas cederem lugar a sapatilhas de balé de jovens contratadas por importantes companhias de dança do Brasil e do mundo. O passaporte delas para a inclusão foi a atividade artística.

O despreparo da escola para atender a um público tão específico

"Na minha escola, todos gostam de mim ou fingem gostar por medo. Logo no segundo dia de aula, fui suspensa porque bati numa menina. Fui tirar satisfação com ela, que tinha batido noutra garota, ela me ignorou e eu saí capotando ela. Fui parar na coordenação e ainda disse barbaridades na cara do diretor." Natasha, 20 de novembro de 2003

Diretores, orientadores e professores nem sempre sabem lidar com adolescentes mais maduras, espertas e rebeldes. Como não conseguem inseri-las no contexto dos demais alunos, acabam por excluí-las. Especialmente jovens que tenham cometido algum ato infracional, como Natasha. As ONGs que prestam assistência a meninas em situação de risco costumam apelar para o Ministério Público para garantir vagas em escolas públicas para sua clientela. Mas o simples acesso não é garantia de aceitação. É preciso ainda mudar a mentalidade de que um adolescente infrator ou vítima de exploração ou de abuso sexual não é um problema da escola. A tendência é encaminhar estes alunos para especialistas, como se as questões fossem apenas de natureza policial ou médica.

Professores mal remunerados, desmotivados e despreparados

"Estou fazendo supletivo à noite. Mas não gosto do professor de matemática, nem da matéria dele. Ele é muito ignorante... Não se pode perguntar nada. Chama todo mundo de burro e nunca dá dez para ninguém." Yasmin, 25 de novembro de 2003

O despreparo dos professores torna a escola ainda pior. Desestimulados, mal remunerados e sem formação adequada, os mestres acabam por se transformar nos vilões visíveis de um sistema falido. Antes de culpar os professores, é essencial falar em formação e no desenvolvimento de competências e habilidades do corpo docente. "A escola não sabe lidar com a problemática que o jovem infrator, o usuário de drogas, as meninas prostituídas e os homossexuais trazem para dentro da sala de aula", diz Costa. "Há um descompasso enorme entre o que a escola ensina e o que estes jovens vivem."

O resultado é perverso: a escola dos excluídos continua formando excluídos. O exemplo da escola do Projeto Axé tem algo a ensinar. "No início não sabíamos como atender ao anseio de vitória da nossa clientela, que é também de meninas exploradas sexualmente", relata Cesare La Rocca, diante da lacuna de uma proposta educacional baseada em dois pilares: o político/filosófico do educador brasileiro Paulo Freire e o cognitivo e da construção do conhecimento baseado nos ensinamentos do mestre suíço Jean Piaget. Surgia então a Pedagogia do Desejo. "Batemos à porta da psicanálise para dar aos educadores a chave para despertar o desejo e o sonho em crianças que tão cedo desistiram de sonhar", afirma o presidente do projeto Axé.

Precariedade das instalações escolares

"Minha escola deve ficar fechada por duas semanas. O teto estava caindo de tanto cupim. Caiu uma telha em cima de uma aluna. Segundo a diretora, já são 14 anos sem reformar a escola, que está caindo aos pedaços. Até os professores já botaram dinheiro do bolso deles para consertar coisas." Diana, 27 de maio de 2004

Multiplicam-se os exemplos Brasil afora das condições precárias das escolas públicas. No rico estado de São Paulo, são as escolas de lata. Nos rincões do Nordeste, são as salas de aula improvisadas em currais ou em casas de taipa, onde um cômodo e um mesmo professor são divididos entre alunos de diferentes séries.

Quando o trabalho atrapalha o rendimento escolar

"Estou sem ânimo pra trabalhar e pra estudar. (...)Os professores ficam lá explicando as coisas da apostila que eu não tenho, não aprendo porra nenhuma. Só tiro nota vermelha. Só vou continuar indo para a aula para garantir minha vaga no ano que vem." Yasmin, 3 de junho de 2004

Quando escola e trabalho entram ao mesmo tempo na rotina de uma adolescente, a primeira quase sempre sai em desvantagem pelo simples fato de que o tempo e a energia empregados em atividades profissionais são usados em detrimento dos estudos. No Brasil, 40,9% dos jovens na faixa dos 15 aos 17 anos, como Yasmin, acumulam trabalho e estudo.

O declínio da qualidade da escola pública

"Meu avô estudou até a quinta série, só que naquele tempo o estudo era bem melhor. Pergunto as coisas pra ele, qualquer coisa, e ele sabe. Se não sabe, procura nos livros, acha e me ajuda. Estou no primeiro ano do ensino médio e sei muito menos do que ele." Natasha, 24 de setembro de 2003

O declínio da educação pública no Brasil é constatado de maneira direta por Natasha ao confrontar os seus nove anos de escolaridade com os cinco do avô sexagenário e bem mais instruído do que ela.

Questões de saúde pública

Aids e outras doenças sexualmente transmissíveis (DSTs)

"Pego um bocado de camisinha no posto de saúde ou na ONG. Nem sempre eu vendo, a maioria eu dou. Transo muito sem camisinha. Quando fico nervosa, eu não uso. Com cliente, fico muito estressada, nem sempre lembro de pedir para eles usarem. Quando peço, a maioria diz que não quer, e eu deixo para lá." Diana, 8 de julho de 2004

Adolescentes do sexo feminino são, proporcionalmente, as maiores vítimas de HIV/Aids no Brasil. Segundo dados da Coordenação Nacional do programa de DST/Aids do Ministério da Saúde, em 2000, havia 6,8 casos da doença para cada 1 milhão de jovens brasileiras com idades entre 12 e 17 anos. Entre os homens, a incidência é de 3,8 casos por 1 milhão de jovens na mesma faixa etária. O nível de escolaridade também causa impacto nas estatísticas. Entre os adolescentes com menos de quatro anos de escolaridade, a incidência de HIV/Aids cresce para 8,7 casos por 1 milhão, caindo para 2,7 casos entre aqueles que têm entre 8 e 11 anos de estudo. Um adolescente que não passou da quarta série do ensino fundamental tem três vezes mais chances de ser contaminado do que um que concluiu o ensino médio.

"Depois que fiquei mais velha, só transo com camisinha." Milena, 10 de outubro de 2003

Milena só começou a ter algum poder de exigir o uso de preservativos com clientes à medida que foi envelhecendo. Mas o sexo seguro não é uma prática da jovem de 19 anos, que engravidou pela segunda vez de um parceiro ocasional, em mais uma de suas paixões não correspondidas. O acaso da gestação é o mesmo que a deixou livre do HIV até o último exame realizado no pré-natal. "Usar camisinha quase sempre é uma prerrogativa do cliente e seu uso vai depender da vontade do parceiro", constata a socióloga Marlene Vaz, coautora do Plano Nacional de Enfrentamento à Violência Sexual contra Crianças e Adolescentes. "Quando elas exigem, eles acabam oferecendo mais dinheiro para transar sem preservativo e elas aceitam. Precisamos levar em conta que a única coisa que ensinaram a essas meninas foi fazer sexo e obviamente não se trata de sexo seguro." Além de receber um adicional pelo sexo inseguro, elas ainda costumam estar sob o efeito de aditivos químicos que contribuem para a falta de cuidados. "Elas sabem como prevenir Aids, mas têm comportamento de risco, multiplicado principalmente quando estão sob o efeito de álcool e drogas", diz Marlene Vaz.

A gravidez na adolescência

"A primeira vez que senti meu bebê mexer, estava indo para a escola. Senti uma dor e vi minha barriga indo toda para um lado. Parei perto de uma árvore e fiquei pensando: 'Meus Deus! Tem um bicho dentro

de mim!'. Fiquei abaixada um tempo e com medo de morrer... Quando comecei a sentir o bebê sempre, eu me apaixonei por ele. Mas não fiz nenhum exame, nada. Mesmo grávida, ia pra baile e pra praia todos os dias. Não tava nem aí, só queria saber de dançar, de curtir." Natasha, 4 de setembro de 2003

Três das seis jovens de *As meninas da esquina* são mães adolescentes. O desejo da maternidade por parte destas jovens pode ser entendido como uma forma de "ter algo só seu" e ganhar um novo *status* na comunidade. "Passado o primeiro impacto negativo da descoberta de uma gravidez não planejada, elas se sentem orgulhosas quando grávidas. Passam a ser alvo de cuidados e de mais respeito, sentem-se valorizadas", avalia Lumena Celi Teixeira, autora de *Pegadas e sombras*, pesquisa que traçou o perfil psicossocial de adolescentes atendidas em projeto de prevenção e enfrentamento da exploração sexual infantojuvenil. "A gravidez adquire também o significado de uma ruptura definitiva com o mundo infantil."

Enquanto a taxa de natalidade da mulher brasileira caiu vertiginosamente nas últimas décadas, o fenômeno da gravidez na adolescência se expandiu de forma preocupante no país. De acordo com o Ministério da Saúde, a incidência de gravidez em meninas com menos de 15 anos é hoje três vezes maior do que há três décadas. Dos 2,5 milhões de partos realizados anualmente pelo Sistema Único de Saúde (SUS), 25% são de mães adolescentes.

A busca por atendimento na rede pública

"Estava com muita dor de dente. Eu e meu marido(...) dormimos na porta do posto para sermos atendidos na terça. Não adiantou nada o sacrifício, pois não tinha médico pela manhã." Yasmin, 27 de novembro de 2003

O simples relato de uma noite dormida na porta de um posto de saúde para conseguir extrair um dente ou de uma gravidez sem pré-natal aponta para as mazelas dos serviços públicos de saúde no Brasil. "Às mulheres pobres é oferecida uma cesta básica de saúde", afirma Ana Maria Costa, autora da pesquisa intitulada "Atenção à saúde integral da mulher: quo vaids", realizada dentro do Programa de Pós-Graduação em Ciências da Saúde da Universidade de Brasília. Ao mapear o tipo de assistência integral dada às mulheres pelo SUS, a especialista em saúde pública constatou que metade das cidades brasileiras ignora tal princípio, traçado como política pelo Ministério da Saúde em 1983. "Houve uma expansão da cobertura de procedimentos de baixo custo, enquanto os serviços de maior complexidade não são oferecidos", explica Ana Maria Costa.

"Toda madrugada sinto uma dor muito forte na barriga. Só que, quando a gente vai na merda desses médicos, eles passam bem uns cem remédios pra comprar. Com que dinheiro?" Yasmin, 14 de janeiro de 2004

Os problemas crônicos de saúde de Yasmin não encontram respostas nos crônicos problemas da saúde pública brasileira. Aos 17 anos, ela já chegou à conclusão de que não adianta bater às portas de um posto de saúde ou de um hospital público para tentar curar suas dores, porque nunca encontrou tratamento para as causas de suas doenças, mas apenas para os sintomas. Como não tem dinheiro para comprar remédios, acaba apelando para o chá da vizinha.

Problemas psicológicos

"Ando muito triste. E o pior é que me sinto fraca. Às vezes, acabo esquecendo de tudo, dá vontade de largar meus filhos, minha mãe, e ir

embora para um lugar bem longe onde ninguém nunca mais vai me ver. Só não faço isso porque gosto de meus filhos. Vou sofrer mais ficando longe deles." Vitória, 17 de fevereiro de 2004

"*A médica descobriu uma inflamação no colo do meu útero. Eles me deram creme vaginal e pílula. Falei também das outras dores, a doutora acha que é gastrite.*" Yasmin, 15 de janeiro de 2004

A depressão de Vitória e a gastrite de Yasmin sinalizam o grau de ansiedade a que estão submetidas em um dia a dia de exploração, de conflitos familiares e de desejos insatisfeitos. Elas demandam atenção e cuidados psicológicos. Encontram-se em um terreno pantanoso, já que não têm na família a argamassa que lhes daria força para enfrentar o mundo. A agremiação delas é na marginalidade. O submundo é o único mundo que as acolhe, ou melhor, as absorve, gerando mais insegurança e estresse.

Questões de moradia

Cada uma a seu modo, as personagens de As meninas da esquina vivem o drama da falta de moradia. Quatro delas moram em favelas e as outras duas, em conjuntos habitacionais populares em bairros afastados do centro de duas metrópoles brasileiras. De acordo com o relatório global da ONU sobre assentamentos humanos, o Brasil possuía 930 mil domicílios situados em favelas, em 2003.

Uma casa para chamar de sua

"*Fomos participar de uma invasão do Movimento dos Sem-Teto para ver se conseguíamos um terreno para fazer o nosso barraco. Fomos expulsos depois de um mês porque era uma área de proteção ambiental, mas a prefeitura prometeu dar um lote em outro lugar. Acho que não vai dar em nada e desisti dessa parada."* Natasha, ao se despedir do diário

Natasha entrou e saiu da luta organizada por um teto. Diana nunca teve um quarto. Yasmin padece ao compartilhar o mesmo espaço com a sogra. No quartinho transformado em residência provisória, falta ainda a geladeira, seu maior sonho de consumo. Ao analisar as características dos domicílios brasileiros com base no Censo 2000 do IBGE chega-se a 22,4% das famílias sem geladeira ou *freezer*.

"Vou ter que deixar a casa da minha tia. Já faz tempo que eu e minhas duas irmãs mais novas estamos aqui. Elas duas e os meus filhos vão voltar pra casa da minha mãe. Vai ser o maior sufoco lá, mas é o jeito. Ainda falta muito para terminar o meu quartinho." Vitória, 3 de outubro de 2003

Enquanto aguarda o final da obra do quartinho nos fundos da terreno da mãe, Vitória ajeita-se provisoriamente na casa de parentes e, por último, passa a morar de favor com uma amiga. Sem um teto, acaba se separando dos filhos, quando vai dividir um barraco de quatro cômodos com outras oito pessoas. "Devemos considerar o número de pessoas por moradia como um indicador de maior ou menor privacidade e de falta de qualidade de vida", diz a pesquisadora Lumena Celi Teixeira, autora do estudo *Pegadas e sombras*.

Precariedade dos serviços essenciais

"Fui ao mercadinho, mas estava tudo alagado. A água dava na minha coxa. Eu ia andando e via um monte de rato na água. Além do nojo, ainda caí numa vala." Britney, 11 de dezembro de 2003

🞉 AS MENINAS DA ESQUINA

O Relatório da Situação da Infância e Adolescência Brasileiras do Unicef, de 2003, aponta que 17,4% das crianças e adolescentes brasileiros vivem em domicílios sem abastecimento de água e 18,7% não têm acesso a saneamento básico. A situação é ainda mais dramática quando se analisam dados regionais. No Acre, 49,5% dos jovens com menos de 18 anos moram em residências sem água potável. Em São Paulo, o índice cai para 1,7%.

🞉 Direitos 🞉

Aprovado em 1990, o Estatuto da Criança e do Adolescente coloca o Brasil entre os países mais avançados em termos de legislação na área de defesa dos direitos da infância e da juventude. Com o Estatuto em vigência, entra em cena uma nova abordagem. Sai uma visão paternalista e assistencialista. Entra outra, em que crianças e adolescentes passam a ser sujeitos de direitos e não propriedades da família ou da sociedade. Na trincheira para garantir tais direitos enfileiram-se instâncias do poder público e da sociedade civil, que receberam a incumbência legal de elaborar e monitorar a execução de todas as políticas públicas voltadas para o universo infantojuvenil. Nessa batalha destacam-se os Conselhos de Direitos da Criança e do Adolescente — que funcionam em âmbito nacional, estadual e municipal —, os Conselhos Tutelares — que conforme a lei devem ser criados em todas as cidades brasileiras — e os Conselhos de Políticas Públicas. Na teoria, o tripé de proteção está formado. Na prática, ainda há um longo caminho a ser percorrido.

Elas não confiam na polícia nem na Justiça

"Não quero denunciar o meu tio. Ele é muito próximo do meu primo Maicon. Acho que minha vida vai ficar pior depois. Acho não, tenho

certeza. O que sofro agora pode ser pouco perto do que pode acontecer depois que eu levar tio Josafá na polícia." Diana, 11 de julho de 2004

Diana não confia na polícia nem na Justiça para denunciar um crime de incesto e muito menos para dar queixa das agressões físicas que sofre de clientes. A apuração e o encaminhamento dos crimes de violência sexual contra criança e adolescente exigem uma estrutura especializada, para que a vítima não se torne mais vítima. Os temores de Diana de que sua situação piore depois da denúncia não são infundados. A rede de serviços para atendimento a crianças e adolescentes vítimas de violência e de abuso sexual ainda é muito precária. Quando são verificadas situações extremas, os Conselhos Tutelares buscam primeiro uma família substituta, na figura de uma madrinha ou tia. Em último caso, um abrigo público, mas faltam vagas. Há sempre mais denúncias do que capacidade de investigação e de atendimento.

A precariedade da rede de proteção, aliada ao medo e ao preconceito, deixa a maioria dos crimes sem investigação e impunes. Segundo o balanço das denúncias feitas à CPMI em seu relatório final, "o que se pode analisar entre os casos constatados é que sobressaem situações de ausência de investigação policial satisfatória, falhas no cumprimento de mandados de prisão e morosidade do aparelho policial, denúncias de corrupção e envolvimento de policiais em acusações de crimes sexuais".

Dificuldade de acesso à Justiça

"Ontem, quando saí da cadeia, estava mais revoltada do que quando entrei. Fui direto para a defensoria pública para tentar conseguir um advogado de graça... Dormi na escada. Era a primeira da fila, mas a mulher não me deixou entrar porque eu tava com uma roupa muito

curta. Foi revoltante, passei a noite todinha lá e nada." Natasha, 13 de abril de 2004

O acesso de garotas como Natasha ao Judiciário é nulo. Ela não é do mundo do Direito, que é usufruído por pessoas que sabem se comunicar e se vestem corretamente. Depois da maratona para conseguir um advogado gratuitamente, elas ainda precisam vencer os preconceitos ao se colocarem diante de um juiz. Não raro gritam e esperneiam, ignorando os códigos de conduta numa corte de Justiça. "Diante do juiz, elas sempre serão as piores. A pior para criar filho, a pior para ser testemunha", afirma Elisabeth Sussekind, ex-secretária Nacional de Justiça e membro-fundadora do Instituto Latino-Americano de Direitos Humanos (Ilanud). "Meninas prostituídas costumam ser desqualificadas mesmo quando presenciam crimes, pelo simples fato de ser prostituta ou por cheirar cola ou ser usuária de drogas."

O desrespeito na hora da denúncia

"Eles não fizeram nada para prender o cara, só me encaminharam para o Conselho Tutelar por esse negócio de prostituição infantil. O rapaz que não me pagou está solto. O delegado ainda me chamou de nojenta, disse que eu estava mentindo... Liguei para a ONG pedindo ajuda. Duas educadoras foram até a delegacia e também falaram com o delegado. Mas ele veio com o papo de que eu não era vítima coisa nenhuma, porque estava usando roupa toda decotada." Diana, 14 de abril de 2004

Despreparo e preconceito tornam a busca por direitos por parte de jovens prostituídas uma tarefa inglória e humilhante. Em seu relatório final, a CPMI da Exploração Sexual dedicou um capítulo à Justiça, que contém sentenças que seriam pérolas de preconceito não fossem um desrespeito aos direitos das vítimas. Elas retratam uma visão subjetiva e arcaica dos magistrados, que levam para o julgamento toda uma carga de moralismo e machismo. A começar pela resistência dos tribunais em aplicar a presunção de violência no caso de vítimas menores de 14 anos, como é o caso de Diana. Eis um trecho de uma sentença destacado no relatório final da CPMI:

> (...) Não se pode reconhecer violência presumida — em virtude da idade — nas relações mantidas entre o réu e a vítima, já que esta não era nenhuma neófita quanto ao sexo(...)

É o típico caso de mudar o foco do crime — principalmente os de ordem sexual — para os papéis sociais dos envolvidos. De um lado, a "prostituta" e, do outro, "um homem respeitável". O julgamento passa a se basear na "opção" de vida das partes, desrespeitando um princípio básico da Justiça, que é a igualdade dos cidadãos perante a lei. O que tal juiz parece não levar em conta é que a propalada experiência sexual da vítima, grifada em sua sentença, é resultado de uma série de violências. "Diana não tem por que confiar na Justiça, quando um delegado, um juiz ou um promotor fogem da objetividade da lei para fazer um juízo moral", diz Neide Castanha, então coordenadora do Comitê Nacional de Enfrentamento da Violência Sexual que assessorou a CPMI. "O teor das sentenças mostra uma questão de gênero absoluta, em que a mulher explorada sexualmente não é uma vítima de um crime, mas uma mulher objeto sexual. O que demonstra o quão tolerante é a sociedade com a violência contra a mulher, a criança e o negro."

Quando os agentes da lei e autoridades são exploradores

"*A gente curtia também com o Xerife, que é um delegado importante. Eu enrolava ele, dizia que não podia fazer tudo porque estava mens-*

truada e ganhava uns R$ 50. Só transamos uma vez e ganhei o dobro."
Britney, 19 de dezembro de 2003

Ao final dos trabalhos, após 14 meses de apurações, a CPMI da Exploração Sexual sugeriu o indiciamento de cerca de 250 pessoas, entre elas diversas autoridades. O relatório final traça um panorama sombrio sobre o fato:

"O envolvimento de autoridades como políticos e juízes deixa-nos particularmente chocados. Por serem agentes públicos, deles se esperaria um compromisso com a defesa da sociedade e dos direitos em geral, principalmente com os direitos de crianças e adolescentes. A influência política dessas pessoas contamina todo o sistema de responsabilização, gerando a impunidade absoluta desses exploradores. É difícil que denúncias sejam feitas, que inquéritos sejam concluídos de maneira competente e que eventuais processos cheguem a ser julgados."

A mão forte do Estado

"Saí da Febem há nove meses, mas ainda não consegui trazer minha filha de volta." Natasha, 5 de setembro de 2003

Desamparada durante grande parte da infância e adolescência, Natasha ainda é punida com a perda da guarda da filha para a família do pai da criança, mais estruturada e com certos recursos. Na balança entre a vontade e os direitos da mãe e os direitos e bem-estar da criança, o juiz optou pelo segundo. Afinal, o que está em jogo é a vida de uma garota de três anos. Mas vale ressaltar que ninguém zelou pelos direitos de Natasha quando ela era ainda criança, de forma que pudesse exercer a maternidade com responsabilidade na vida adulta. O Estado só teve olhos para Natasha quando ela cometeu um crime. Trata-se de uma órfã que cresce cercada de violência, mas que só torna visível seu drama pessoal quando empunha uma arma e vira uma ameaça. "O jovem de classe média tem na família uma rede de proteção", compara o professor Antônio Carlos Gomes da Costa. "Os jovens excluídos dão seus saltos mortais sem qualquer rede e, quando caem, vão direto para o camburão social, seja ele da polícia ou da Febem."

Uma prisão química

"Quando estava presa na Febem, fui amarrada muitas vezes, me davam um monte de remédio. No dia em que entrei, não tomava nada. Três meses depois, quando já tinha feito oito boletins de ocorrência lá dentro, eles viram que era demais e me levaram para os psicólogos... Tomando ou não remédio, saía no tapa com todo mundo... No dia em que fui solta, eles me deram um monte de remédio para eu levar pra casa: uns cinco potinhos, com dose certinha pra eu fazer. Joguei a maioria fora. Só guardei os que podem dar barato. Vendi um monte. Dá para cobrar R$ 5 por cada comprimidinho." Natasha, 25 de dezembro de 2003

A rebeldia de Natasha foi tratada dentro dos muros e grades da Febem com um coquetel de antidepressivos e tranquilizantes, devidamente prescritos por psiquiatras. Uma prática mais comum do que se imagina, em um sistema que deveria ser de reeducação, mas que na prática funciona como depósito de gente, como mostram os presídios brasileiros. Dados do Ilanud revelam que o custo de um jovem na Febem é de R$ 1.600 por mês, contra R$ 700 gastos por ano para manter um aluno no ensino fundamental.

De acordo com estudo realizado pelo Instituto de Pesquisas Aplicadas (Ipea), 71% das instituições que abrigam jovens infratores não são consideradas adequadas para desenvolver as propostas socioeducativas exigidas pelo Estatuto da Criança e do Adolescente. E, mesmo aquelas que são tidas como adequadas, o são pelo critério de manutenção de segurança e não pelo cumprimento do dever de reeducar os jovens internados. "A questão dos adolescentes em conflito com a lei precisa ser analisada sob a ótica da culpa do jovem e a ótica da responsabilidade de toda a sociedade", afirma a senadora Patrícia Saboya (PDT-CE), presidente da CPI da Exploração Sexual. "É claro que o jovem infrator deve ser responsabilizado pelos seus atos, mas, ao simplesmente jogá-lo em cadeias superlotadas que não estão minimanente preparadas para ressocializá-lo, estamos apenas reforçando a lógica da exclusão."

Trabalho infantil

"Não vejo a hora de ficar maior, vai ser bem mais fácil arrumar trabalho. A conclusão do ensino fundamental também vai ajudar." Yasmin, 12 de janeiro de 2004

Yasmin anseia pela maioridade para entrar no mercado de trabalho. Com a ajuda da ONG, arrumou uma ocupação como balconista, seu primeiro emprego aos 17 anos. A legislação brasileira determina que crianças e adolescentes menores de 16 anos estão proibidos de trabalhar. Acima dos 16 anos, o trabalho é protegido, não podendo ser realizado no horário noturno e em locais insalubres. São garantias que respeitam a condição de ser humano em desenvolvimento, como determina o Estatuto da Criança e do Adolescente. No entanto, segundo o Relatório da Situação da Infância e Adolescência Brasileiras, do Unicef, 8,6% das crianças e adolescentes brasileiros na faixa de 10 a 15 anos trabalham. "Ao serem inseridos no mercado de trabalho tão prematuramente, o desenvolvimento desses meninos e meninas fica prejudicado, com repercussões para toda a vida", ressalta a subprocuradora do Ministério Público do Trabalho, Eliane Araque. Trabalha-se com um número subestimado de 5,4 milhões de crianças e adolescentes trabalhadores no Brasil. Não se tem ideia de quantos estão no tráfico e na prostituição.

O Programa de Erradicação do Trabalho Infantil (Peti) foi criado em 2001 pelo Governo Federal para tirar crianças de atividades insalubres, como o corte de cana-de-açúcar, a plantação de fumo, além do trabalho em carvoarias, olarias e lixões. Em 2004, 930 mil famílias recebiam bolsas de R$ 40, em área urbana, e R$ 25, na zona rural, com o compromisso de tirar as crianças da lida e deixá-las na escola.

"Já trabalhei em casa de família, mas saí logo. A mulher me contratou por R$ 100 para cuidar de duas crianças. Só que minha patroa queria que eu lavasse roupa, cuidasse da casa e da louça. Fiquei só o primeiro mês e não fui mais, apesar de adorar criança." Britney, 21 de novembro de 2003

Um tipo de trabalho infantil tem sido negligenciado pela sociedade e pelo poder público: o trabalho infantil doméstico. Prática culturalmente aceita no país, estima-se em 500 mil o número de trabalhadoras infantojuvenis atuando em casa de terceiros no Brasil. "Ao contrário do que muitos pensam, tal atividade não é mais branda. As crianças submetidas a este ofício podem ter problemas no seu desenvolvimento físico, psicológico e social, e muitas vezes acabam sendo vítimas de abusos sexuais e atos de violência dentro das casas em que trabalham", afirma a senadora Patrícia Saboya (PDT-CE), presidente da CPMI da Exploração Sexual.

A falta do Registro Civil Público

"Ninguém sabia onde estava minha certidão de nascimento. Uma educadora que é assistente social foi comigo no Ministério Público, que

me deu uma força. Toda vez que eu ia tentar tirar documento ninguém acreditava em mim. Dessa vez, levou quatro meses para tirar tudo, mas agora tenho identidade, CPF, carteira de trabalho, título de eleitor. Tenho como provar quem eu sou." Yasmin, 5 de dezembro de 2003

Até os 16 anos foi negado a Yasmin o direito de existir oficialmente. À medida que foi crescendo, aumentava a necessidade de ter o registro de sua existência em documentos oficiais, seja para frequentar a escola ou para ter acesso aos serviços básicos oferecidos pelo Estado. De acordo com o IBGE, quase 30% das crianças brasileiras nascidas em 2001 não foram registradas no primeiro ano de vida. Uma das causas do sub-registro é a crença dos pais de que precisam pagar pela certidão de nascimento, embora desde 1997 uma lei federal garanta a gratuidade da primeira via do documento para crianças de famílias comprovadamente carentes.

O MERCADO DO SEXO

A exploração sexual comercial de crianças e adolescentes é um tipo de violência que se insere nas relações de mercado. Os agentes de "venda" espalham-se por redes de comercialização de sexo (donos de bordéis, agenciadores, taxistas, caminhoneiros) ou pela própria família. Existe ainda o trabalho autônomo da vítima, que quase nunca se vê como tal. Uma leitura apressada e cínica dessa realidade é a de que meninas prostituídas são ativas — tanto atuando em redes quanto por conta própria — e se colocam no mercado para atender a uma demanda. "Na situação de vulnerabilidade em que vivem, trata-se de uma relação de exploração", diz a assistente social Neide Castanha. "Não dá para falar em liberdade de escolha e de consentimento por parte de quem não teve garantida a sobrevivência de forma digna, inclusiva e cidadã." Pela condição peculiar de desenvolvimento e pelo risco social em que se encontram, crianças e adolescentes envolvidas no comércio sexual não são consideradas prostitutas, mas prostituídas.

A lógica de mercado

"O problema é que agora os caras são todos safados, só querem pagar mixaria. Então, a gente não faz. Muitas vezes, passamos a noite inteira andando e nada. Os caras só querem dar dinheiro pouco: R$ 10, R$ 20. Começo a xingar, mando eles limpar aquele lugar com esse dinheiro." Milena, 26 de setembro de 2003

Quanto mais jovens, mais valor de mercado elas têm. À medida que envelhecem, em um mercado com farta reposição de mão de obra, as jovens prostituídas vão perdendo valor e poder de barganha no comércio sexual. Em *As meninas da esquina* são relatados programas ao preço de R$ 5 ou em troca de um prato de comida. As redes de prostituição muitas vezes são diluídas e clientes costumam construir suas próprias redes de meninas — já que uma vai levando a outra. Taxistas, donos de motéis e de bares, porteiros e recepcionistas de hotéis aproveitam a existência de demanda para expandir a oferta. "As relações estabelecidas são de difícil identificação e um olhar ingênuo observaria somente uma menina e um homem, quando há oferta de serviços e controle", ressalta Marcel Hazeu, um dos autores da Pesquisa Nacional sobre Tráfico de Mulheres, Crianças e Adolescentes para Fins de Exploração Sexual Comercial (Pestraf), primeiro grande diagnóstico do problema no Brasil.

Redes de prostituição

"Fui encontrar o Rochinha, um caminhoneiro com quem saio de vez em quando. Ele liga para o celular da Sabrina, combina o horá-

rio e o local e ela vai junto comigo... Hoje, ficamos juntos até as 3:00 da manhã... Ele tem uns 40 e poucos anos. Fico enrolando, faço umas coisas nele, ele me toca, mas ainda não fizemos tudo. Mesmo sem transar, ele me pagou R$ 100 no final." Vitória, 9 de setembro de 2003

O programa de Vitória com um caminhoneiro foi intermediado por uma amiga. Um tipo de transação que acontece rotineiramente nos acostamentos e postos de gasolina de beira de estrada do país afora. O que chama a atenção das autoridades é o aumento de oferta e a diminuição da idade das meninas que são exploradas ao longo das rodovias. Levantamento da Polícia Rodoviária Federal identificou 844 pontos de prostituição nas rodovias brasileiras. O caminhoneiro Rochinha trafega nessa autoestrada de impunidade. É o tipo de explorador que não se enxerga como tal.

As campanhas de conscientização vão no sentido de apelar para a responsabilidade de todos, como no convênio Motorista Cidadão, uma parceria do governo e da Confederação Nacional de Transporte para capacitação de 25 mil caminhoneiros em 2004. É uma tentativa de um explorador em potencial ser cooptado e virar um agente de proteção. Os motoristas receberam cursos em que foram informados de que exploração sexual de crianças e adolescentes é crime e são orientados a denunciar casos de violência sexual.

Com as redes disseminadas por todo o território nacional, a tarefa de coibir esse tipo de crime é complexa, ainda mais pela conexão entre exploração sexual comercial com o crime organizado e suas ramificações internacionais. A Pestraf identificou 241 rotas de tráfico de mulheres no Brasil, a maioria no Norte e Nordeste. De acordo com o estudo, os principais destinos de brasileiras são Espanha, Holanda, Venezuela e Itália.

Turismo sexual

"Teresa é sapatão, deve ter quase 30 anos, mas sai com coroa também. Ela marcou de a gente se encontrar em frente ao hotel do homem, que é um cinco estrelas bem famoso daqui." Diana, 24 de abril de 2004

Diana começa a flertar com um novo filão de mercado: os turistas estrangeiros que aportam na capital em que vive, em busca de lazer e sexo, embriagados pela promessa de férias em um paraíso tropical. É o efeito colateral de uma imagem cristalizada no exterior de que o Brasil é o país da sensualidade e da liberalidade dos costumes. Dessa forma, o turismo sexual passou a ser uma prática que se alimenta pela ação direta ou pela conivência ou omissão de agências de viagem, guias turísticos, hotéis, bares, boates, barracas de praia, taxistas e demais agentes envolvidos na cadeia produtiva do turismo.

Começam, no entanto, a surgir iniciativas como o Código de Conduta, um pacto que foi acordado pioneiramente em Natal, um dos destinos turísticos do Nordeste brasileiro mais procurados pelos estrangeiros. Trata-se de uma parceria entre o governo e os agentes de turismo local para alertar os turistas de que fazer sexo com criança é crime. "A iniciativa de Natal é pioneira e pode ser adotada em outros estados, onde a combinação de beleza e pobreza favoreça essa prática", explica Ana Maria Drummond, do Instituto WCF-Brasil, ONG que integra o Comitê Nacional de Turismo Sexual e Infância, criado em janeiro de 2005.

A ofensiva do governo, empresários e sociedade civil ganha eco em campanhas nos aeroportos e também em *spots* publicitários que partem de algumas premissas. Entre elas, a de que turismo sustentável vai além de uma preocupação com o meio ambiente e passa pela garantia dos direitos da infância. "O turismo deve ser sustentável do ponto de vista social, econômico e ambiental. Um símbolo de encontro entre os povos e culturas não pode se sustentar em relações desiguais de poder", afirma Renato Roseno, da Associação Nacional dos Centros de Defesa da Criança e do Adolescente (Anced), que defende a responsabilização de quem violou a lei, mas sem cair na xenofobia. "Não adianta simplesmente associar uma volúpia punitiva a julgamentos morais para resolver um problema que tem raízes bem mais profundas", afirma ele, ao apontar a necessidade de promoção de políticas públicas eficazes para que as meninas vítimas de exploração sexual se sintam acolhidas pela sociedade e pelo Estado.

É importante também não estigmatizar destinos e muito menos estigmatizar estrangeiros. "Mas o turista não pode sair de casa e achar que o Brasil é terra de ninguém", ressalta Roseno. Para vencer a impunidade que impulsiona tal prática, o governo brasileiro tem buscado apoio dos países emissores de turismo sexual, ricas nações europeias, como Itália, Alemanha, França e Espanha. Baseado no princípio jurídico da extraterritorialidade dos crimes, turistas italianos que cometeram crime sexual em Fortaleza já foram presos em Milão, por exemplo. O mesmo vale para alemães, suecos e franceses.

O perfil do explorador

"Quando conheci o Gerson, eu devia ter uns 8 anos e ainda era virgem. Ficava com ele, roçava e tal, mas no começo a gente não fazia tudo. Ele tem 61 anos, a mesma idade do meu avô." Natasha, 23 de setembro de 2003

As personagens de *As meninas da esquina* se referem aos clientes como "coroas", por se tratar, em sua maioria, de adultos acima de 40 anos. Entre seus clientes fixos, há comerciantes, advogados, profissionais liberais. Mas uma figura presente em todos os diários é a do "velho aposentado". Em comunidades carentes, idosos que recebem até mesmo um parco salário-mínimo como pensão podem pagar para satisfazer o seu desejo, tendo um amplo leque de oferta entre garotas da própria favela. É o caso de Natasha, que é explorada sexualmente desde os 9 anos por um homem da mesma idade do seu avô. É uma realidade que toca em dois extremos da sexualidade: o sexo na infância e na velhice. "Além da questão da violência sexual contra crianças, estamos diante do fato de a velhice ainda ser considerada uma fase sem sexualidade, quando a realidade é bem outra. Pessoas senis têm a sexualidade aguçada e a sociedade não sabe lidar com isso", diz a assistente social Neide Castanha.

"Seu Nicolau anda dizendo que cobro muito caro, R$ 30. Ele chega a ficar três horas comigo. Acho que ele toma aqueles remédios para o negócio dele funcionar e ainda quer pagar menos." Diana, 23 de maio de 2004

Diana viu sua clientela de homens idosos se expandir com a entrada no mercado de eficazes remédios contra a impotência e que prolongam a vida sexual dos homens acima dos 60 anos. Os encontros tornaram-se mais frequentes e mais longos sob o efeito do Viagra, por exemplo, a pílula azul que significou a retomada da vida sexual de idosos como seu Nicolau.

Nichos de mercado

"Na hora que terminou a transa, ele gritou: — É minha mulher!' E virei mesmo a mulher dele. Os cunhados daqui de fora depositam R$ 200, R$ 300 na minha conta para eu poder visitar ele nos finais de semana... É muito chato namorar na cadeia. Na hora de entrar, tenho que tirar toda a roupa e me abaixar. As policiais revistam tudo e ficam olhando pra gente com cara de nojo." Milena, 16 de setembro de 2003

O fenômeno das facções criminosas organizadas levou à criação de uma rede de ajuda aos presos por parte dos companheiros que estão fora da prisão. Um dos serviços prestados é o de arranjar mulher para os líderes solteiros para que estes possam ter direito às visitas íntimas enquanto cumprem pena. Apostando nesse nicho de mercado, Milena troca as ruas pelo presídio, com um cliente fixo que passa a tratar por "marido".

Carreira curta

"*Minha mãe não se prostitui mais porque não consegue mais cliente. Os peitos dela estão caídos.*" Diana, 9 de maio de 2004

Diana tem dentro de casa um exemplo da rotatividade do mercado sexual. Aponta para a mãe, que já foi descartada à medida que os atributos físicos foram se deteriorando. No mercado do sexo, têm mais valor comercial as meninas mais novas.

Sexo: moeda de troca para tudo

"*Acabei indo parar na casa de uma colega que estava fazendo uma tatuagem. Quis uma também. Ela me disse que, se eu transasse com o Alex, que é um colega nosso, ele fazia uma em mim. Então, transamos, e ele tatuou uma estrela nas minhas costas.*" Britney, 17 de novembro de 2003

Britney institui um tipo de escambo do próprio corpo por algo que deseja e não tem como bancar. É uma forma de exploração sexual, embora não haja dinheiro na transação.

A prostituição para bancar *a dependência*

"*O que me alivia é fumar maconha. Agora, passei também a fumar mesclado* [cigarro de maconha misturado com cocaína]. *Estou me* *drogando muito mesmo. Outro dia estava devendo R$ 400 e tive que ir pra rua me virar para poder pagar o traficante."* Natasha, 12 de maio de 2004

O aditivo químico é quase pré-requisito para trafegar no submundo e na prostituição. Estabelece-se um ciclo vicioso, já que a dependência de álcool e drogas torna mais difícil a saída de uma situação de exploração. A dependência acaba empurrando ainda mais Natasha para as ruas, além dos perigos extras que embute ao se cruzar com o narcotráfico. Na adolescência, o consumo de drogas tem relação com curiosidade, o desejo de ser aceito pelo grupo e a vontade de transgredir, traços comuns a adolescentes de todas as classes sociais. "O flerte com o álcool e outras drogas na adolescência passa pela necessidade do jovem de querer ousar e buscar uma identidade como ser autônomo", explica o psiquiatra Auro Lescher, do Projeto Quixote, que nasceu para prestar atendimento a jovens usuários de drogas que vivem nas ruas de São Paulo. Ao criar vínculos e mergulhar na realidade dos cerca de 3 mil jovens atendidos ao longo dos últimos dez anos, o especialista e sua equipe chegaram a conclusões que vão além de fatores comportamentais. "As crianças estão nas ruas por uma série de nãos. Elas rompem vínculos familiares, fugindo de uma situação de opressão e violência, e acabam se socializando na rua em um pacote que inclui drogas. A lógica do consumo é: enquanto estou fissurado, não penso em nada", afirma Lescher. "Percebemos que não podemos medicalizar uma questão que é social. Não se trata de toxicomania." Para lidar com o problema do uso de drogas por jovens vítimas também de exclusão, a receita inclui uma rede de apoio que permita outro tipo de socialização.

❀ Perigos na esquina ❀

O apelo da criminalidade, o risco da Aids e da gravidez na adolescência, violência doméstica, drogas, abuso sexual e pedofilia são alguns dos fantasmas que assombram a vida de Britney, Vitória, Natasha, Yasmin, Diana e Milena. "Violência familiar, consumo de drogas e contato com criminalidade antecedem a exploração sexual e são indicadores da enorme vulnerabilidade dessas crianças e adolescentes", diagnostica Nancy Cardia, do Núcleo de Estudos da Violência (NEV), da Universidade de São Paulo. A intervenção do Estado e da sociedade é possível e mais do que bem-vinda. "O custo de intervir é menor do que a desgraça que vem depois. São vidas perdidas e desperdícios de talentos."

Criminalidade

O tráfico de drogas como alternativa

"Dá uma boa grana. Tipo assim: a sacaria é de 25 pedras, cada uma a R$ 5. No final, R$ 100 é da dona e R$ 25, meu. Dependendo de quantas sacarias eu vender, ganho entre R$ 60 e R$ 90 por semana. É com essa grana que eu pago minhas dívidas. É bem melhor traficar do que fazer programa." Milena, 15 de setembro de 2003

Milena encontrou no tráfico de drogas atividade mais rentável do que a venda do próprio corpo. Segundo pesquisa da Unesco, chega a 22% o número de jovens brasileiros na faixa de 15 a 24 anos que não estuda e não trabalha. "Estamos falando de 11 milhões de jovens especialmente vulneráveis e que formam um grupo que precisa de políticas públicas específicas, já que figura com relevo nas estatísticas de violência, desemprego, gravidez não desejada", assinala Jorge Werthein. "Não é que estes jovens não tenham perspectivas de futuro, eles não têm o presente. O que precisa ser feito não pode mais esperar."

Sem cartão de crédito

"*Como sabia que não adiantava dizer pra ninguém o que eu queria ganhar de presente porque ninguém ia me dar nada mesmo, roubei uma blusa, um sapato e um* short jeans *pra usar no Natal.*" Natasha, 25 de dezembro de 2003

Natasha foi presa ao participar de um assalto e faz pequenos furtos para suprir suas necessidades de consumo, quando o dinheiro da prostituição não é suficiente para bancar os seus sonhos. Teme ser presa novamente, mas não faz nenhum julgamento de ordem moral sobre sua conduta. Relata a cena do roubo às lojas na véspera do Natal com a mesma naturalidade que duas "Patricinhas", as caricatas adolescentes consumistas de classe média e alta, contam como foram às compras no *shopping*.

O contato próximo e diário com criminosos

"*Não vejo a hora de ter o meu cantinho e sair daqui. Meus primos todos traficam e são do mundo do crime. É aquele cheiro de maconha dentro de casa o tempo todo. Eles saem, vão para os lugares, roubam um monte de coisa. Ontem, roubaram dois vídeos, duas televisões, um som, um monte de CD e uísque.*" Vitória, 7 de setembro de 2003

A vida em favelas e comunidades carentes coloca as meninas em contato com a criminalidade local. Elas são vizinhas ou parentes de traficantes e outros criminosos. São testemunhas de crimes e, no caso de Milena, Vitória e Natasha, cúmplices em alguns.

Os amores bandidos

"André ainda está no tráfico. Mas já falei que, quando arrumar um serviço, ele vai parar com essa porcaria. Ele finge não escutar. O que ele ganha está dando pra viver. (...) O problema é que ele ganha R$ 40 por dia traficando." Natasha, 21 de outubro de 2003

O desejo de romance e de aventura leva Natasha para os braços de um jovem de classe média que resolveu brincar de traficante. É um amor intenso e, por vezes, insano. São relações que não obedecem à gradação do flerte, namoro e casamento. Rapidamente vão morar juntos. Casam-se e descasam-se ao sabor de paixões intensas e volúveis.

As jovens viúvas do tráfico

"Estou mal, bateu uma saudade imensa. Fui muito apaixonada por esse moleque, mas mataram ele... Adailton era trabalhador, mas acabou entrando para o tráfico... Começou nessa vida de vender droga e era aquela coisa de um matar o outro. Matavam gente pra caralho. Ele morreu numa dessas. Tinha 17 anos." Milena, 17 de outubro de 2003

Milena carrega uma viuvez desde os 15 anos. É um dado que mostra a precocidade com que começam a se jogar na vida de adultos — constituindo famílias — e também contabilizando perdas importantes. Nas favelas, viúvas adolescentes como Milena se contam aos milhares. Elas são a face chorosa de um drama que vitima 15 mil jovens por ano. Homicídios, suicídios e acidentes — as chamadas causas externas — respondem por 61,7% dos óbitos entre adolescentes de 12 e 17 anos, segundo dados de 1999 do IBGE. O Mapa da Violência, traçado pela Unesco, demonstra que os jovens são as maiores vítimas de mortes violentas no país: enquanto a população em geral apresentava em 2000 uma taxa de mortalidade de 48,15 casos em 100 mil habitantes, na faixa dos 15 aos 24 anos, a proporção subia para 74,42 para cada 100 mil jovens.

Violências

No meio do tiroteio

"*O Juninho, o Dino e o Rogerinho foram roubar uma moto. Só que a moto era de um policial. Quando tentavam subir na moto, levaram um monte de tiro. Acertaram a espinha do Rogerinho, que caiu lá mesmo. Ele foi pego pelos vermes e levado para o hospital, onde morreu. Tinha vinte anos.*" Milena, 11 de dezembro de 2003

Milena é testemunha da guerra urbana travada em morros e favelas brasileiras. Assim como em muitos outros países, a violência ainda é tratada no Brasil como um problema exclusivo de segurança pública. O resultado dessa visão é que as respostas para o problema continuam sendo buscadas nas instituições policiais e do Judiciário. No entanto, a própria Organização Mundial de Saúde reconhece a violência como um problema de saúde pública. Não se trata de reduzi-la a uma doença, mas de tratá-la como um mal com graves repercussões na saúde da população e nos serviços de saúde. É um enorme salto passar a ver a violência como um problema social relacionado à segurança, à saúde e ao desenvolvimento social. Portanto, precisa ser combatida seriamente por diversos setores da sociedade e do Estado. "Só assim se podem identificar os seus determinantes sociais e os fatores de risco e propor medidas preventivas", afirma Nancy Cardia, do Núcleo de Estudos da Violência, da Universidade de São Paulo (USP).

Violência Doméstica

"Além de ficar gritando pra eu ir embora da casa dela, dizia que eu era uma puta escrota e miserável. Não aguentei ouvir aquilo tudo, joguei o feijão no chão. Meu tio veio pra cima de mim e me encheu de porrada [para de falar por alguns instantes e começa a chorar]. *Minha irmã também me deu porrada. É por isso que tem dia que me dá vontade de me matar."* Britney, 12 de dezembro de 2003

"Começamos a discutir, quebrei um copo com as mãos, de tanta raiva... Ainda pegou a pá de pedreiro e me ameaçou. Quando tirei a pá das mãos dele, ele me jogou nos azulejos e me sacudiu. Estou com a perna rachada e a barriga cortada e arranhada." Natasha, 28 de setembro de 2003

Os tapas dados pelo tio de Yasmin ou os safanões que Natasha leva do avô são exemplos de uma cultura em que se resolvem os maiores e os menores conflitos na porrada. Uns apanham, outros batem. Todos sofrem. Há toda uma cultura de que bater é papel de quem educa, o que faz com que mães, pais e avós não se reconheçam como agressores. Não há espaço para o diálogo em família e muito menos nas ruas. São jovens que aprendem cedo a conseguir tudo no grito. Vivem repetindo que não levam desaforo para casa. "Não se pode esquecer que estas meninas vivem em um mundo de afronta em que elas entraram para batalhar. E, na guerra, vale tudo", diz Elisabeth Sussekind. "Só vamos conseguir mudar este panorama quando construirmos um universo palatável para estas pessoas desde a barriga da mãe."

Violência policial

"A policial só ficava gritando: 'Vai! Vai! Vai! Dá toda droga que você tem aí, a gente faz um acerto, joga nas costas do mané que tá preso e

você vai embora pra sua casa'. Depois, apareceu o delegado e me ameaçou dizendo que, se eu não fizesse o que eles estavam mandando, eu seria presa por causa da ponta que escondi no maço de cigarro." Vitória, 7 de janeiro de 2004

Vitória foi presa nas proximidades de uma boca de fumo da favela e levada para a delegacia por causa de meio cigarro de maconha. Passou por uma série de humilhações ao longo do interrogatório e chegou a ser coagida a entregar os traficantes da área. Só foi solta na mesma noite graças a um advogado pago por uma vizinha da favela, esta sim traficante, e que conseguiu escapar do cerco policial.

Violência por parte dos clientes

"Parei de dar queixa, pois não resolve nada. Só meu nome fica sujo. Depois disso, já teve outro cara que me agrediu. Quando ameacei chamar a polícia porque ele não queria pagar o combinado, me empurrou e quase caí escada abaixo. No final, não me deu nada pelo programa." Diana, 14 de abril de 2004

A relação de poder que se estabelece entre o cliente que paga e a menina que oferece os seus serviços é completamente desigual. Diana relata calotes e agressões físicas. Natasha foi estuprada por vários *boys* sob a mira de revólver. Uma situação extrema de uma "profissão" cercada de perigos.

Distúrbios criminosos

Abuso sexual

"Edmar tentou me violentar quando eu tinha uns 12 anos, uma fase em que aconteceu muita coisa ruim na minha vida... Eu tinha o costu-

me de dormir só de calcinha, pois minha mãe confiava nele. Mas nessa noite ele passou a mão no meu corpo. Quando acordei espantada, ele estava em cima de mim." Yasmin, 27 de novembro de 2003

O abuso é um jogo sexual em que o adulto usa a criança, com ou sem o consentimento dela, para obter seu próprio prazer. O ato se impõe muitas vezes pela força física ou pela sedução com palavras e presentes. São crimes sem fins lucrativos e, em geral, cometidos por alguém que desfruta a confiança da vítima. Segundo estimativas dos movimentos sociais que prestam assistência às vítimas de violência sexual, a cada oito minutos uma criança brasileira sofre algum tipo de abuso sexual. Choca também a constatação de que em cerca de 90% dos casos o molestador é alguém próximo à vítima: o pai biológico, tios, avô, irmãos e vizinhos. Fato que dificulta ainda mais a denúncia.

Para facilitar as denúncias, o governo federal criou o Disque-Denúncia, um serviço telefônico gratuito (0800-990500) para receber indicações de maus-tratos, abusos e violência sexual contra crianças e adolescentes. Desde maio de 2003, o Disque-Denúncia recebeu e encaminhou ao Ministério Público para averiguações um total de 9.490 denúncias. É um número preocupante, considerando-se a natureza destes tipos de crimes, que estão entre os menos notificados do mundo. Segundo o Estatuto da Criança e do Adolescente, é dever dos profissionais de saúde e de educação notificar as ocorrências aos Conselhos Tutelares. No entanto, médicos, enfermeiras, professores e educadores nem sempre fazem este tipo de registro por temer represálias por parte do molestador, ou por achar que não lhes compete entrar em questões familiares delicadas ou ainda por falta de conhecimento da lei. Um silêncio que acaba por fazer um pacto com a impunidade.

ELIANE TRINDADE

Incesto

"Tia Rosário ficou bêbada no pagode lá na rua e tio Josafá aproveitou para ficar me chamando para sair com ele... Quando ele começou a me olhar, fiquei tapeando, pois é meu tio de sangue. Mas já transei com ele uma vez, quando ele levou a mim, a Natália e a Girleide, aquelas minhas ex-colegas bem novinhas, para um hotel. Primeiro, ele 'coisou' com elas e, por último, comigo... Ele deu R$ 20 para cada uma." Diana, 23 de maio de 2004

O incesto é caracterizado pela relação sexual entre parentes consanguíneos ou afins. Fazer sexo com um tio ou um padrasto também caracteriza relação incestuosa. Para a psicanálise, o que determina este tipo de relação é a função do violador. Se ele representa a figura paterna, trata-se de incesto. No caso de Diana, o que une tio e sobrinha são interesses bem claros — ele quer sexo, ela quer dinheiro para comprar um celular. Não abrir a boca é pré-requisito no acordo estabelecido pelo tio, em um mecanismo de controle sobre a vítima que faz do incesto um tabu que transita na sombra do silêncio e do medo. É o segredo de família mais bem guardado e, de acordo com estudiosos do fenômeno, está na origem de vários outros males. Pode gerar em suas vítimas desde comportamentos agressivos até delinquência juvenil, prostituição infantil, uso de drogas e quadros patológicos de depressão que podem levar ao suicídio. "O destino da criança que sofre violência sexual é decidido por mecanismos familiares e legais pelos quais a vítima quase não toma participação", diz a psicanalista Graça Pizá, com base na análise de 853 prontuários de crianças vítimas deste tipo de abuso atendidas na Clínica Psicanalítica da Violência, no Rio de Janeiro. "O silêncio da família, da sociedade e do Estado acaba produzindo mais medo, mais solidão e a perpetuação deste tipo de violência." A criança ou adolescente que sofre abuso faz parte de uma família incestuosa — em que todos os membros, de certa forma, pactuam com a violação. Preferem não ver.

Pedofilia

"Comecei a fazer programa quando morava com minha mãe em outra favela. Eu era pequenininha e tinha um velho que enchia a casa de menina. Menina mesmo, tipo criança. Era um cara bem safado, que ficava me seduzindo, passando a mão em mim e chupando meu corpo. No final, dava dinheiro e balinha. Até que um dia, ele tirou minha virgindade." Milena, 26 de setembro de 2003

A pedofilia tem características que a diferenciam dos demais tipos de violência sexual contra crianças. Trata-se de um problema médico e nem sempre resulta em crime, como o ocorrido com Milena. De acordo com a classificação de transtornos psiquiátricos, pedofilia é definida como "um impulso sexual intenso, recorrente, e fantasias que envolvem atividade sexual com crianças". Nem todo pedófilo realiza as fantasias e passa à categoria de infrator. Quando o faz, a preferência é por crianças pré-púberes. A prática de atos sexuais ou libidinosos preferencialmente com crianças é uma perversão que faz da presença de garotas como Milena, que foi para as ruas por volta dos 9 anos, presas fáceis e extremamente vulneráveis diante do jogo de poder que se estabelece neste tipo de relação. O pedófilo é quem conduz a vítima, e tem na ingenuidade do parceiro infantil a mola de sua perversão. Para o pedófilo, a criança vira um objeto-fetiche. "É uma relação marcada pela ambiguidade. Tem amor e ódio, envolvendo um sujeito adulto e um objeto criança", define Graça Pizá. "Para a vítima, é um estado insuportável, que gera um aprisionamento grande e a transforma numa morta-viva, uma vez que já teve destruído o amor que sente por si mesma."

ELIANE TRINDADE

Aliciamento para fotografar nua

"Sérgio pede para eu ficar pelada e fazer pose. Já fiz fotos com ele duas vezes. Vi as fotos, ficaram bonitas, mas ele fica com todas. Como ele diz que eu sou bonitinha, deixo ele fazer as fotos. Não fico com vergonha de posar pelada. É rápido. Ele diz que as fotos são para ele guardar e ficar só olhando. No final, ele me dá R$ 20. É bom." Diana, 23 de julho de 2004

As novas tecnologias de informação colocam a sociedade diante de novos tipos de violência. A internet, que mudou profundamente a forma de relacionamento das pessoas com a comunicação em nível global, tornou-se veículo para disseminação de material de conteúdo pornográfico. *Sites* com imagens de crianças e adolescentes em situação de exploração sexual proliferam numa velocidade difícil de ser contida. "Os crimes praticados pela internet, sem fronteira e sem assinatura, são um desafio para a nossa legislação, para a polícia e para a nossa capacidade de detecção", afirma a advogada Elisabeth Sussekind, ex-secretária nacional de Justiça.

🎕 A FAMÍLIA 🎕

O histórico familiar das personagens de *As meninas da esquina* dá a medida da vulnerabilidade de suas crianças. Britney nasceu na cadeia quando a mãe cumpria pena por tráfico de drogas e foi entregue aos cuidados da avó alcoólatra. Aos 5 anos, Vitória foi garantir seu sustento na rua, vendendo flores, logo depois de o pai ter sido assassinado. Diana está sob a tutela dos tios, já que a mãe ex-prostituta é também doente mental. Em grande medida, elas perderam a primeira chance efetiva de socialização, que é o convívio com a família, com quem deveriam aprender o que é certo e o que é errado. "Mas não adianta ficar culpando estas famílias. É preciso fortalecê-las para que a história que vão escrever não seja mais do mesmo, como vem sendo há gerações", afirma Nancy Cardia, especialista em psicologia social. "Não se resolve a questão da violência sem dar condições para que estas famílias se tornem fonte de proteção."

A degradação familiar

"Meu avô é a minha família. Ele vive dizendo que o resto da nossa família não presta, que minha avó é cachaceira, meu tio, traficante, e minha irmã fica cada dia com um homem diferente." Natasha, 24 de setembro de 2003

A única referência de família para Natasha é o avô paterno. Os demais laços foram se desfazendo — seja pela morte da mãe, pelas brigas constantes com a irmã mais velha ou pela indiferença paterna. As relações entre pais, filhos e irmãos são brutalizadas em um contexto de miséria, violência e falta de valores e de referências morais. A instituição familiar deixa de servir como terreno onde deveria nascer afeto, respeito e confiança.

Inversão de papéis

"Acordei às 8:30, não tomei café porque não gosto de comer nada de manhã. Meu tio Sidney estava discutindo com a minha avó e falou que não ia comprar comida hoje... Foi quando se virou pra mim e disse que era para eu arrumar trabalho. Minha avó perguntou a ele onde eu iria trabalhar. Ele respondeu que eu devia fazer viração [prostituição] como minha mãe fazia Comecei a chorar e fui pra rua." Britney, 17 de novembro de 2003

Na casa de Britney, as contas não fecham e ela é impelida pelos familiares a se prostituir para ajudar no orçamento doméstico. Inverte-se a ordem natural de quem cuida e de quem deve ser cuidado. É quando os adultos deixam de ser provedores e passam a ser exploradores. Jovem e bonita, ela é vista como uma potencial fonte de renda para toda a família. "O principal valor aqui é o da sobrevivência. Prostituir-se para sobreviver não é nada problemático neste contexto. É como se fosse até mesmo o dever daquela menina, que está na idade e tem os apetrechos para se colocar no mercado do sexo. E a rigor ela não pode se negar", constata Elisabeth Sussekind, que também atuou em favelas do Rio de Janeiro. "É o mesmo processo que leva um menino a fazer pequenos furtos ou passar drogas. Dá um alívio no desespero pela sobrevivência, ainda que seja indigno ou ilegal. Os valores, a moral e a dignidade passam a ser secundários."

Nas famílias em que há jovens na prostituição ou na marginalidade, inverte-se o papel também quanto à autoridade e ao respeito aos mais velhos. O jovem provedor vira o dono da verdade. E a verdade passa a ser a de que, se a menina se vende ou se o menino passa droga, está tudo certo, na medida em que é assim que garantem o sustento da casa. Quebra-se a unidade familiar.

Famílias comandadas por mulheres

"Minha mãe não tinha muito tempo para os filhos. Coitada, trabalhava muito para sustentar a gente. Fiquei solta muito tempo e desde criança comecei errado. E assim foi indo." Milena, 23 de outubro de 2003

A mãe de Milena é arrimo de família, como o é um número crescente de mulheres brasileiras. De acordo com dados do censo de 2000 divulgados pelo IBGE, um em cada quatro domicílios do Brasil é chefiado por mulher. Desde o início da década de 1990, vem ocorrendo um significativo aumento do fenômeno, que se torna dramático quando se fala em famílias pobres. Cerca de 2,3 milhões de crianças na faixa de 0 a 6 anos dependem, para sobreviver, de uma renda materna que não ultrapassa dois salários mínimos.

Um estudo britânico publicado em 2004 no *British Journal of Criminology* sobre o impacto das diferentes configurações familiares sobre a delinquência comprovou que, embora haja uma ligação entre lares desfeitos e delinquência juvenil, o determinante é a relação de amor e de proteção que se estabelece com o parente que passa a cuidar daquela criança, normalmente a mãe. "O papel da mãe tem um peso enorme. Elas tanto podem ser algozes como redentoras", diz Nancy Cardia, do Núcleo de Estudos da Violência. A figura materna é a única âncora para que as crianças dessas famílias chefiadas por mulheres não fiquem à deriva. Quando elas também não cumprem este papel, a tendência é que todos afundem.

A ausência paterna

"Tenho três pais — o que me fez, o que me registrou e o que me criou. Mas, na verdade, não considero nenhum deles como pai." Yasmin, na apresentação do diário

O pai é um grande ausente em *As meninas da esquina*. A figura paterna é quase um borrão na vida das seis garotas. São pais que aparecem esporadicamente, que não têm nenhum compromisso com o sustento e a criação dessas meninas. Fazem filho e vão embora.

Filhas da mãe

"Minha mãe tem 38 anos e teve filho com três maridos. Filhas do meu pai somos somente eu e minha irmã mais velha, que tem 21 anos.

Ela teve mais quatro filhos com o segundo marido. Agora, está com esse meu padrasto há oito anos e eles tiveram mais dois filhos e ela está grávida do terceiro dele. Eu, minha mãe e minha irmã mais velha ficamos grávidas todas ao mesmo tempo." Milena, 20 de outubro de 2003

As jovens-mães de *As meninas da esquina* repetem um padrão familiar, já que elas também são filhas de mães adolescentes. Desde os 35 anos, a mãe de Milena é avó, embora não tenha encerrado sua vida reprodutiva, já que em duas oportunidades engravidou ao mesmo tempo que as filhas mais velhas. Numa coincidência que demonstra uma total falta de planejamento familiar, realidade que se perpetua de geração em geração.

O distanciamento da criação dos filhos

"Minha mãe teve que deixar os filhos na casa de uma senhora, a dona Maria, que botava a gente para vender flores no sinal, em restaurante, em todo lugar. Fiquei nessa vida até os 13 anos. Saía pra rua às 7:00 da noite e só voltava pra casa 4:00, 5:00 da madrugada. Se não vendesse todas as rosas, dona Maria não me dava comida nem roupa." Vitória, 9 de setembro de 2003

"Por um tempo, minha irmã vai ficar cuidando dos meus filhos. Minha mãe também ajuda. É triste porque queria estar com meus filhos, cuidando deles num lugar só meu. Preciso muito terminar de fazer o meu quarto." Vitória, 4 de outubro de 2003

Vitória vive o mesmo drama dos dois lados do balcão. Quando criança, como conta no primeiro relato, foi entregue a uma senhora pela mãe, que não tinha como carregar a filharada para o trabalho em casa de família. Quando teve os próprios filhos, viu-se obrigada a se separar deles e os deixa sob os cuidados da mãe e da irmã. "A condição de vida de uma jovem em situação de exploração sexual é especialmente difícil na criação de seus filhos. Como realiza atividades noturnas, é um problema ter com quem deixar a criança durante a noite, e ainda enquanto dorme, durante o dia. Por esta razão, algumas acabam entregando os filhos para que outra pessoa cuide, por vezes a própria mãe, de maneira mais definitiva", diz a psicóloga social Lumena Celi Teixeira. A terceirização informal da criação dos filhos ocorre na prática. Só que a tarefa é entregue a uma avó que não conseguiu cumprir o papel de mãe. O ciclo se repete.

"Minha filha já pode ir pra creche, pus o nome dela em um monte, mas tenho que esperar vaga. Em uma das creches, tem 105 crianças na frente dela. É cruel." Vitória, 3 de fevereiro de 2004

O acesso à educação infantil ainda é bastante restrito no país. De acordo com dados do Instituto Nacional de Estudos e Pesquisas Educacionais (Inep), do Ministério da Educação, apenas 1,2 milhão das 13 milhões de crianças brasileiras com idade entre 0 e 3 anos estão matriculadas em creches. Na pré-escola, a situação é um pouco melhor, com um total de 5,2 milhões de crianças entre 0 e 6 anos matriculadas, o que dá uma cobertura de 50% da demanda nesta faixa etária. Historicamente, a infância é um peso para a sociedade, já que não produz e demanda atenção, trabalho e cuidados especiais. O peso é ainda maior para famílias desestruturadas ou para uma menina de 15 anos que se vê sozinha e com um bebê no colo, um complicador a mais para entrar no mercado de trabalho. Segundo pesquisa da Unesco com jovens na faixa etária de 15 a 17 anos em 26 estados brasileiros, 56% dos 1,5 milhão de estudantes fora da escola são meninas. Entre as três principais causas do abandono escolar, estão gravidez não planejada, necessidade de trabalhar e dificuldade no aprendizado.

ELIANE TRINDADE

Mãe vê filha como ameaça a um novo relacionamento

"*Fui logo avisando pra minha mãe que se o marido dela de agora, o Juarez, viesse com frescura para o meu lado de novo, eu ia furar ele. Avisei a primeira, a segunda vez. Na terceira, ele veio pro meu lado quando eu estava lavando louça. Não tive dúvida, peguei uma faca e tentei furar ele... Ele falava um monte de coisa. Ficava dizendo: 'Que peitinho gostoso, esse seu. Você é melhor que sua mãe.*" Britney, 21 de novembro de 2003

Abandonadas pelos maridos, a mãe de Vitória, de Yasmin e de Milena arrumam novos parceiros que, ao contrário de estabelecer laços paternais com as enteadas, acabam por impor-lhes abusos sexuais ou, pelo menos, investem nesse sentido. Tão logo entram na puberdade, três das seis jovens de *As meninas da esquina* relatam assédio sexual por parentes próximos, como tios e padrastos. É a primeira violência de ordem sexual que sofrem, um pontapé para levá-las às ruas. A lógica é que, se são molestadas em casa, melhor é se prostituir nas ruas, pois assim pelo menos ganham algum dinheiro. "O que propicia bastante este tipo de abuso é o fato de as mães pobres trocarem muito de parceiros, buscando sustento e afeto em homens que não têm vínculo nem responsabilidade para com suas filhas", afirma a socióloga Marlene Vaz.

❀ O ESTADO ❀

Nos tópicos que evidenciam a falência das políticas públicas, abordados no início deste capítulo, fica claro o enorme desafio que o Estado brasileiro tem pela frente para cumprir o seu dever de garantir uma infância digna para todos os cidadãos. Na esfera do Governo Federal, a partir de 2003 as ações de enfrentamento à exploração sexual de crianças e adolescentes passaram a ser articuladas pela Secretaria de Direitos Humanos, então vinculada à Presidência da República, em uma comissão intersetorial na qual têm assento representantes de 13 ministérios, entre ele Saúde, Esporte, Educação, Turismo e Desenvolvimento Social e Combate à Fome. Ao final de 2004, as autoridades passaram a contar com um amplo estudo — intitulado Matriz Intersetorial de Enfrentamento da Exploração Sexual Comercial de Crianças e Adolescentes — que aponta 937 municípios brasileiros como focos do problema. Em 16,88% das 5.551 cidades brasileiras, existe a oferta de crianças e adolescentes no mercado sexual. "Não sabemos quantas crianças são violadas, mas agora sabemos onde elas estão", afirma Elizabeth Leitão, assessora especial da Secretaria de Direitos Humanos e coordenadora da comissão intersetorial até abril de 2005.

Desenhado o mapa da vergonha, é preciso fazer chegar ou tornar eficazes em todas as localidades programas básicos como o Bolsa-Família, assim como criar ou fortalecer nesses municípios as redes de proteção e de responsabilização. "Só se derruba a rede de exploração que coopta jovens abandonadas pelo Estado, pela escola e pela família com uma rede pública de proteção bem organizada e monitorada", diz Maria Lúcia Leal, assistente social e coordenadora do Grupo de Pesquisa sobre Violência e Exploração Sexual Comercial de Mulheres, Crianças e Adolescentes (Violes), da Universidade de Brasília. "Chegou-se finalmente à ideia de que vulnerabilidade social e o combate à impunidade são tarefas de responsabilidade das políticas públicas", completa Maria Lúcia Leal, consultora que elaborou a matriz de enfrentamento encomendada pelo Governo Federal.

Programas de transferência de renda

"Só agora vou passar a receber o bagulho da Bolsa-Escola. O primeiro pagamento sai este mês. São só R$ 15. Peguei o cartão, a senha e vou

entregar tudo pra minha mãe. Senão, gasto essa mixaria com besteira." Milena, 4 de janeiro de 2004

Das seis personagens de *As meninas da esquina*, apenas Milena e Diana estão inscritas em programas de distribuição de renda, sob o guarda-chuva do Fome Zero, principal bandeira social do governo do presidente Luiz Inácio Lula da Silva. Elas fazem parte dos 6,5 milhões de famílias atendidas pelo Bolsa-Família em 2004, que recebem entre R$ 15 e R$ 95 por mês. O Bolsa-Família — que surgiu da unificação dos programas Bolsa-Escola, Bolsa-Alimentação, Vale-Gás e Cartão-Alimentação — pagou R$ 14 bilhões em benefícios em 2004, quase o dobro dos R$ 8 bilhões do ano anterior. Apesar do aumento significativo, o fato de Natasha, Yasmin, Vitória e Britney não receberem tais benefícios mostra as falhas de cadastro do programa, que vem sofrendo denúncias de pagar bolsas em duplicidade e de beneficiar famílias que não se encontram abaixo da linha da pobreza. Segundo a matriz de enfrentamento desenhada pelo Governo Federal, 91,6% dos cerca de mil municípios brasileiros que convivem com exploração sexual de crianças e adolescentes são assistidos pelo Bolsa-Família.

Redes de proteção e de responsabilização

"*À tarde, briguei com meu irmão, mas estou arrependida. Wellington é doente mental, vive igual a uma criança, apesar de ser mais velho do que eu e já ter 16 anos. Mas doido também apanha. E eu bati nele porque, quando estava arrumando a casa, ele não quis sair da frente... Wellington ficou chorando no canto e dizendo que vai me denunciar ao Conselho Tutelar. Nem liguei, pois não como às custas de ninguém.*" Diana, 4 de abril de 2004

O fato de o irmão de Diana cogitar bater às portas do Conselho Tutelar da cidade para denunciar uma agressão física em casa é sinal de que tais instâncias, criadas para zelar pelo cumprimento das leis de proteção à criança e ao adolescente, são bastante conhecidas por parte do seu público-alvo. Diana conhece bem o conselho tutelar de sua cidade pelo seu recorrente histórico de exploração sexual nas ruas. Ela foi encaminhada para uma ONG e para um serviço de acompanhamento psicológico por um Conselheiro Tutelar, mas deixa claro que não segue a cartilha pregada pelos defensores dos direitos das crianças pelo simples fato de que "não come às custas de ninguém". Enquanto as necessidades de Diana não forem atendidas em sua totalidade, ela vai continuar desafiando as estruturas criadas para tentar mudar a sua realidade.

A Matriz de Enfrentamento da Exploração Sexual Comercial de Crianças e Adolescentes apontou a existência de Conselhos Tutelares em 827 municípios brasileiros que convivem com o problema. Ao apresentar os dados em janeiro de 2005 o então ministro Nilmário Miranda, da Secretaria Especial de Direitos Humanos, assumiu o compromisso de incentivar a criação de conselhos nos 110 municípios restantes e fortalecer os já existentes. Sem uma articulação local forte, torna-se ainda mais difícil atingir a meta do governo de reduzir a 50% o número de cidades brasileiras onde se praticam crimes sexuais contra crianças e adolescentes até 2007.

Organizações não governamentais

As personagens deste livro foram escolhidas entre meninas vinculadas a Organizações Não Governamentais que lidam com vítimas de abuso e exploração sexual. É com sensibilidade, boa dose de angústia e recursos limitados que os profissionais dessas instituições (que não foram citadas nominalmente no livro para que não se quebre o sigilo dos diários e se coloquem as meninas em risco) tentam construir novos projetos de vida para essas jovens. São instituições de referência que estão dando a sua contribuição para entender e tentar mudar a realidade de uma clientela tão vulnerável. A tarefa é enorme e de todos — governo, famílias, ONGs, sociedade e das próprias meninas. Ao longo dos diários, percebe-se que a ONG é uma das poucas janelas que se abrem para que Britney, Milena, Natasha, Vitória, Diana e Yasmin possam sonhar com um mundo diferente. "Em vários depoimentos, as organizações aparecem como os únicos lugares seguros e confiáveis na vida dessas meninas", afirma Ana Drummond, do Instituto WCF-Brasil. "Se por um lado é reconfortante vislumbrar a validação de um árduo envolvimento, é massacrante, por outro, constatar a reduzida eficácia do trabalho de apoio diante de um limitado cardápio de soluções."

A Matriz Intersetorial de Enfrentamento da Exploração Sexual Comercial de Crianças e Adolescentes aponta a atuação de 169 ONGs no país. A maioria delas tende para o atendimento psicossocial das vítimas, em detrimento de ações de geração de emprego e renda e de profissionalização. "É preciso haver um maior equilíbrio entre as estratégias de enfrentamento do problema", defende a diretora-executiva do Instituto WCF-Brasil.

A ONG como família substituta

"Às vezes, é difícil fazer o certo. Deixo-me levar e faço muitas coisas erradas. Aí entra a ONG e o pessoal de lá que fala pra gente deixar de sair com os caras, para parar de usar drogas. Eles mostram que dou preocupação para minha mãe, que estou deixando meus filhos de lado. Sei disso tudo e é bom saber que tem gente pensando comigo os meus problemas." Vitória, 13 de outubro de 2003

Os educadores e psicólogos das ONGs fazem as vezes de família substituta. Em inúmeros momentos relatados nos diários, as personagens contam como foram apoiadas pelos profissionais que fazem parte de suas vidas e vivenciam seus dramas. Em quatro dos seis casos descritos neste livro, as ONGs são importantes pontos de apoio e de referência, mas não conseguem oferecer outros instrumentos para a mudança diante da enormidade de demandas de sua clientela e da falta de políticas públicas eficazes.

A ONG como passaporte para os serviços públicos

"Quero saber se deu um cisto na minha barriga ou se foi um aborto. Era tanto sangue no começo que pensei que estava abortando. Elisabeth, minha educadora na ONG, me deu os papéis pra eu ir à médica, mas ainda não fui." Diana, 7 de maio de 2004

As ONGs são também importantes como ponte para as meninas prostituídas terem acesso aos serviços básicos de saúde: da consulta ao ginecologista agendada para Natasha ao teste de HIV feito por Diana até o tratamento dentário gratuito tão esperado por Milena. É a porta que se abre para Natasha, que é barrada no fórum por estar em trajes inadequados quando vai em busca do seu direito de brigar pela guarda do filho. Em muitos casos, a primeira ação da ONG na vida dessas jovens é providenciar documentos, como certidão de nascimento, para que possam ser inseridas em programas públicos, como o Bolsa-Família. São formas de criar vínculo com as meninas, mas não podem ser a única, por conter o risco de cair no mero assistencialismo.

ONG x Família

"Às vezes, minha avó reclama da ONG, diz que estou perdendo tempo, que lá não tem futuro. Ela quer que eu trabalhe em casa de família." Britney, 18 de novembro de 2003

Um grande desafio para as ONGs é trabalhar junto aos familiares e buscar a corresponsabilidade da família. Não raro enfrentam a resistência dos parentes. Quando falam dos problemas das meninas, estão apontando também os problemas da família. Em caso de abusos e maus-tratos, educadores e psicólogos informam que as vítimas têm direitos, o que costuma deixar o responsável por aquela criança na defensiva. Outra questão delicada é que a ONG não representa dinheiro para a família e, ao começar o processo de retirada das meninas das ruas, as adolescentes deixam de ser fonte de renda. Como um novo projeto de vida sério é uma perspectiva de médio a longo prazo, família e ONG podem ficar em lados opostos. "A situação em que as meninas se encontram não pode ser vista nem enfrentada sem considerar a família, que tanto faz parte do problema quanto deve fazer parte da solução", afirma o pesquisador Marcel Hazeu, do Centro de Defesa da Criança e do Adolescente (Cedeca-Emaús).

ONG recebe as demandas de toda a família

"Levei minha avó na ONG. É que a minha tia Marinete está de olho na nossa casa e minha avó nem morreu. Ela quer passar a casa para o meu nome e da Keila, só que não tem papel nenhum. A assistente social disse que vai levar a gente na defensoria pública para resolver de vez esse problema dos documentos do terreno." Britney, 9 de fevereiro de 2004

Numa família de excluídos, todos os seus membros carecem de cuidados e precisam da ajuda das instituições. Ao pinçar uma menina do mercado do sexo, a ONG passa a se confrontar com as demandas de toda a família. Sem falar que a adolescente traz para dentro da instituição uma gama de demandas não atendidas pela família, pela escola e pelo Estado. É uma clientela que precisa aprender tudo, desde escovar os dentes até a dialogar. As instituições também acabam virando tutela para tudo — o trabalho, a escola, os serviços de saúde. Ajudam as meninas a engatinhar em um mundo que lhes fechou quase todas as portas.

Quando a ONG perde o atrativo

"Fomos pra aula de dança. Chegando na ONG, fomos filmadas. Adorei. O curso está sendo da hora... São duas aulas por semana. Até hoje só faltei uma vez." Milena, 23 de outubro de 2003

"Nunca mais passei na ONG, eles não têm nada lá para me oferecer. Até o curso de dança acabou por falta de verba... O que eu mais esperava ao participar dos projetos era arrumar um serviço." Milena, desfecho do diário

Milena colocou na ONG toda uma expectativa de entrar no mundo do trabalho. Como não foi inserida em projetos de geração de renda, ela acabou perdendo o interesse pela instituição, que foi um porto seguro em vários momentos críticos de sua vida. Como estabeleceu um vínculo emocional com os profissionais que a atendiam, ela continua indo esporadicamente à ONG, mas já não participa das atividades regulares. Um último elo foi cortado com a suspensão de um curso de dança, espaço em que a jovem estava encontrando eco para aumentar sua autoestima e redescobrir o próprio corpo.

Educação sexual e planejamento familiar

Quando me juntei com meu marido, queria logo ter um filho. Ainda bem que fui orientada pela psicóloga e pelos educadores da ONG. Fui mudando minha cabeça, apesar de sonhar com uma família bem bonitinha e com um bebê para eu cuidar. Reconheço que sou muito nova, além do que a realidade do meu mundo não me permite ter um filho nesse momento. Demorou para cair essa ficha... No começo, só não peguei barriga por sorte." Yasmin, 28 de novembro de 2003

Algumas experiências pontuais de distribuição de pílulas anticoncepcionais pelas ONGs que fazem atendimentos a adolescente com histórico de abuso ou exploração sexual fizeram cair significativamente o índice de gravidez em sua clientela. Educação sexual é um dos pilares da intervenção quando se trata de meninas com esse perfil, pois visa à reapropriação da própria sexualidade. "Como o mercado do sexo molda a sexualidade a partir de suas demandas e perversões, o atendimento às vítimas de exploração sexual deve preencher outras lacunas para que elas possam gozar de uma vida sexual saudável e segura", afirma Marcel Hazeu, do Cedeca-Emáus e autor do livro *Direitos sexuais das crianças e dos adolescentes*.

Quem vai pagar a conta?

"Saí cheia de orgulho do meu primeiro salário. Descontados os R$ 31,50 da primeira parcela das roupas que tirei para mim, recebi R$ 118,50. Vou dar R$ 50 para minha avó comprar os remédios dela." Britney, 1º de abril de 2004

As ONGs são mais efetivas na formulação de um nova perspectiva de vida para jovens vítimas de exploração sexual ou em situação de extremo risco quando inserem as meninas em projetos de geração de renda. Britney so passa a considerar a possibilidade de abrir mão da grana que tira dos programas quando consegue um estágio remunerado na lojinha do projeto. Mas não se trata de uma equação simples, do tipo o dinheiro da prostituição *versus* o potencial das ONGs, mas também da construção de uma possibilidade de saída de uma situação de exploração sexual, que passa também pela mudança de valores.

Propostas que não contemplam os desejos individuais

"De tarde, fui para o curso de informática, que o pessoal da ONG arrumou pra eu fazer. Estou até achando interessante essa coisa de Windows e Word, mas, na verdade, não gosto de computador. Não me interesso por nada desse negócio: telefone, televisão, rádio, carro, moto. Meu negócio é bicicleta, crochê e sexo." Natasha, 23 de setembro de 2003

Natasha é emblemática para mostrar que as saídas precisam ser criativas. Não adianta pensar que, pelo fato de estar cursando o ensino médio e fazendo curso de informática, ela vai ter uma oportunidade no mercado formal de trabalho. A senadora Patrícia Saboya Gomes, que presidiu a CPMI da Exploração Sexual, costuma repetir uma frase bem ilustrativa, criticando as "políticas públicas pobres voltadas para os pobres". Ou seja: os filhos dos ricos frequentam cursos de moda, artes, computação, de acordo com os suas habilidades e aptidões, enquanto os filhos da pobreza estão condenados a aprender a fazer vassoura e detergente. A lógica das estratégicas de combate à exploração sexual precisa levar em conta os sonhos e as necessidades dessas adolescentes. "A burocracia não contempla projetos individuais, não suporta a diversidade e a pluralidade", critica Fernando, o educador de Natasha na ONG. "Os políticos então dizem que elas não se responsabilizam. É mentira. Tudo muda diante do desejo de ouvi-las."

Quanto mais cedo, melhor

"O projeto faz parte da minha vida desde os 9 anos. Eles representam tudo pra mim. Se não tivesse ido parar lá, poderia estar no mes-

mo caminho das minhas ex-colegas de rua." Yasmin, 15 de novembro de 2003

Quanto mais cedo as ONGs entram na vida das meninas, mais efetivos costumam ser os resultados. É o que demonstra a ex-menina de rua Yasmin, que se vinculou a uma instituição de referência em sua cidade quando vivia em uma situação de risco, mas que ainda não se caracterizava pela exploração sexual.

❀ Saídas e encruzilhadas ❀

Elas batem à porta do bispo, da psicóloga, da mãe de santo. Fogem de preconceitos. Vão construindo uma escala própria de valores, bem longe dos padrões burgueses, enquanto tentam achar saídas a cada nova encruzilhada.

O fenômeno da fé

"Como mudei meu jeito de ser, agora sou uma crente, tenho que mudar também a aparência, para mostrar aos outros que sou uma nova pessoa. Parei de usar short e top." Vitória, 27 de abril de 2004

"Minha avó bebia muito e chegava em casa me dando muita porrada. Já chegou a tirar sangue da minha cabeça. Há uns quatro meses, ela deixou de ser macumbeira e virou crente." Britney, 21 de novembro de 2003

Vitória encontrou o apoio de que precisava para construir um novo projeto de vida na família evangélica do namorado. O alcoolismo da avó de Britney foi "curado" quando ela se converteu. São exemplos de como as igrejas evangélicas ocupam um espaço importante na socialização das regiões desassistidas. "Nas igrejas evangélicas, o bispo ou o pastor falam diretamente com elas. É um homem de paletó e gravata que se diz representante de Deus na terra e que chega perto delas e fala de valores que elas nunca tiveram. São afagadas, levantam a autoestima e passam a fazer parte de um grupo, sem falar na promessa de alcançar o céu", afirma a socióloga Marlene Vaz.

Terapia

"Fui para a consulta com a Alessandra, a minha psicóloga. Foi legal. A gente conversa sobre como estou, sobre tudo. Disse que estava ótima, mas não era verdade... Alessandra me ajuda dando uns conselhos, fala como eu devo me comportar em casa e na escola. É uma oportunidade para ver se melhoro e entro na linha." Diana, 19 de abril de 2004

O desafio dos profissionais que fazem acompanhamento psicológico das vítimas de exploração sexual é criar vínculos com as meninas. Diana ainda está engatinhando no processo. Não é assídua às sessões de terapia e está ainda numa fase de aprender a confiar na psicóloga de um programa público de assistência para o qual foi encaminhada pelo Conselho Tutelar da sua cidade. A ajuda psicológica é imprescindível não apenas para superar traumas, mas também para reorientar o percurso de vidas tão acidentadas.

Preconceito

"Desde o começo, dona Cremilda me discriminou porque eu era menina de rua, dizia que eu não servia para o filho dela. Ainda sofro por causa disso. Ela não gosta da maneira como me visto, reclama quando coloco short. Na verdade, ela acha que fui garota de programa. O que

ela não entende é que o fato de eu ter esse passado na rua não significa que eu seja uma prostituta." Yasmin, 20 de dezembro de 2003

A duras penas, Yasmin vai levando seu projeto de trabalhar e estudar para nunca mais precisar esmolar nas ruas. Mas a jovem estudante e trabalhadora ainda leva o carimbo de ex-menina de rua, que para a mente preconceituosa da sogra é sinônimo de prostituta.

Valores

"Meu pai apareceu bem no dia da viagem e me deu R$ 20. Meu avô não sabia que eu já tinha esse dinheiro e me deu mais R$ 20. Só assim eu pude brincar no parquinho e comprar uns brinquedinhos para Linda. Mesmo assim, ela entrou numa loja e roubou uma boneca de plástico. Já roubei pra caralho, então sei como é a fita. Na hora, pensei em voltar na loja e devolver, mas desisti. Só que não deixei ela ficar com a boneca, que dei para outra criança." Natasha, 13 de setembro de 2004

A mesma Natasha que não deixa a filha ficar com o produto de um roubo é a que furta todos os seus "presentes" de Natal. A aparente contradição demonstra apenas como ela construiu a seu modo uma escala de valores numa realidade esmagadora de ideais. Os vários déficits — falta de educação, de carinho, de referencial, de encorajamento, de valores, de limites e até de comida — vão moldando uma vida marcada por privações e desvios morais.

Mentiras

"Comecei a sair com o Goiano porque ele é dono de um bar e me deixava pegar coisas lá. Fiquei grávida nessa época em coisa de progra-

ma, mas não tenho certeza de que ele é o pai. Alisson nem se parece com ele. É loirinho, bem branquinho e tem o olho claro. Mas como ele é o melhor pai, o que tem mais condições, então ele é o pai... Sei que ele vai dar um futuro digno para meu filho." Milena, 24 de outubro de 2003

Milena não vive nenhum drama de consciência por ter arrumado um pai de mentira para o filho Alisson. Tanto que começa a arquitetar a mesma "solução" quando se vê grávida pela segunda vez. Como a figura paterna é uma miragem na vida delas, qualquer um serve para a função — especialmente aquele que está mais à mão ou que tenha melhores condições financeiras. Tal pragmatismo vem resistindo até mesmo às facilidades dos testes de paternidade, já que Goiano nunca fez DNA para saber se é de fato o pai do primeiro filho de Milena. Contando com a sorte e o envolvimento emocional do pai de mentira, a jovem vai empurrando, literalmente, com a barriga a responsabilidade para com os próprios filhos.

Chantagem

"Tinha marcado com seu Nicolau para as 19:00 na firma. Quando cheguei, já estava vazio. Dessa vez, não transei com ele. Fiz chantagem com o velho e pedi R$ 30 para não denunciar ele na polícia." Diana, 10 de agosto de 2004

Diana usa a lei para chantagear os clientes e não para a sua proteção. É a lógica de quem precisa do explorador que descumpre a lei para sobreviver. No dia em que seu Nicolau for correto com ela, Diana deixa de faturar. É entre os ilegais — sejam eles traficantes, agenciadores ou exploradores — que meninas como ela ganham a vida.

❦ Mitos e fantasias ❦

O explorador não é visto como tal

"Seu Pedro tem uns setenta anos, deve usar muito Viagra. Ele já é amigo meu e me dá mais grana pelo programa. Dessa vez, ele me deu R$ 150." Vitória, 15 de outubro de 2003

Crianças e adolescentes vítimas de exploração sexual têm enormes dificuldades em ver a família e até mesmo os clientes como exploradores. Acham normal colocar dinheiro em casa e passam a considerar os clientes como amigos. É emblemática a frase de Natasha, que chega a caracterizar o homem que abusa sexualmente dela desde os nove anos como um "pai com quem faz sexo". Milena romantiza a relação com um presidiário que paga para ela se fazer passar por esposa para ter direito a visitas íntimas na cadeia. Elas romantizam a exploração até para conseguir sobreviver. "Não dá para viver só de porrada e de cusparadas na cara ou de ameaças de morte. Para sobreviver nesta realidade tão crua, elas precisam criar algo de forte e de bom", afirma a assistente social Neide Castanha.

A falsa ideia de autonomia e liberdade

"Encontro Madalena de vez em quando na rua. Não saímos sempre juntas, prefiro me virar sozinha. Não tem essa de ninguém me levar à força. Vou porque quero." Diana, 11 de julho de 2004

Autonomia e liberdade são palavras-chave no discurso de meninas em situação de exploração sexual. Mas livres do quê? "A vida na prostituição é de opressão e desigualdade, mas dentro de uma fantasia de autonomia", explica Neide Castanha. Elas não se sentem obrigadas a dar satisfação da própria vida para ninguém. Tal liberdade lhes permite viver o lado mais excitante da noite, que não é só de dor e sofrimento, mas também de diversão e loucuras. Mas acabam se aprisionando na armadilha do consumo, da dependência química ou das redes de exploração.

O príncipe estrangeiro

"Sonho mesmo é em casar com um gringo. Eles são de fora e não ficar perto de casa é vantagem. Queria um cara da Espanha, como o que casou com a minha prima. Assim, eu ir para bem longe e depois mandava buscar minha mãe." Diana, 13 de abril de 2004

A ideia redentora de que alguém de muito longe virá resgatá-la é o sonho de Cinderela de Diana, um subproduto do indesejável turismo sexual. "Esse tipo de turismo não é só um contrato comercial. É um problema mais complexo do que simplesmente de alguém que se sente livre para comprar sexo com uma mulher mais jovem ou até com uma criança", afirma Renato Roseno, da Associação Nacional dos Centros de Defesa da Criança e do Adolescente (Anced). "Há um encontro de fantasias. A do homem que está em busca de uma mulher submissa e aberta ao sexo, e a da mulher que deseja escapar daquela realidade encontrando um príncipe educado, rico, de olhos azuis e carinhoso."

"Tem uma menina daqui que viajou para a França com um coroa. Lá ela conheceu outro cara e foi morar na Alemanha. Ela era prostituta de bordel, mas hoje é riquíssima. De vez em quando ela aparece, toda fina mesmo." Britney, na despedida do diário

Ganham aura de conto de fadas histórias de ex-prostitutas que se casaram com clientes e foram morar na Europa. Uma possibilidade tão remota quanto ganhar na loteria, mas em que algumas delas preferem apostar, embora existam muito mais exemplos de brasileiras prostituídas que acabam caindo na rede internacional do tráfico de mulheres e vão para bordéis no exterior, onde são escravizadas. "Quando uma menina de 14 anos vê no casamento com um estrangeiro a única possibilidade de vida, é a evidência de uma sociedade falida que não conseguiu alimentar os sonhos mais comezinhos desta jovem", completa Roseno.

Sexo x Prazer

"*Quando ganhei minha filha, fui morar um tempo com ele. Mas nunca senti tesão. O carinho que sinto por ele é de pai, apesar de ter sexo no meio. O sexo sempre foi da parte dele, sempre fui muito fria. Até hoje ele reclama disso. Mas não vou mudar. Nunca abri as pernas pra ele. Sempre que a gente vai transar, eu fecho as pernas. Não é uma coisa legal.*" Natasha, 23 de setembro de 2003

A sexualidade de Natasha convive com extremos. Ela narra o quanto pode ser fria com um cliente, para logo em seguida falar de sexo selvagem e gostoso com o namorado. É a montanha-russa com que lida com o próprio corpo, ao mesmo tempo objeto de prazer e mercadoria. "As adolescentes vivem imersas em uma cultura que reafirma a todo instante que para ser feliz é preciso ter prazer, especialmente o sexual. Meninas são especialmente vulneráveis a essa pressão cultural", avalia Lumena Celi Teixeira, autora de *Pegadas e sombras*. É preciso oferecer fundamentos para a construção da personalidade para que elas possam viver o amor e a amizade e deixar de ser apenas objeto de negociação sexual, retomando o prazer, a autonomia e a satisfação com seu corpo. "Dizer que prostituta não goza é um mito idiota. Elas não têm prazer quando o parceiro não é atraente, são bem mais velhos ou sujos", diz a socióloga Marlene Vaz.

Vazios

Horizontes estreitos

"Outra coisa está me deixando muito triste. Vou fazer 20 anos no dia 19 de março e estou com muito medo, pois estou ficando velha." Milena, 17 de fevereiro de 2004

Uma jovem que aos vinte anos se considera velha dá a medida dos estreitos horizontes para quem vive numa eterna incerteza. Alargar as possibilidades de vida dessas jovens é uma tarefa que começa por elas mesmas, ao buscarem dentro de si a força para fazer da própria vida algo que valha a pena. Mas, para colocá-las em uma rota que leve a um novo projeto de vida, não bastam migalhas. Todos sabem quanto custa viver uma vida com dignidade, conforto e prazer. Saídas existem e são conhecidas. Mas antes duas vontades precisam se encontrar: o desejo pessoal de construir um novo caminho e a vontade política para fazer chegar a quem grita por uma chance todas as condições para transpor a barreira da indignidade. Só assim Milenas vão poder olhar para o futuro com esperança.

Conformismo ou realismo?

"Estou muito sozinha, e minha vida continua toda atrapalhada. Mas firmeza, fazer o quê?" Natasha, 12 de maio de 2004

A incerteza do amanhã, as dores da alma que se materializam no corpo, os temores cotidianos e a falta de horizontes enchem de angústia a vida das seis protagonistas de *As meninas da esquina*. Frases prosaicas como "Fazer o quê?", "A vida é assim mesmo" e "Não adianta reclamar, né?" podem passar a falsa ideia de um certo grau de conformismo. Não se pode imaginar como normal a perpetuação de situações insustentáveis e injustificáveis como tantas narradas ao longo dos seis diários. Natasha precisa acreditar que é possível fazer algo para sair da espiral de violência em que se encontra e que adianta reclamar, sim. Conformismo é um veneno que mina forças e possibilidades. E não vale combatê-lo com cinismo e desânimo, nem com o argumento de que, de tão complexo, o problema é insolúvel.

❀ Desejos, prazeres e sonhos ❀

Milena, Yasmin, Natasha, Britney, Vitória e Diana vivem em pontos distantes do país, unidas por um mesmo drama. Cada uma a sua maneira, elas vêm buscando remédios para combater a infelicidade e o abandono, tentando não perder ou recuperar a vontade de sonhar. "Elas sonham com um futuro no qual vivam com as pessoas amadas, possam morar com dignidade e tenham um trabalho que lhes garanta subsistência. Sonham com aquilo que é básico para qualquer cidadão", resume Lumena Celi Teixeira, ao concluir a pesquisa *Pegadas e sombras*. "É papel da sociedade, a partir de segmentos diferentes e complementares, garantir que nossas crianças e jovens possam sonhar e realizar seus sonhos de uma forma digna e cidadã, protegidos de todas as formas de violência." Em *As meninas da esquina*, essas garotas do Brasil não têm rosto, mas têm história e ganham voz. E o que elas dizem é muito claro.

Elas querem amar e ser amadas

"*Estou muito feliz, pois encontrei meu verdadeiro amor. Vágner é tudo que eu sempre sonhei... Não quero também ficar nem um minuto longe do meu amorzinho... Adoro estar do lado dele, fazer carinho e ficar olhando para o seu rostinho lindo.*" Milena, 18 de março de 2004

Elas querem prazer

"*Nós fomos para debaixo da escada, transamos ali mesmo e a câmera só filmando a gente... Aquela coisa cama, cama, cama vira rotina. Gosto de transar em lugares diferentes.*" Natasha, 23 de novembro de 2003

Elas querem ser crianças

"*Hoje é Dia das Crianças. Está tudo muito bom. Fui em um monte de festa aqui na favela. Peguei muito doce, chupei muito pirulito. Foi muito legal. Não pude dar presente para os meus filhos, mas logo, logo, vou poder dar.*" Vitória, 12 de outubro de 2003

Elas querem ser mães

"*Tenho muita vontade de ser mãe, de ficar segurando e balançando o meu bebê no colo. Nunca fiquei grávida, mas já tive suspeita de gravidez umas duas vezes.*" Diana, 7 de maio de 2004

Elas querem se divertir

"*Fui para o baile funk com as meninas. Dancei, dancei e dancei. Até me acabar. Fumei muito baseado e me diverti pacas. Agora, vou tomar uma ducha, tirar um cochilo. Já é madrugada, e amanhã é outro dia.*" Vitória, 3 de outubro de 2003

Elas querem trabalho

"*Posso trabalhar como caixa de supermercado, como vendedora de loja, qualquer coisa. Profissão certa não tenho, mas quero ganhar dinheiro para ajudar minha família.*" Yasmin, 12 de janeiro de 2004

Elas querem dignidade

"*Pedi para Gerson me ajudar, já que tem dinheiro e pode contratar um advogado. Mas ele se aproveita da situação e só sabe pedir pra eu ir morar com ele, vem com esse papo de que ele tem condições financeiras e tal. Repeti o que sempre digo: jamais vou morar com uma pessoa por necessidade.*" Natasha, 12 de abril de 2004

Elas querem sonhar

"*Quis aquela roupa porque meu sonho era vestir longo. Fiquei o tempo todo segurando a saia para não rasgar, senão teria que pagar tudinho... Não sei direito quanto custou minha festa de 15 anos, que só não foi perfeita porque em parte foi realizada com dinheiro de prostituição. No final, faltou alegria. Mas realizei um sonho. Queria sonhar com outras coisas que eu pudesse realizar.*" Diana, 12 de setembro de 2004

POSFÁCIO

Notícias de Natasha

"Querido diário,

No final de 2004, decidi dar um tempo e fui para o Nordeste. Andava muito triste e precisava sair fora depois de tanto problema. Como não tinha dinheiro, peguei carona até chegar a Recife, onde não conhecia ninguém. Levei três dias na estrada, mas valeu a pena. Adorei a cidade e as festas. Dancei pra caramba e fiz muita amizade. Dormia na casa de uns amigos que conheci na praia. Fiquei com um monte de gatinho. Era só curtição. Precisava de férias e de levar uma vida normal, como todo mundo. Fiquei um tempão. Nem contei os dias. Quando voltei, já estava mais tranquila. Continuo sem minha filha. Linda está com o pai e os avós. Sofro com a distância. Outro dia, ela disse que queria morar comigo. Fiquei feliz, mesmo sabendo que não vai acontecer. Antes, preciso ter uma casa e fazer a juíza acreditar que posso ser uma boa mãe. É o que mais quero na vida.

André e eu terminamos. Foi triste, mas não quis voltar a morar com ele. Preciso me sentir livre para decidir o que quero fazer da minha vida. Quero um cara legal do meu lado, que me trate bem. É o caso do Kleiton, um gatão dois anos mais novo do que eu. Nosso namoro é uma delícia.

Já faz um tempão que parei de fazer programa. Ficar com coroa não é nem nunca foi o que quis para mim. Parei também de fumar maconha, então não preciso me virar pra comprar droga. Só me drogava pra suportar as porradas da vida. Meu avô está do meu lado e me ajuda como pode.

Voltei a estudar em 2005, depois de ter sido reprovada ano passado. Não tinha cabeça pra livro. Ando 30 quilômetros de bicicleta para ir e voltar da escola todos os dias. Adoro pedalar e ficar pensando na vida. Aconteceu outra coisa bacana. Voltei a frequentar a ONG e virei representante do projeto no Comitê Estadual de Enfrentamento à Violência Sexual. Fui numa reunião importante e falei pra um monte de deputado. Fiquei nervosa, mas contei para todo mundo a minha experiência como uma menina que quer ter outra vida, mas não tem muita ajuda. Eu me senti importante. É bom ser ouvida. Todos falaram sobre o que precisa mudar no Brasil. Acho que não vai mudar muita coisa. Um tempo depois, participei de uma segunda reunião. Dessa vez não abri a boca. Queriam ouvir o que os outros tinham para dizer. Mas tô fazendo a minha parte."

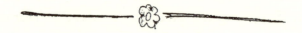

Notícias de Britney

"Querido diário,

A maior novidade que tenho para contar é a descoberta de que estava grávida no início de março de 2005. Senti dor, fui ao posto de saúde e disseram que era apendicite. Mandaram eu procurar outra médica e só então descobri que era gravidez. Como tomei tudo o que era de remédio sem saber que estava esperando um bebê, minha gravidez era de risco. Aos cinco meses de gravidez, perdi o meu bebê. Acordei com muita dor, fui ao banheiro, vi um sangramento e senti a bolsa estourar. O feto saiu no vaso mesmo. Fiquei muito assustada e triste. Quando cheguei no hospital, fizeram só a limpeza. Já gostava do meu filho na barriga. Era um menininho. Mas tudo o que Deus faz é bom. Não teria coragem de fazer um aborto, mesmo sabendo que minha vida ia ficar mais difícil com uma criança pra cuidar. Meu namorado, o Naldinho, também se assustou com a ideia de ser pai tão novo. Ele tem 15 anos como eu e não trabalha nem estuda. A gravidez foi um descuido. Tomava pílula, mas parei porque engordei muito. O susto foi bom pra me dar um pouco de juízo.

No início de 2005, fui presa. Naldinho tentou roubar um bar, mas conseguiu fugir. Enquanto eu, que esperava por ele na rua, acabei presa como cúmplice. Fiquei cinco dias na cadeia. Senti muita raiva dele. Quando começamos a namorar, Naldinho roubava pra pagar lanche pra mim. Na gravidez, evitava falar pra ele que tinha que comprar remédio, porque não queria que ele saísse pra roubar. Mas ele é de gangue e um tempo depois foi preso por porte ilegal de arma. Logo foi solto, mas não mudou a cabeça.

Minha família me apoiou na gravidez, mas ninguém queria que o namoro continuasse. Ele não serve pra mim. O que sobrou desse namoro foi a dor de perder um filho e um processo na Justiça pelo roubo. Minha pena foi prestar serviços comunitários durante seis meses, já no novo bairro onde estou morando. Minha avó vendeu nosso antigo barraco e construiu um novo bem longe de toda essa confusão. É uma chance de começar vida nova.

Em 2004, deixei de ir pra escola porque fui ameaçada de morte numa briga de gangue. Tantas coisas ruins me fizeram mudar. Nunca mais fiz programa. O último foi no Natal de 2004, quando saí com um coroa pra conseguir dinheiro pra ir para as festas de fim de ano. Na gravidez, passei muitas dificuldades, mas não tive coragem de sair com nenhum coroa. Pedi ajuda ao pessoal da ONG. Eles estavam certos em um monte de coisa. Mas a gente só aprende vivendo. A maior lição é que pra ter filho preciso antes de um trabalho e de um cara honesto e que me ame ao meu lado."

Notícias de Milena

"Querido diário,

Na última vez que nos falamos, ainda não sabia qual seria o sexo do bebê que estava esperando. Ganhei a Alice no dia 2 de janeiro de 2005. Estou feliz com um casal de filhos. Alice nasceu bonitinha, pesando 2,5 quilos e 48 centímetros. O pai acabou sendo o Ricardo, aquele cara da cadeia. Voltamos quando estava grávida. Ele dá uma de louco. Mesmo sabendo que o pai é outro quis registrar e mandou os papéis pra ela ter o nome dele. Falei que era melhor a gente fazer DNA na criança, mas ele não quis. Disse que era filha dele e pronto. Mas Alice é a cara do Vagner, aquele cara lá do morro. Uma colega minha encontrou com ele no baile e disse que a filha dele tinha nascido. Ele perguntou: 'Que filha?' Quando ela disse que eu tinha tido bebê, Vagner mandou um recado para eu passar na casa dele pra gente trocar uma ideia. Não fui. Melhor deixar pra lá. Ricardo mandou R$ 200 para eu visitar ele na cadeia depois que a Alice nasceu. Acabei comprando coisas para o bebê e não fui. No período de amamentação, não dava para despencar de casa com uma criança de colo pra ficar naquele esquema louco para entrar na prisão. Ricardo não saiu da cadeia em março de 2005, como pensava. Quem também continua preso é o Juninho, aquele meu antigo caso. Ele me manda carta, eu também escrevo para ele. No fundo, não gosto mais de ninguém. Nunca mais fiz programa. Também não fico na *boca*. Saí do esquema desde a gravidez. Agora, ganho uns R$ 150 cada vez que levo bagulho de um canto para outro. Da última vez levei um quilo de crack de ônibus. Rolam umas duas viagens por mês. Duas meninas da favela foram presas transportando quatro quilos de pó pra Santa Catarina. Elas apanharam pra caramba. Saiu até na televisão. Tenho medo, mas vou do mesmo jeito. Minha vida está na mesma. A única mudança é que parei de fumar maconha por causa da gravidez. Mas cheirei acetona durante os nove meses. Ia pra todo lugar com o frasco de acetona e cheirava direto. Deixei também de ir pra baile funk, porque não tenho com quem deixar a neném. Vou tentar ser feliz quando Ricardo sair da cadeia. Vamos morar juntos. É só o que posso esperar para o meu futuro."

Notícias de Yasmin

"Querido diário,

Tenho muitos planos, desde que fui selecionada para um programa aí do governo que promete dar um primeiro emprego para os jovens. Fui matriculada no início de 2005 em um curso profissionalizante, com direito a receber uma bolsa de R$ 150 durante quatro meses. Eu agarro todas as oportunidades com as duas mãos. Depois daquele estágio na loja de roupas, consegui um emprego temporário em uma grande rede para ser balconista no período do Natal. Ganhava um salário-mínimo e meio. Pena que foram apenas três meses. A única notícia ruim, mas que eu já sabia que ia acontecer, é que não passei de ano. Não vou abandonar meus estudos. Preciso concluir o Ensino Médio para conseguir fazer um curso de secretariado, que é o meu próximo objetivo.

Meu casamento vai bem. Passaram aquelas crises maiores. A última foi quando meu cunhado me agrediu. Ele vivia fazendo inferno pra me separar do Vavá, até que eu reagi e acabamos brigando feio. Vavá me defendeu e finalmente decidiu que era hora da gente se mudar do quartinho dos fundos da casa dos pais dele. Sinto que minha vida está melhorando. Uma prova disso é que Vavá me fez uma grande surpresa no meu aniversário de 19 anos. Ele me deu de presente a nossa tão sonhada geladeira. Comprou a prestação. A gente conseguiu organizar mais ou menos as contas. Quando cheguei em casa, lá estava ela, linda. Coloquei a geladeira no lugar que já tinha reservado: bem em frente à porta e ao lado do guarda-roupa. Mas de vez em quando, mudo tudo de lugar. Não sabia se ria ou se chorava de tanta emoção. Só não consegui ainda fazer um compra bem grande de supermercado. Por enquanto, minha geladeira nova vive cheia de água. Meu novo sonho é comprar um terreno para fazer o nosso cantinho."

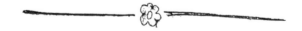

Notícias de Vitória

"Querido Diário,

Pouco depois de terminar meu diário em junho de 2004, descobri que estava grávida do Renato. Meu terceiro filho nasceu dia 21 de abril de 2005. Foi um susto me ver grávida. Cheguei a pensar em tirar o bebê. Não consegui. Ter um filho é a melhor coisa do mundo. Renato queria muito ser pai. Continuamos juntos, mas ele mora com a família. Os pais dele estão com tanto chamego com a netinha que querem ficar o tempo todo com o bebê.

Ainda não consegui acabar o meu quartinho. O lugar é tão pequenininho que não cabe nem fogão nem geladeira. Só tem um beliche. O banheiro não tem privada. Só coloquei chuveiro. Eu me viro com venda de cocada. Tem mês que consigo tirar uns R$ 300. Renato ajuda com as despesas do bebê, mas o pai da minha filha mais velha continua preso e não paga pensão. Já o pai do segundo me dá R$ 100 por mês. Não tenho muita chance de progredir. O maior empecilho é ter que cuidar dos meus filhos, nestas condições nada favoráveis. Quero melhorar de vida, ter uma casa e arrumar um emprego para não precisar fazer coisas erradas.

Estou firme na igreja. Pretendo me batizar e servir a Deus direitinho. Antes, Renato e eu temos que casar. Como estou no caminho de Jesus, não me sinto bem nos fundos da casa da minha mãe. Minhas irmãs fumam maconha o dia inteiro. Parei de fumar e não gosto nem de sentir o cheiro. Minha diversão é ir aos cultos três vezes por semana. Não sinto saudade dos bailes funk. Às vezes, a necessidade de dinheiro me faz querer voltar atrás, mas peço força a Deus pra não ceder à tentação de ir pra rua procurar homem pra conseguir um dinheirinho extra. Faz tempo que não faço programa. Perdi os contatos com os coroas. A igreja é que me dá força pra tentar conseguir as coisas de outra maneira. Antigamente, não pensava em nada. Hoje, penso muito nos meus filhos. Mas não sei se sou feliz."

ELIANE TRINDADE

Notícias de Diana

"Querido Diário

Logo depois da minha festa de 15 anos, comecei a receber uma bolsa de R$ 130 por participar do Agente Jovem [*programa do Governo Federal para o jovens na faixa de 15 a 17 anos*]. Tenho um cartão de banco e tiro dinheiro todo mês. Dou uma parte do dinheiro pra minha tia e gasto o resto comigo. Todo mundo manda eu guardar alguma coisa, mas adoro comprar roupa. Não posso faltar às atividades e tenho que ir pra escola. Passo as tardes em um projeto que cuida de meninas como eu. Lá tem oficina de arte, a gente joga bola, é legal. Deixei de ir pra rua. Além de ter meu dinheirinho, fiquei com medo de fazer programa depois que um cara tentou me estrangular. Ele me deu só R$ 10 pelo programa. Quando ameacei denunciar, o safado me pegou pelo pescoço. Fiquei me batendo e tentando gritar até que apareceram umas pessoas na escada do prédio onde ele trabalha. Mas ninguém acreditou em mim. Ele disse que eu tinha tentado roubar dinheiro dele e que, se voltasse lá, ia mandar me apagar. Liguei para o serviço de denúncia, mas não quis ir na delegacia. Não adianta nada e o sujeito ainda ia descobrir onde moro. Também não denunciei o meu tio. Ele não mexe mais comigo. Mas foi bom ter contado esse segredo para outras pessoas. Hoje, me sinto mais forte e até tive coragem de denunciar meu pai por abuso. No começo de 2005, ele foi pego transando com uma prima minha de 16 anos, que é doente da cabeça. Todo mundo da rua soube, mas só eu e uma vizinha fomos dar queixa. Levaram minha prima pra fazer exame no Instituto Médico Legal e agora meu pai pode ser preso. Fico triste de ele ir parar na cadeia por minha causa, mas ele tem que corrigir o erro dele. Minha maior tristeza nem foi esta. Meu avô morreu. Os últimos dias de vida ele passou dormindo. Ele era o meu pai de verdade. Meu plano agora é ficar mais alegre. Mas não tenho paz morando na casa dos outros. Também ando com vergonha de ir pra escola. Sou a maior da classe e meus colegas zoam comigo. Mas espero um dia aprender a ler. Minha vida está melhor. Com a bolsa, saí da malandragem. Minhas amigas vivem me chamando pra ir pra rua. Digo não, mas a pressão é muita."

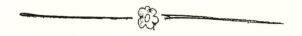

TEXTO INSTITUCIONAL DO WCF

Braço brasileiro da World Childhood Foundation, criada por S. M. Rainha Silvia da Suécia, o Instituto WCF-Brasil atua para romper o ciclo de violência herdado por milhões de crianças e adolescentes brasileiros. Fundada em 1999, a entidade já apoiou 51 projetos sociais, beneficiando mais de 170 mil crianças, adolescentes, familiares, educadores e profissionais de atendimento em 16 estados.

São programas que visam à mobilização da sociedade, o fortalecimento da autoestima e a estruturação de projetos de vida para crianças e adolescentes em situação de risco.

Imbuído dos princípios do Plano Nacional de Enfrentamento à Violência Sexual Infantojuvenil, o WCF vem apoiando também iniciativas para o desenvolvimento de novas políticas públicas nesta área. Uma destas ações é o Código de Conduta do Turismo, um conjunto de princípios éticos contra a exploração sexual de crianças e adolescentes. Coordenado pela ONG Resposta – Responsabilidade Social Posta em Prática —, com o apoio técnico e financeiro do WCF-Brasil, o código vem sendo adotado pioneiramente em Natal (RN) por empresários do setor turístico que assumem o compromisso público de não compactuar com tal exploração. Mais de 100 empreendimentos comerciais já aderiram ao código, que tem por objetivo inibir o turismo sexual. A partir desta primeira experiência, o WCF-Brasil deu início em 2005 a uma parceria com uma rede hoteleira para a adoção do código em todo o território nacional.

Outra linha de atuação da entidade é sensibilizar e mobilizar a sociedade por meio de ações que já atingiram mais de 35 milhões de pessoas. Entre elas, o Concurso Tim Lopes para Projetos de Investigação Jornalística, correalizado pelo WCF-Brasil e a Agência de Notícias dos Direitos da Infância. Com objetivo de ampliar e qualificar a cobertura da imprensa sobre abuso e exploração sexual infantojuvenil, o concurso premia as melhores propostas de reportagens – nas categorias Jornal, Revista, Rádio, TV e Mídia Alternativa. Os vencedores contam com apoio técnico e financeiro para executar reportagens que serão veiculadas em suas respectivas mídias. É uma forma também de mobilizar o poder público para a implementação de políticas eficazes de prevenção e combate à violência contra crianças e adolescentes.

A obra *As meninas da esquina* nasceu como uma ideia de reportagem da jornalista Eliane Trindade para concorrer ao Concurso Tim Lopes. A autora acabou não concorrendo ao optar por transformar a reportagem em livro. Independente de formato, este é o tipo de iniciativa que o WCF-Brasil quer despertar: uma produção jornalística de caráter investigativo que mobilize a sociedade contra todo tipo de violência sexual infantojuvenil.

Entidades e serviços que tratam de exploração sexual de crianças e adolescentes no Brasil

1. Abrapia — Associação Brasileira Multiprofissional de Proteção à Criança e ao Adolescente
Site: www.abrapia.org.br
2. ABTOS — Associação Brasileira de Prevenção e Tratamento das Ofensas Sexuais
Site: www.abtos.com.br
3. ANCED — Associação Nacional de Centros de Defesa da Criança e do Adolescente
e-mail: anced@anced.org.br
4. Andi — Agência de Notícias dos Direitos da Criança
Site: www.andi.org.br
5. CEARAS — Centro de Estudos e Atendimento Relativos ao Abuso Sexual
Site: www.usp.br/servicos/cearas/cearhopa.html
6. CECRIA — Centro de Referência, Estudos e Ações sobre Crianças e Adolescentes
Site: www.cecria.org.br
7. Centro Camará de Apoio e Pesquisa à Infância e Adolescência
e-mail: projetocamara@ig.com.br

8. CESPI — Coordenação de Estudos sobre a Infância
   Site: www.usu.br
9. CIESPI — Centro Internacional de Estudos e Pesquisas sobre Infância
   Site: www.ciespi.org.br
10. Clínica Psicanalítica da Violência
    Site: www.clinicadaviolencia.com.br
11. CNRVV — Centro de Referência às Vítimas da Violência do Instituto Sedes Sapientiae
    Site: www.sedes.org.br
12. Coletivo Mulher Vida
    e-mail: coletivo@mulhervida.com.br
13. Comitê Nacional de Enfrentamento da Violência Sexual contra Crianças e Adolescentes
    Site: www.comitenacional.org.br
14. CONANDA — Conselho Nacional dos Direitos das Crianças
    Site: www.presidencia.gov.br/sedh
15. Disque-Denúncia: 0800-990500
16. ECPAT — Brasil
    Site: www.violenciasexual.org.br
17. Fórum DCA — Fórum Nacional Permanente de Entidades Não Governamentais de Defesa das Crianças e Adolescentes
    Site: www.forumdca.org.br
18. Instituto WCF–Brasil
    Site: www.wcf.org.br
19. LACRI — Laboratório de Estudos da Criança
    Site: www.usp.br/ip/laboratorios/lacri
20. Movimento República de Emaús
    e-mail: cedeca@interconect.com.br
21. Núcleo Interdisciplinar de Atenção ao Abuso e à Violência Sexual
    Tel. (11) 5084-4997

22. OIT — Organização Internacional do Trabalho
    Site: www.oit.org/brasilia
23. Pavas — Programa de Atenção à Violência Sexual
    Site: www.jameletro.com.br/pavas.htm
24. Projeto Sentinela — Ministério da Assistência e Promoção Social
    Site: www.mds.gov.br
25. Save the Children Reino Unido
    e-mail: scfbrz@savethechildrencik.org.br
26. Save the Children Suécia
    Site: www.savethechildren.org
27. Terre des Hommes
    Site: www.terradoshomens.org.br
28. Unicef — Fundo das Nações Unidas para a Infância
    Site: www.unicef.org.br
29. Visão Mundial
    Site: www.visaomundial.org.br
30. Violes — Grupo de Pesquisa sobre Violência e Exploração Sexual Comercial de Mulheres, Crianças e Adolescentes
    e-mail: violes@unb.br

Este livro foi composto na tipologia Minion, em
corpo 11,5/16, e impresso em papel off-white 80g/m²,
no Sistema Cameron da Divisão Gráfica
da Distribuidora Record.